한글 Hangul 2022

발 행 일	초판 1쇄 2024년 8월 20일
I S B N	978-89-5960-482-1
정 가	14,000원
집 필	렉스 기획팀
진 행	이 영 수
본문디자인	디자인 꿈틀
발 행 처	(주)렉스미디어
발 행 인	안 광 준
주 소	경기도 파주시 파주읍 정문로 588번길 24
대 표 전 화	(02)849-4423
대 표 팩 스	(02)849-4421
홈 페 이 지	www.rexmedia.net

※ 이 책은 저작권법에 따라 보호를 받는 저작물이므로 무단 전재와 무단 복제를 금지하며,
이 책 내용의 전부 또는 일부를 이용하려면 반드시 렉스미디어 출판사의 서면 동의를 받아야 합니다.

이 책의 차례

한글 2022

- **01장** 한글 2022 새 문서 만들기 ········· 4
  - 새 문서 만들기
  - 문서 저장 및 암호 지정하기
- **02장** 특수 기호 및 한자 바꾸기 ········· 11
  - 새 문서 만들기
  - 한자 입력하기
- **03장** 글꼴 서식 바꾸기 ········· 18
  - 글자 모양 바꾸기
  - 문단 모양 바꾸기
- **04장** 용지 설정 및 쪽 모양 변경하기 ········· 25
  - 편집 용지 설정하기
  - 그림 삽입 및 편집하기
  - 쪽 테두리/배경 지정하기
- **05장** 그리기마당 사용하기 ········· 32
  - 그리기마당 사용하기
  - 그리기 개체 편집하기
- **06장** 그리기 도구 사용하기 ········· 39
  - 도형 삽입하기
  - 연결선으로 도형 연결하기
- **07장** 글머리 기호 사용하기 ········· 46
  - 문단 번호 사용하기
  - 글머리표 삽입하기
  - 그림 글머리표 삽입하기
- **08장** 단원 종합 평가 문제 ········· 54

- **09장** 표 만들기 ········· 56
  - 표 만들기
  - 셀 크기 변경하기
  - 표에 내용 입력 및 자동 채우기
- **10장** 표 안의 셀 수정하기 ········· 63
  - 셀 크기 변경 및 여백 지정하기
  - 셀 배경 바꾸기
- **11장** 표를 이용한 계산하기 ········· 70
  - 쉬운 계산식 및 블록 계산식 사용하기
  - 함수를 이용한 계산식 사용하기
  - 빈 셀에 대각선 표시하기
- **12장** 표 스타일 변경하기 ········· 77
  - 표 스타일 변경하기
  - 셀 크기 변경 및 그림 삽입하기

이 책의 차례

13장 표를 이용하여 차트 만들기 ·················· 84
- 표를 이용한 차트 삽입하기
- 차트 스타일 변경하기
- 차트 속성 변경하기

14장 데이터를 입력하여 차트 만들기 ·················· 91
- 차트 삽입하기
- 혼합형 차트로 수정 및 보조축 만들기

15장 수식 사용하기 ·················· 98
- 수식 입력하기
- 복잡한 수식 입력하기

16장 단원 종합 평가 문제 ··················106

17장 스타일 사용하기 ·················· 108
- 스타일 만들기
- 스타일 적용하기

18장 라벨지 만들기 ·················· 115
- 문서마당 사용하기
- 온라인 문서 서식 다운로드하기

19장 맞춤법 검사 및 주석 사용하기 ··················122
- 맞춤법 검사하기
- 주석(각주) 달기

20장 책갈피 및 하이퍼링크 사용하기 ··················129
- 책갈피 표시하기
- 하이퍼링크 연결하기

21장 단 설정으로 가족 신문 만들기 ··················136
- 단 설정하기
- 글상자 삽입 및 문단 첫 글자 장식하기

22장 메일 머지 사용하기 ··················143
- 메일 머지 표시 달기
- 메일 머지 실행하기

23장 프레젠테이션 문서 만들기 ··················150
- 글맵시 만들기
- 프레젠테이션 발표하기

24장 단원 종합 평가 문제 ··················156

단원 종합 평가 문제 정답 ··················158

Chapter

01 한글 2022의 새 문서 만들기

학습목표
- ◆ 한글 2022의 실행 및 종료 방법에 대해 알아봅니다.
- ◆ 다양한 문자의 입력 방법에 대해 알아봅니다.
- ◆ 새 문서 작성 및 저장 방법에 대해 알아봅니다.

한글 2022 프로그램은 일기나 과제물 같은 문서를 작성하고 편집하는 프로그램으로 작성한 문서를 선생님에게 제출하거나 나중에 다시 사용하기 위해서는 저장을 해야하고 또 저장된 문서는 언제든지 사용하고 싶을 경우 불러올 수 있어야 합니다. 그럼 사용 방법을 알아볼까요?

Preview

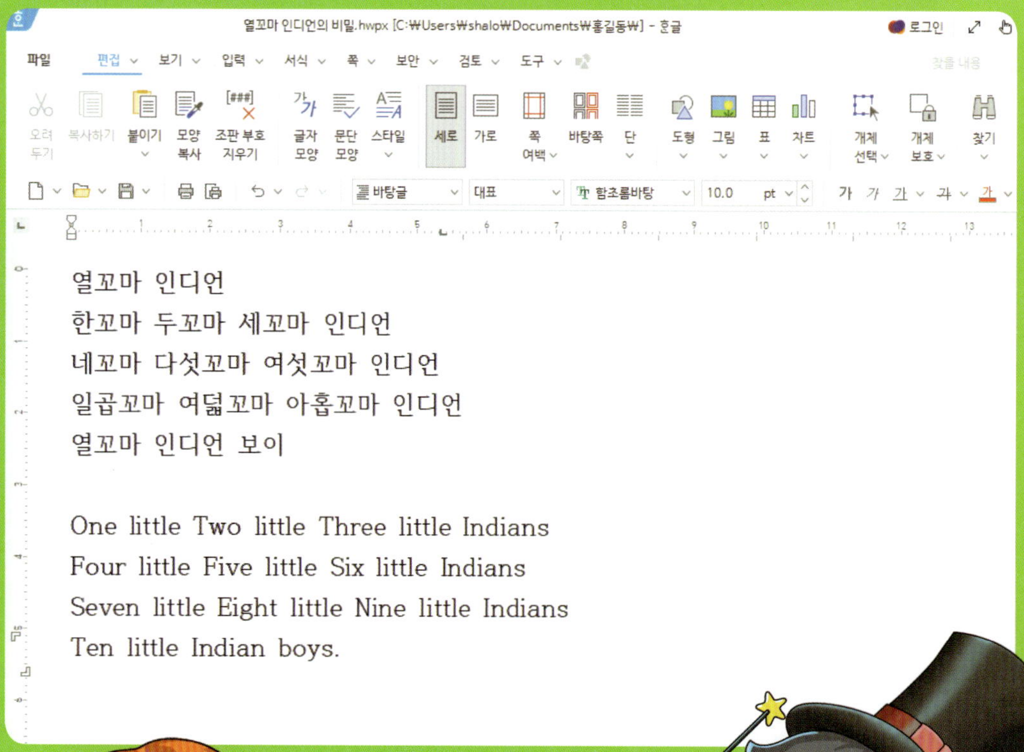

열꼬마 인디언
한꼬마 두꼬마 세꼬마 인디언
네꼬마 다섯꼬마 여섯꼬마 인디언
일곱꼬마 여덟꼬마 아홉꼬마 인디언
열꼬마 인디언 보이

One little Two little Three little Indians
Four little Five little Six little Indians
Seven little Eight little Nine little Indians
Ten little Indian boys.

THEME 01 새 문서 만들기

1 [시작] 단추를 클릭한 후 [한글 2022] 메뉴를 클릭합니다.

윈도우(Windows)에서 한글 2022 실행하기
- 바탕 화면의 한글 2022 바로 가기 아이콘( )을 더블클릭합니다.
- [시작] 단추를 클릭한 후 [한글 2022] 메뉴를 클릭합니다.

2 새 문서 서식 창에서 [새 문서]를 클릭합니다.

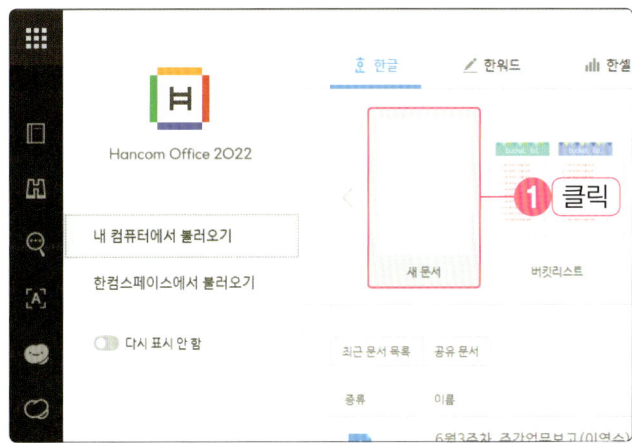

3 한글 2022 프로그램을 실행한 후 새 문서에서 다음과 같이 내용을 입력합니다.

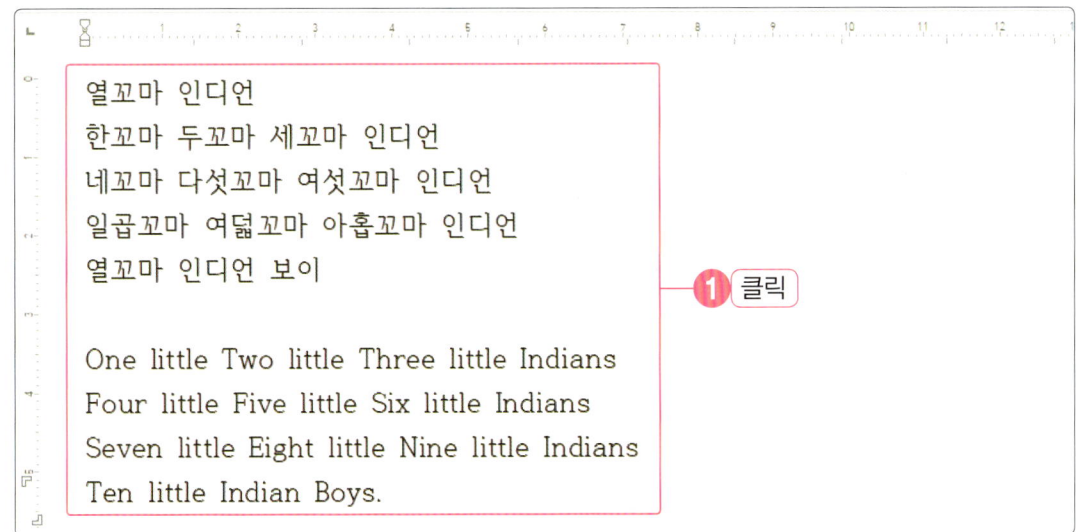

열꼬마 인디언
한꼬마 두꼬마 세꼬마 인디언
네꼬마 다섯꼬마 여섯꼬마 인디언
일곱꼬마 여덟꼬마 아홉꼬마 인디언
열꼬마 인디언 보이

One little Two little Three little Indians
Four little Five little Six little Indians
Seven little Eight little Nine little Indians
Ten little Indian Boys.

문서 입력 방법 살펴보기
- 띄어쓰기할 때는 [SpaceBar]를 누릅니다.
- 줄을 바꿀 때는 [Enter]를 누릅니다.
- 영문자를 입력할 때는 [한/영]을 이용해서 글자 입력 상태를 영문으로 변환한 다음 입력합니다.
- 대문자를 입력할 때는 [Shift]를 누르면서 입력하거나 [CapsLock]을 누르고 입력합니다.

한글 2022의 화면 구성 살펴보기

한글 2022 프로그램의 화면 구성은 다음과 같습니다.

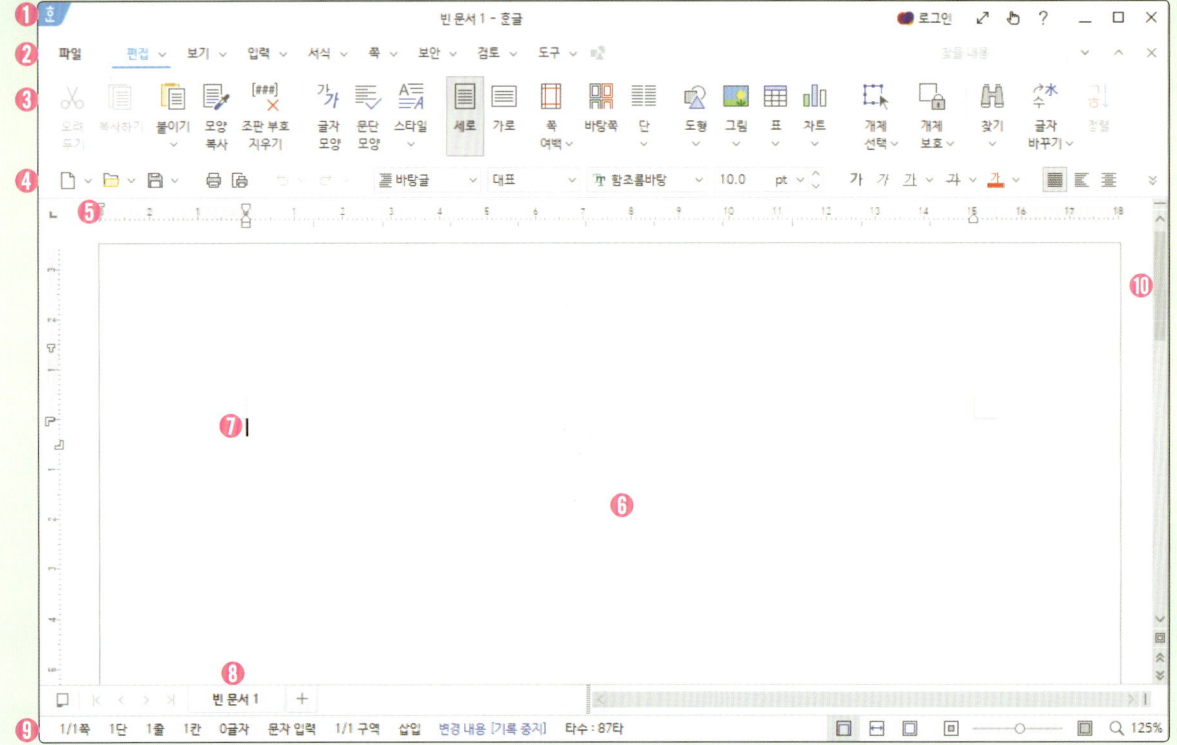

1. **제목 표시줄** : 현재 편집 중인 문서의 파일 이름, 경로, 창 조절 단추가 표시됩니다.
2. **메뉴 표시줄** : 한글 프로그램에서 사용할 수 있는 기능들을 분류하여 메뉴로 제공합니다.
3. **기본 도구 상자** : 메뉴에서 자주 사용하는 기능을 그룹별로 묶어서 탭 형식으로 제공합니다.
4. **서식 도구 상자** : 편집 시 자주 사용하는 기능을 모아서 아이콘 형태로 제공합니다.
5. **눈금자** : 눈금자 모양으로 문서의 크기와 여백 등을 알 수 있습니다.
6. **문서 편집 창** : 문서 입력 및 편집 작업을 위한 공간입니다.
7. **커서** : 작업 중인 문서에 현재 위치를 표시합니다.
8. **문서 탭** : 여러 문서를 열었을 때 탭으로 구분하여 표시합니다.
9. **상태 표시줄** : 커서의 위치, 편집 상태, 화면 확대/축소 등의 정보를 표시합니다.
10. **이동 막대** : 화면에서 표시되지 않는 문서의 다른 부분을 보고자할 때 사용합니다.

THEME 02 문서 저장 및 암호 지정하기

1 문서를 저장하기 위해 [파일]-[저장하기] 메뉴를 클릭합니다.

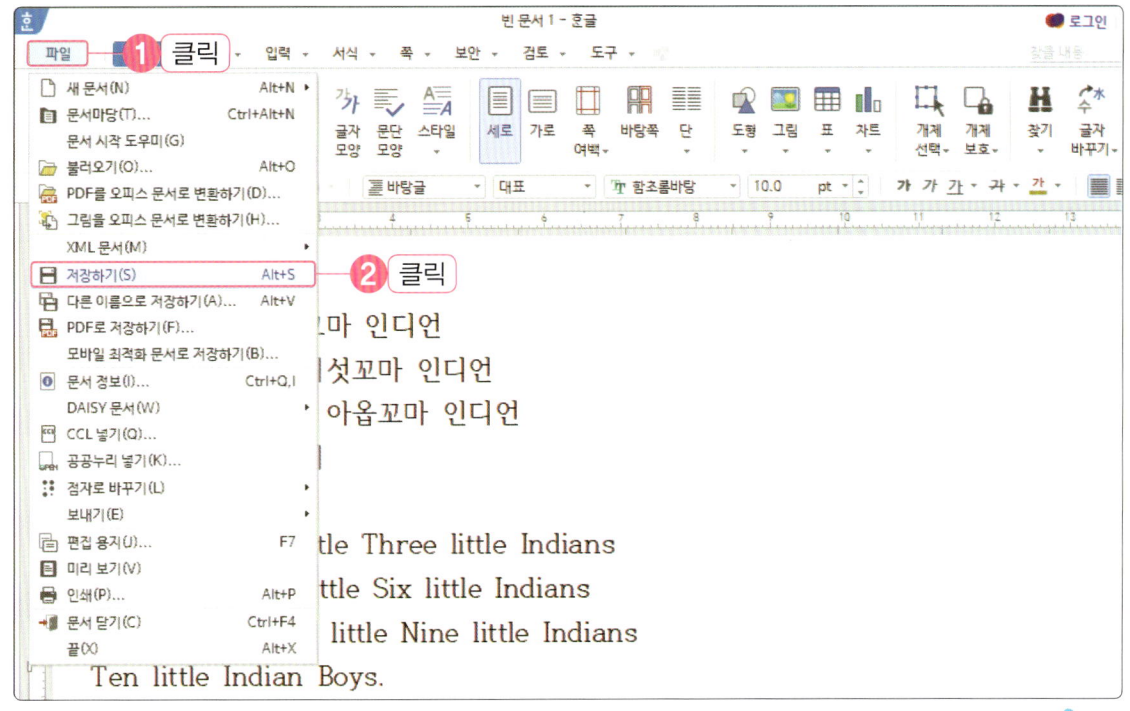

💕 Tip

문서 저장하기
- [파일]-[저장하기] 메뉴를 클릭합니다.
- 서식 도구 상자의 📄[저장]을 클릭하거나 키보드의 Alt + S 를 누릅니다.

2 [다른 이름으로 저장하기] 대화상자가 표시되면 저장 위치(문서)를 지정한 후 새 폴더를 만들어 저장하기 위해 [새 폴더]를 클릭한 다음 본인의 이름을 입력하고 Enter 를 누릅니다.

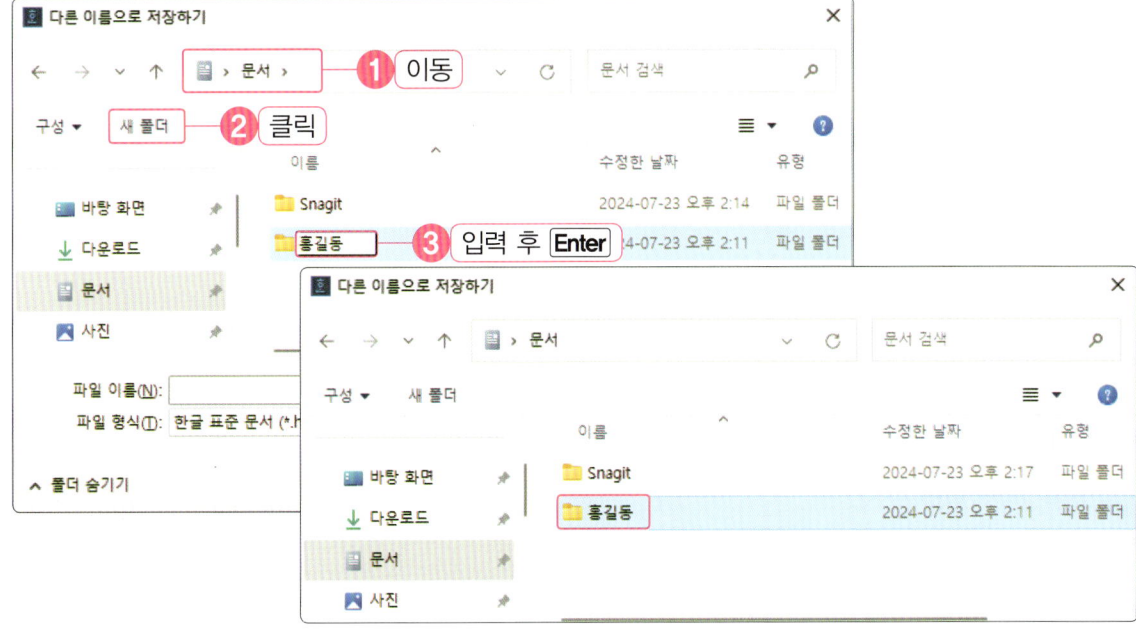

❸ 폴더 이름(본인 이름)이 변경되면 파일 이름(열꼬마 인디언의 비밀)을 입력합니다. 그런다음 암호를 이용하여 저장하기 위해 [도구]-[문서 암호] 단추를 클릭한 후 [문서 암호 설정] 대화상자가 표시되면 열기 암호 항목의 문서 암호 및 암호 확인에 같은 암호 (12345)를 입력한 다음 [설정] 단추를 클릭합니다.

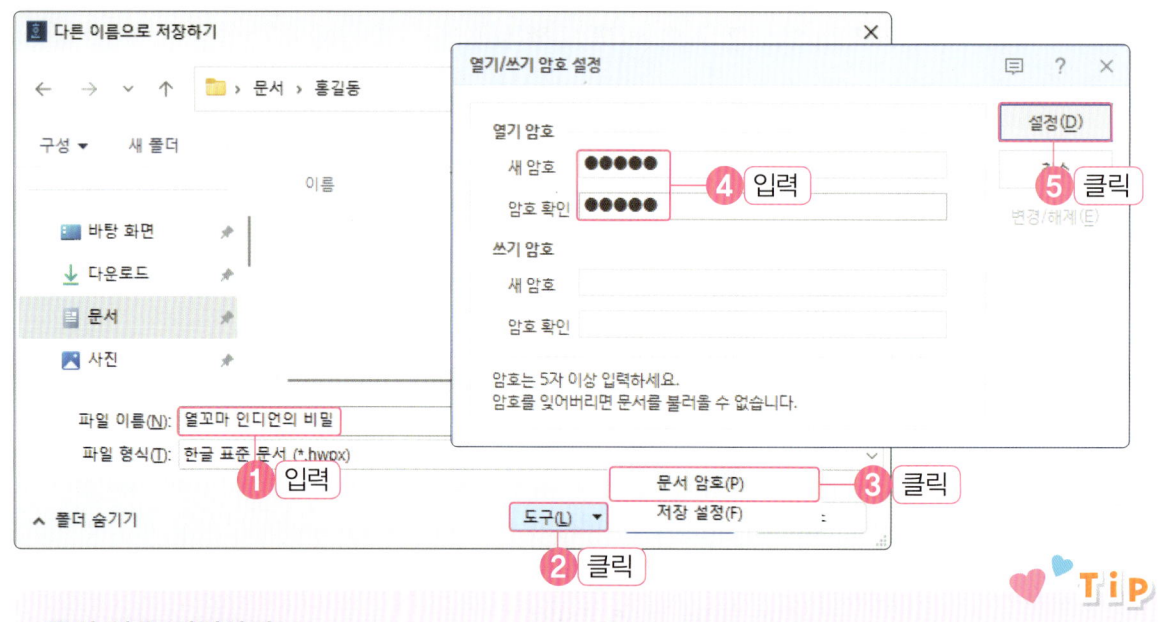

문서 암호 지정하기
[문서 암호를 지정할 때 지정한 암호를 잘 기억해 두어야 나중에 문서를 열 때 암호를 입력하여 문서를 열 수 있습니다.

❹ 저장 위치 및 파일 이름, 암호 설정 등이 모두 완료되면 문서를 저장하기 위해 [저장] 단추를 클릭합니다.

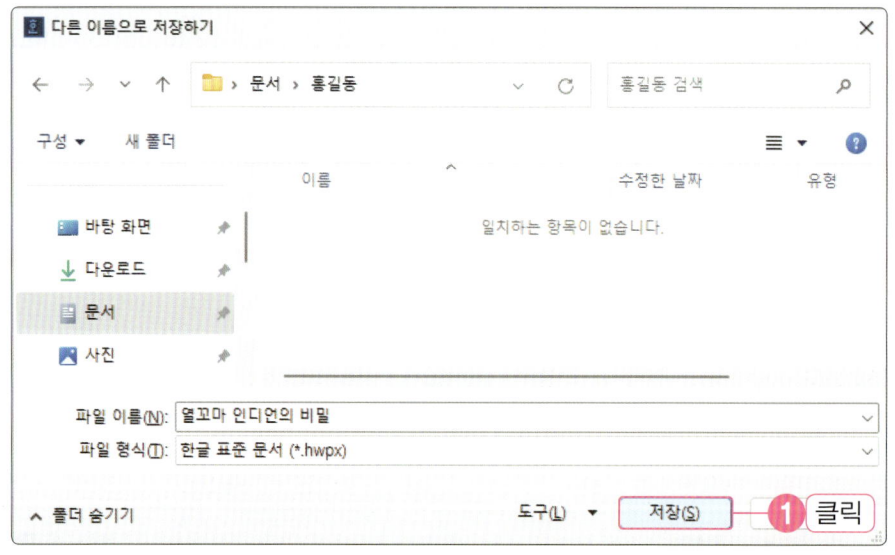

파일 형식 살펴보기
파일 형식의 목록 단추를 클릭하면 인터넷 문서(htm/html), 서식이 있는 문서(rtf), 비트맵 이미지(bmp), 텍스트 문서(txt) 및 낮은 버전의 한글 문서(hwp) 등으로 저장할 수 있습니다.

❺ 문서가 저장되면 제목 표시줄에 파일 이름과 저장 위치 등이 표시되고 문서 탭에도 파일 이름이 표시됩니다.

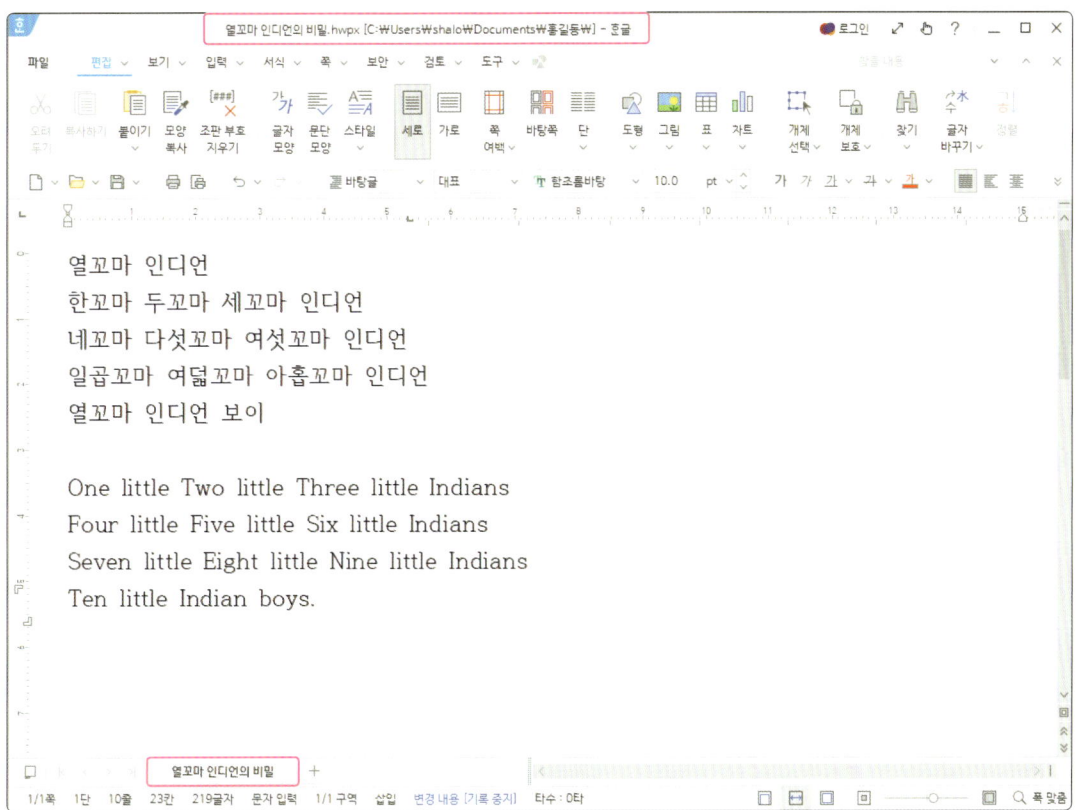

❻ [파일]-[끝] 메뉴를 클릭하면 문서 및 프로그램을 모두 종료할 수 있습니다.

Tip

프로그램 종료 및 문서 닫기
- **프로그램 종료하기** : [파일]-[끝] 메뉴를 클릭하거나 Alt+X 또는 ×를 클릭합니다.
- **문서 닫기** : [파일]-[문서 닫기] 메뉴를 클릭하거나 Ctrl+F4 또는 ×를 클릭합니다.

알아두면 실력튼튼

문서 탭의 색에 따른 상태 알아보기

❶ 저장이 완료된 후 문서 내용을 변경했을 경우에 표시됩니다.
❷ 자동 저장된 문서일 경우에 표시됩니다.
❸ 저장을 하지 않은 새 문서 이거나 저장이 완료된 문서일 경우 표시됩니다.

01 한글 2022의 화면 구성 요소에서 빈 칸에 맞는 명칭을 입력해 보세요.

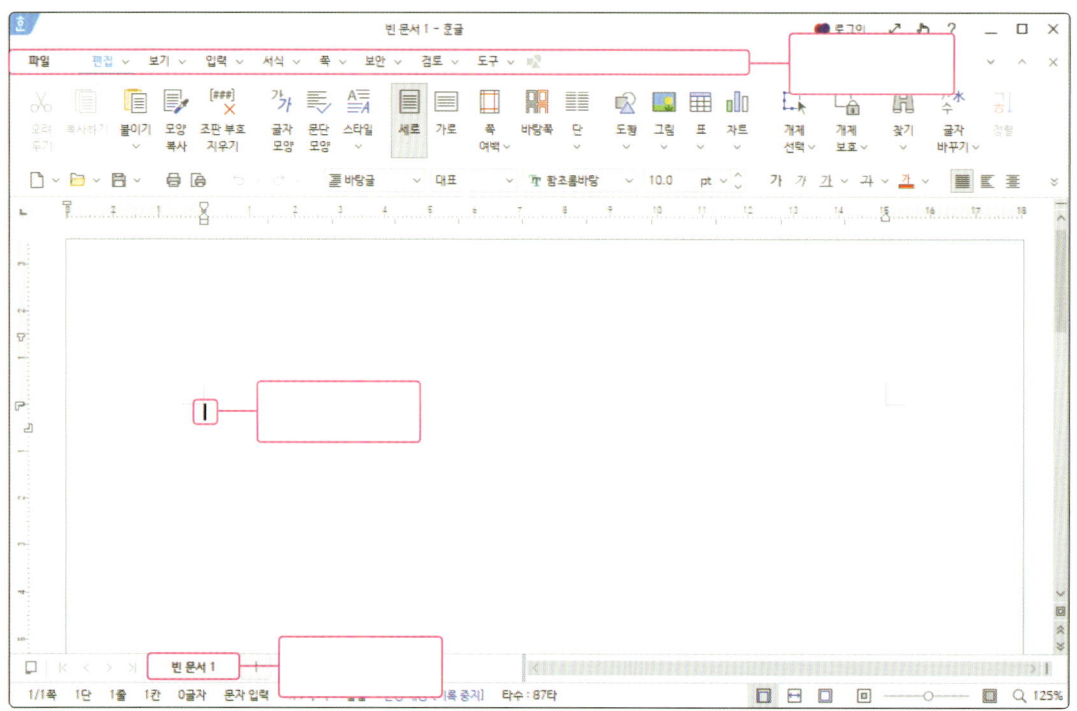

02 빈 문서에 다음과 같이 입력하고 암호 문서를 만들어 보세요.
- **암호** : 007007
- **저장** : [문서] 폴더에 '동생에게 쓰는 반성문.hwpx'

```
동생에게 쓰는 반성문

은별아!
사실은 저번에 네가 놀아달라고 할 때
형이 너한테 거짓말하고 친구 만나서 게임하고 놀았어.
집에 와보니 심심했는지 TV를 보다가 자고 있더구나.
형이 얼마나 미안했는지 몰라.

그리고 엄마가 간식 만들어 놓으신 것
너 몰래 형이 다 먹어버린 적이 몇 번 있었어.
정말 미안해~ㅜㅜ
```

Chapter 02 특수 기호 및 한자 바꾸기

학습 목표
◆ 특수 기호 및 글자 겹침 사용 방법에 대해 알아봅니다.
◆ 한자의 입력 방법에 대해 알아봅니다.

한글 2022에서는 키보드에 없는 ※, ★, ♥, ♬ 등 다양한 특수 기호와 두 개 이상의 글자를 겹쳐 새로운 글자를 만들 수 있습니다. 또한 한글을 한자로, 한자를 한글로 쉽게 변환할 수 있답니다. 그럼 사용 방법을 알아볼까요?

Preview

♣ 魔法(마법) 주문 목록 ♣

딜레트리우스 ☞ 없애는 마법(魔法)
덴사우지우 ☞ 앞니를 크게 만드는 魔法
디핀도 ☞ 해리가 캐드릭의 가방을 열려고 쓴 魔法
                                                        마법
에너바이트 ☞ 기절해있는 상대방을 깨우는 魔法
임페디멘타 ☞ 적을 느리게 함
임페리오 ☞ 남을 조종하는 저주
루모스 ☞ 불을 켜는 마법
                                          魔法
오르치데우스 ☞ 지팡이 끝에 꽃이 나오게 하는 마법
콰이어투스 ☞ 소노루스로 커진 목소리를 다시 원상복귀
리듀시오 ☞ 작게 하는 마법
魔法

THEME 01 특수 기호 사용하기

❶ 한글 2022를 실행한 후 [파일]-[불러오기] 메뉴를 클릭합니다.

> **문서 불러오기**
> - [파일]-[불러오기] 메뉴를 클릭하거나 키보드의 Alt + O 를 누릅니다.
> - 서식 도구 상자의 📂[불러오기]를 클릭하며, 목록 단추(⌄)를 클릭하면 최근 문서를 바로 열 수 있습니다.

❷ [불러오기] 대화상자가 표시되면 찾는 위치(한글 2022₩Chapter02)를 지정한 후 파일 이름(마법주문)을 선택한 다음 [열기] 단추를 클릭합니다.

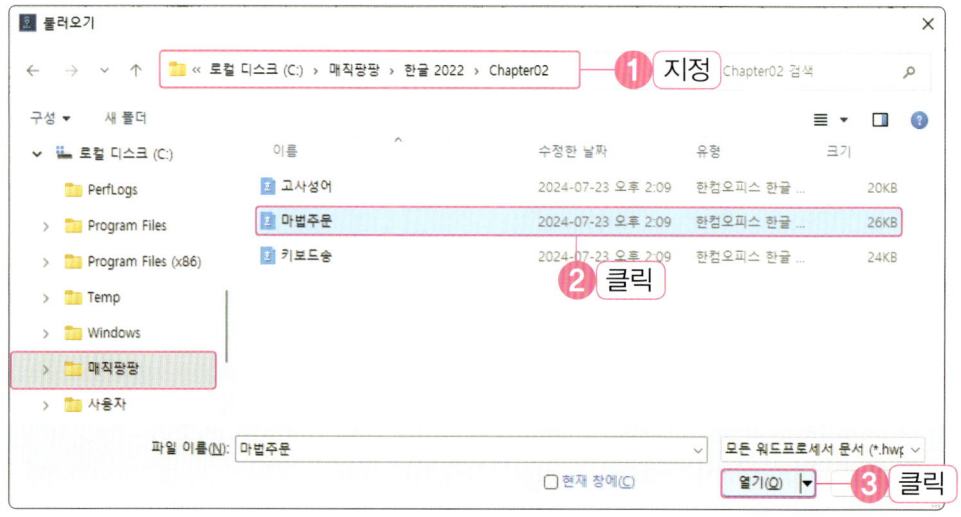

❸ 선택한 문서가 열리면 특수 기호를 삽입하기 위해 첫 번째 줄의 '마법' 단어 앞에 커서를 위치한 후 [입력]-[문자표] 메뉴를 클릭합니다.

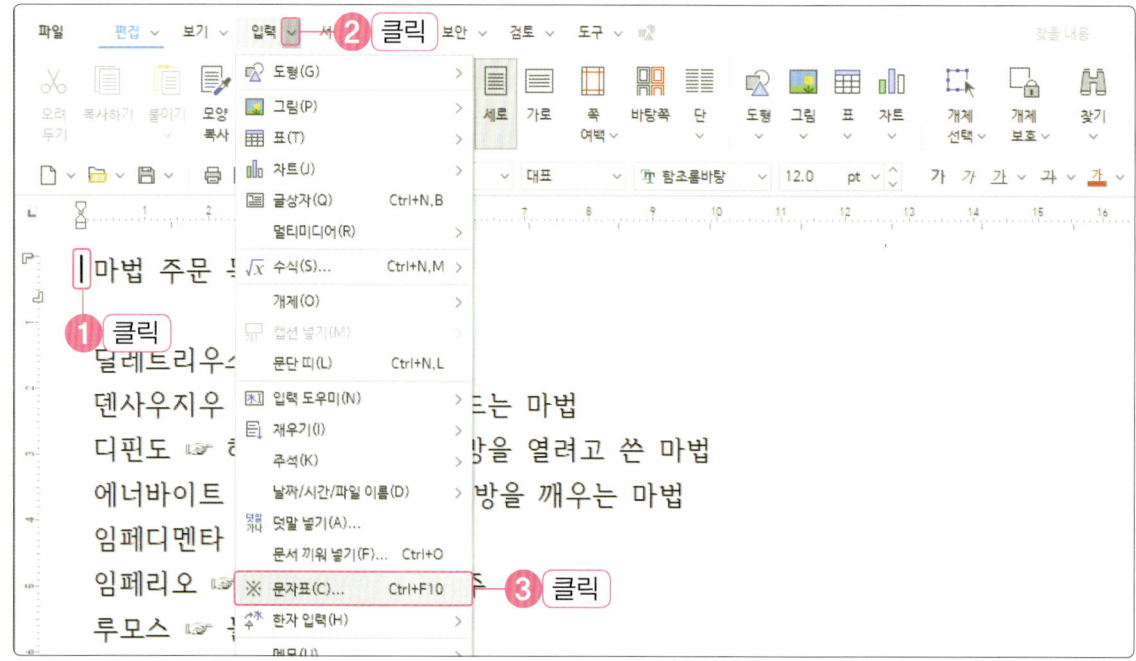

④ [문자표] 대화상자가 표시되면 [한글(HNC) 문자표] 탭의 [전각 기호(일반)] 문자 영역에서 특수 기호(♣)를 선택한 후 [넣기] 단추를 클릭합니다.

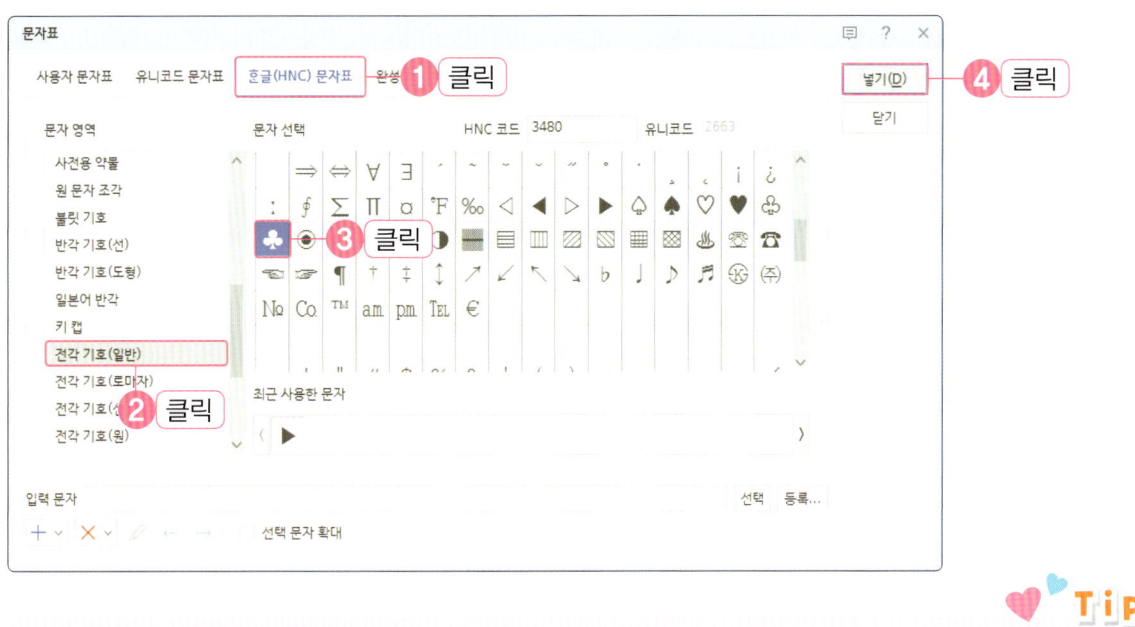

Tip

여러 특수 기호 한번에 입력하기

[문자표 입력] 대화상자에서 원하는 특수 기호를 더블클릭하여 입력 문자 항목에 삽입할 특수 기호를 순서대로 추가한 후 [넣기] 단추를 클릭하면 여러 특수 기호를 한꺼번에 입력할 수 있습니다.

⑤ 커서가 위치한 부분에 특수 기호가 삽입됩니다. 같은 방법으로 다음과 같이 특수 기호를 삽입합니다.

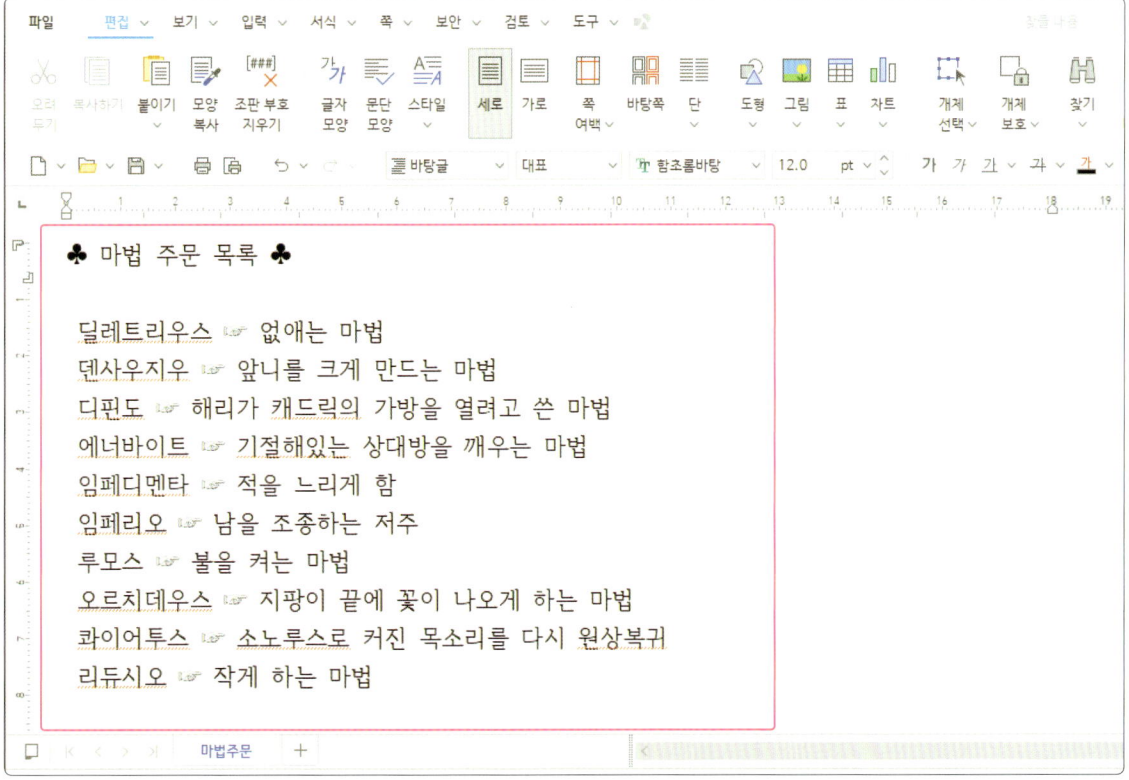

Chapter 02 – 특수 기호 및 한자 바꾸기 **13**

THEME 02 한자 입력하기

1 문서의 첫 번째 줄에서 '마법' 단어 뒤에 커서를 위치한 후 [입력]-[한자 입력]-[한자로 바꾸기] 메뉴를 클릭합니다.

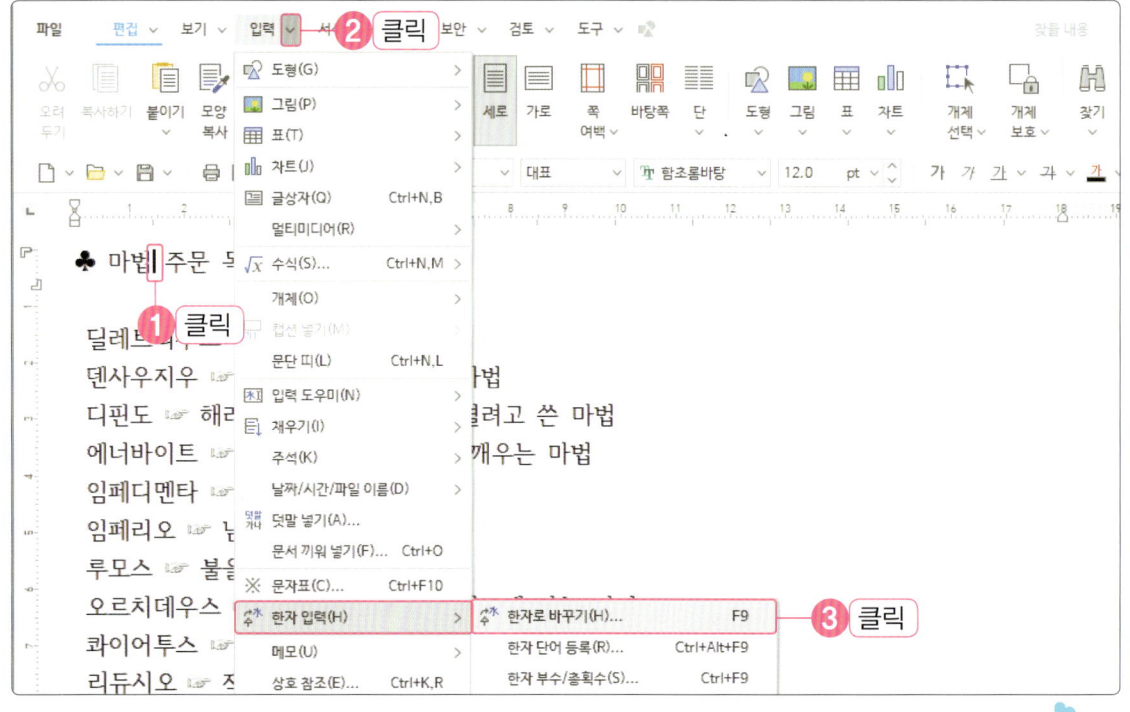

> **Tip**
>
> **한자 입력하기**
> • [입력]-[한자 입력]-[한자로 바꾸기] 메뉴를 클릭하거나 키보드의 [한자] 또는 [F9]를 누릅니다.
> • [입력] 탭에서 [한자 입력]-[한자로 바꾸기]를 클릭합니다.

2 [한자로 바꾸기] 대화상자가 표시되면 한자 목록에서 '마법' 단어에 해당하는 한자를 선택한 후 입력 형식을 선택한 다음 [바꾸기] 단추를 클릭합니다.

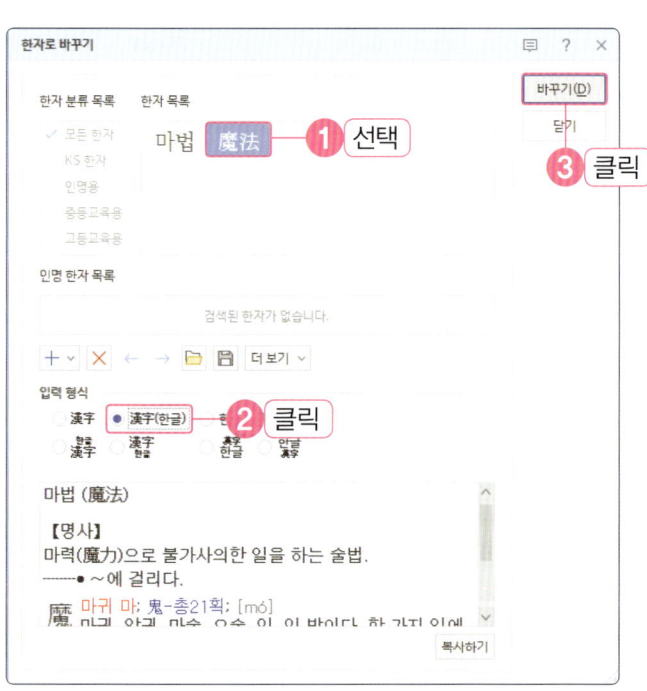

③ '마법' 단어가 한자로 변환되어 표시됩니다. 같은 방법으로 다음과 같이 한자로 변환하여 문서를 완성합니다.

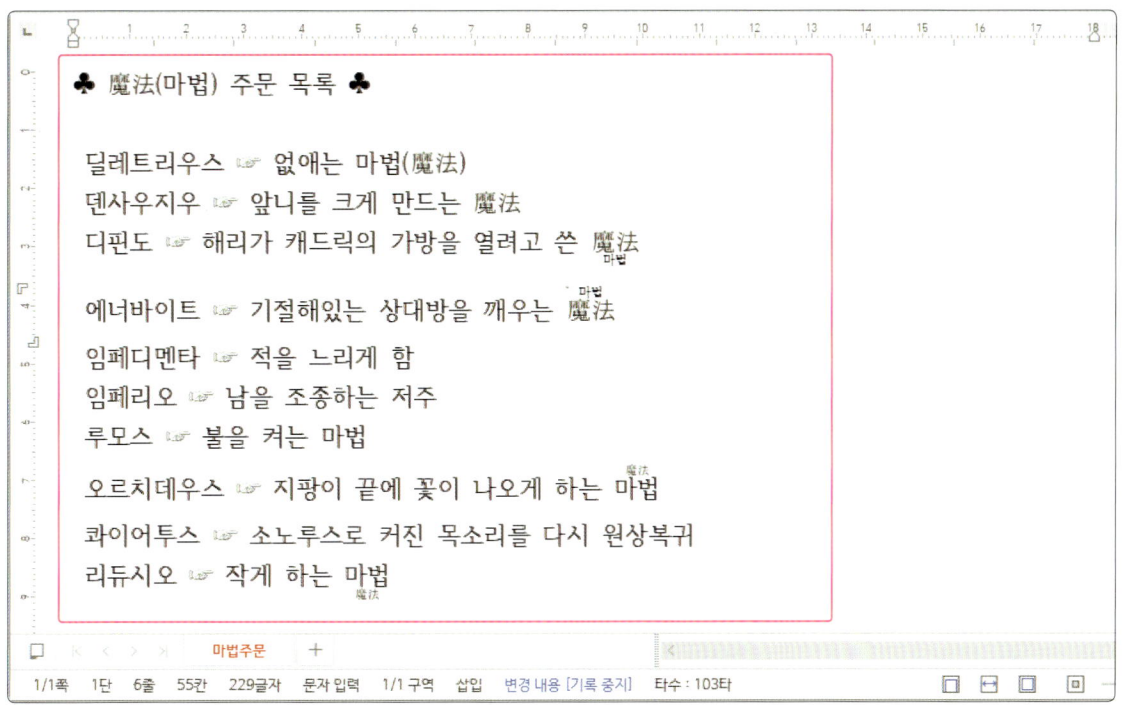

알아두면 실력튼튼

한자 단어 등록하기

❶ [입력]-[한자 입력]-[한자 단어 등록] 메뉴를 클릭합니다.
❷ [한자 단어 등록] 대화상자에서 단어로 등록할 한자 단어의 한글 내용을 입력합니다.
❸ 바꾸기 항목에서 한자 등록 방법(한 글자씩 연속 바꾸기)을 선택하고 [한자로] 단추를 클릭합니다.

❹ [한자로 바꾸기] 대화상자에서 등록할 한자를 선택한 후 [바꾸기] 단추를 클릭합니다.
❺ 같은 방법으로 단어를 모두 한자로 바꾼 후 [한자 단어 등록] 대화상자에서 [등록] 단추를 클릭합니다.

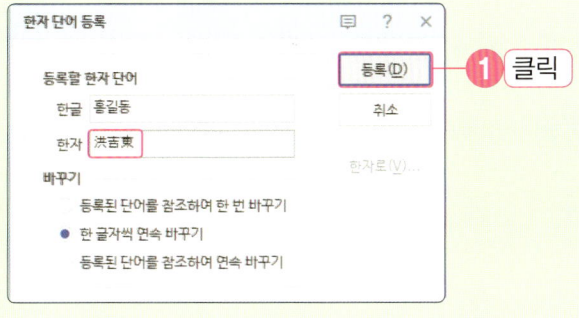

글자 겹치기 사용하기

❶ [입력]-[입력 도우미]-[글자 겹치기] 메뉴를 클릭합니다.
❷ [글자 겹치기] 대화상자가 표시되면 겹치기 종류 및 겹쳐 쓸 글자를 입력한 후 [넣기] 단추를 클릭합니다.

복사 및 이동하기

- **복사하기** : 복사할 내용을 블록 지정한 후 [편집]-[복사하기] 메뉴 또는 Ctrl+C를 누른 다음 붙여넣을 위치에서 [편집]-[붙여넣기] 메뉴 또는 Ctrl+V를 누릅니다.

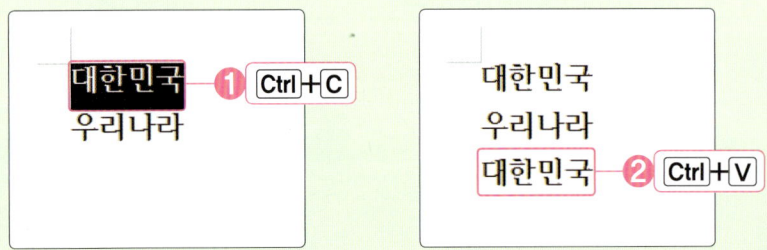

- **이동하기** : 이동할 내용을 블록 지정한 후 [편집]-[잘라내기] 메뉴 또는 Ctrl+X를 누른 다음 이동할 위치에서 [편집]-[붙여넣기] 메뉴 또는 Ctrl+V를 누릅니다.

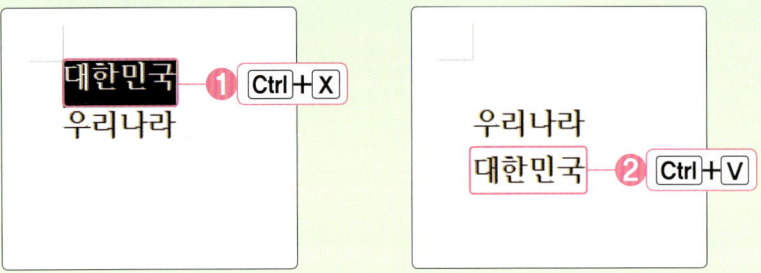

되돌리기 및 다시 실행하기

- **되돌리기** : 가장 최근 실행한 작업을 취소하고 다시 이전의 상태로 되돌리는 기능으로 [편집]-[되돌리기] 메뉴를 클릭하거나 서식 도구 상자의 ↶[되돌리기] 또는 Ctrl+Z를 누릅니다.
- **다시 실행하기** : 되돌리기를 통해 취소한 작업을 다시 실행하는 기능으로 [편집]-[다시 실행] 메뉴를 클릭하거나 서식 도구 상자의 ↷[다시 실행] 또는 Ctrl+Shift+Z를 누릅니다.

01 새 문서에 다음과 같이 키보드송을 입력한 후 특수 기호 및 글자 겹치기를 이용하여 문서를 꾸며 보세요.

- **저장** : 본인의 이름 폴더 위치에 '키보드송.hwpx' 파일로 저장

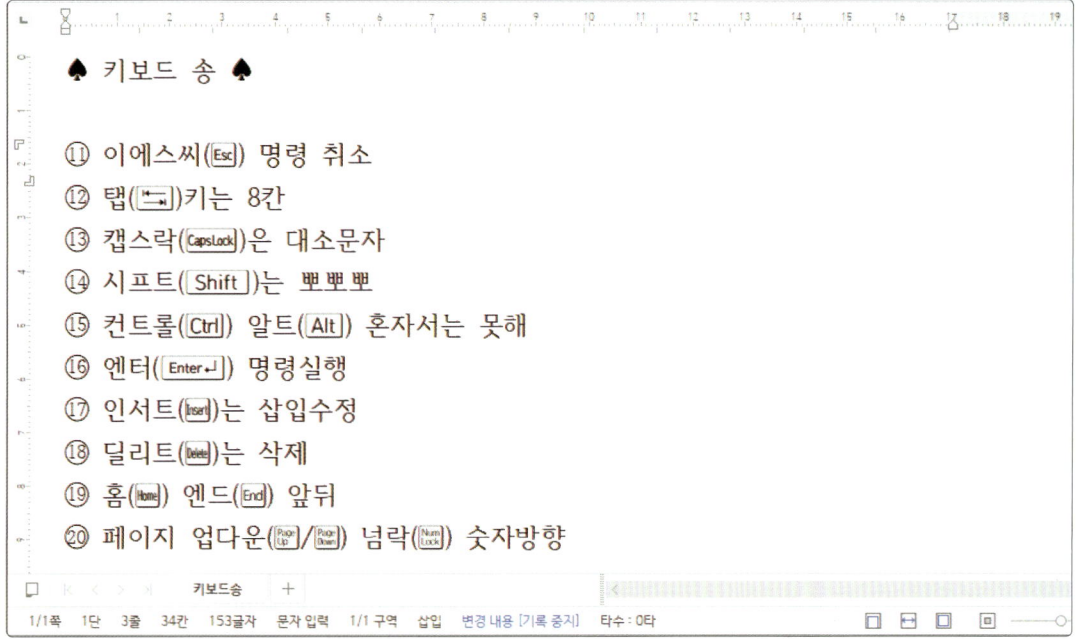

02 새 문서에 다음과 같이 고사성어를 입력한 후 특수 기호 및 한자 변환으로 문서를 꾸며 보세요.

- **저장** : 본인의 이름 폴더 위치에 '고사성어.hwpx' 파일로 저장

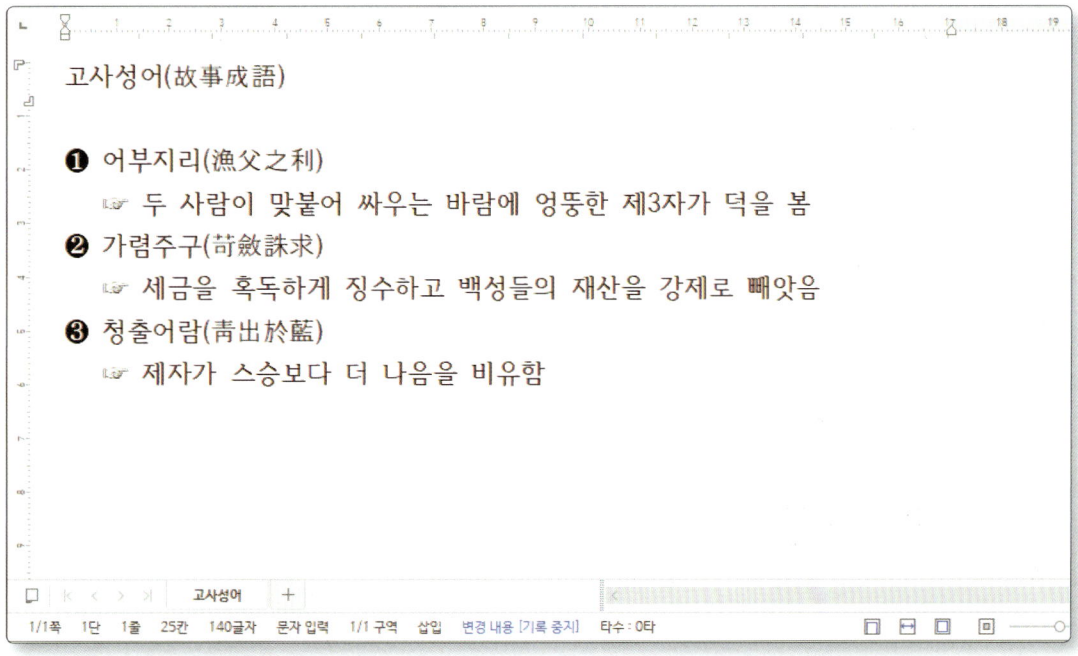

Chapter 03 글꼴 서식 바꾸기

학습목표
- ◆ 글자 모양의 변경 방법에 대해 알아봅니다.
- ◆ 문단 모양의 변경 방법에 대해 알아봅니다.

글꼴 서식 변경은 문서 내용에 글꼴이나 글자 크기, 글자 색 등을 변경하여 문서를 예쁘게 꾸며주는 기능을 말합니다. 또한 문서 내용을 왼쪽, 오른쪽, 가운데 등을 기준으로 정렬하거나 여백을 지정하는 등의 편집 방법도 서식 변경 방법의 하나입니다. 그럼 사용법을 알아볼까요?

Preview

몸무게

나의 몸무게는 어머니의 눈물 몇 방울로 이루어져 있다.

등불처럼 밤새워
아픈 머리맡 지키며 흘리시던
눈물 몇 방울.

일터에서 흘리시던
아버지의 땀방울도 얹혀 있고

선생님의 가르침
친구들과 나눈
따뜻한 얘기들도 들어 있다.

THEME 01 글자 모양 바꾸기

1 한글 2022를 실행한 후 '몸무게' 파일을 열고 제목(몸무게)을 드래그한 다음 서식 도구 상자에서 글꼴(양재 튼튼B), 글자 크기(30), 진하게(가), 글자 색(보라) 등을 선택합니다.

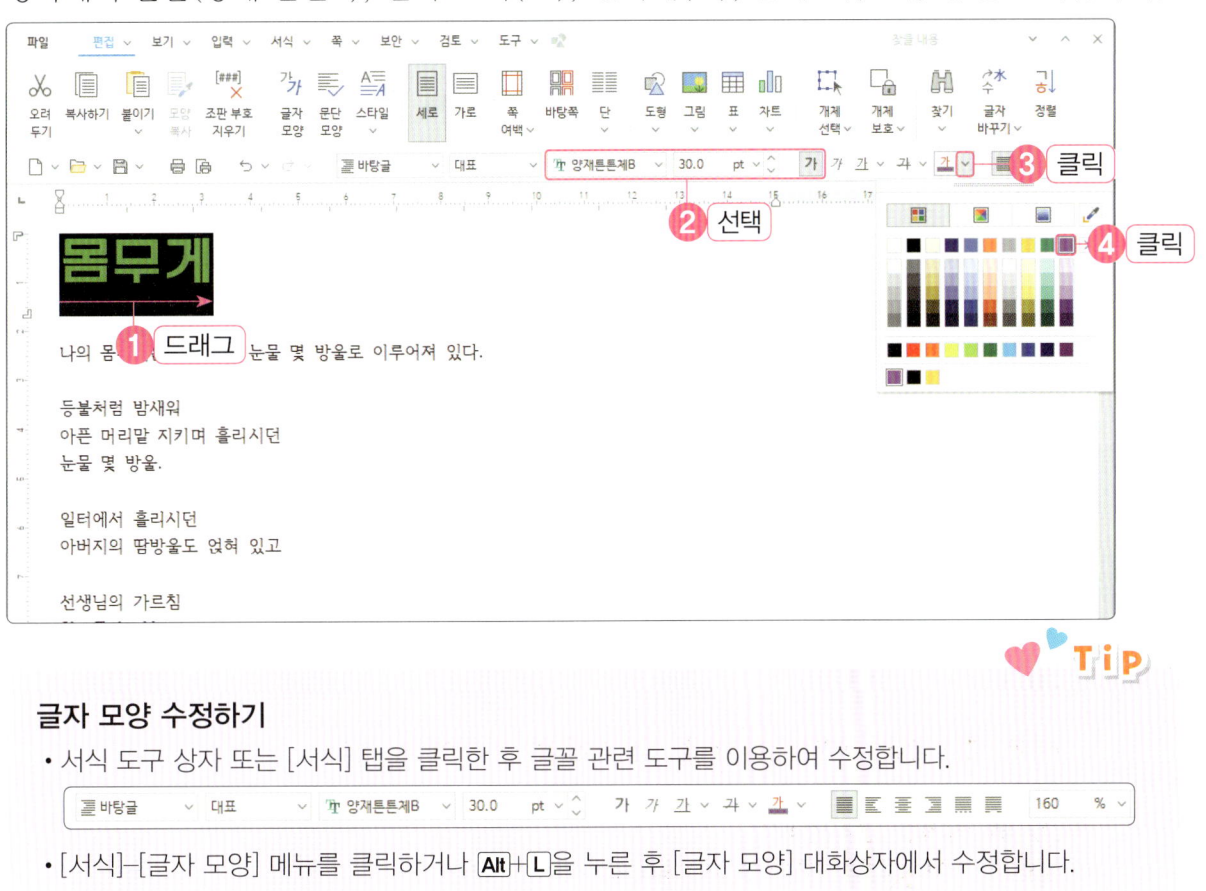

글자 모양 수정하기

- 서식 도구 상자 또는 [서식] 탭을 클릭한 후 글꼴 관련 도구를 이용하여 수정합니다.
- [서식]-[글자 모양] 메뉴를 클릭하거나 Alt + L 을 누른 후 [글자 모양] 대화상자에서 수정합니다.

2 문서의 제목이 수정되면 내용 중 첫 번째 줄을 드래그하여 블록으로 지정한 후 [서식] 탭에서 [글자 모양]을 클릭합니다.

❸ [글자 모양] 대화상자가 표시되면 [기본] 탭에서 기준 크기(14), 글꼴(맑은 고딕), 음영 색(노랑) 등을 선택한 후 [설정] 단추를 클릭합니다.

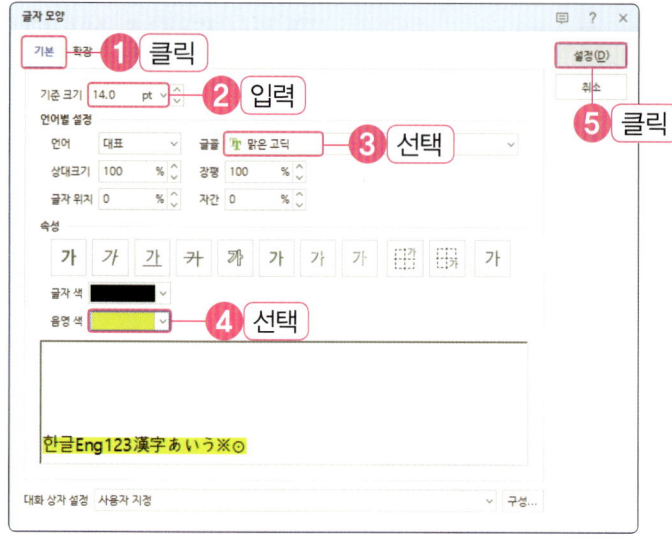

> **Tip**
>
> **[글자 모양] 대화상자 살펴보기**
> - **[기본] 탭** : 기준 크기, 글꼴, 장평, 자간, 속성, 글자 색, 음영 색 등을 지정합니다.
> - **[확장] 탭** : 그림자, 밑줄, 취소선 및 외곽선, 강조점 등을 지정합니다.
> - **[테두리/배경] 탭** : 테두리의 종류 및 굵기, 색 등과 배경 등을 지정합니다.

❹ 블록 지정한 내용의 글꼴 서식이 수정되어 표시됩니다. 같은 방법으로 다음과 같이 서식을 수정합니다.

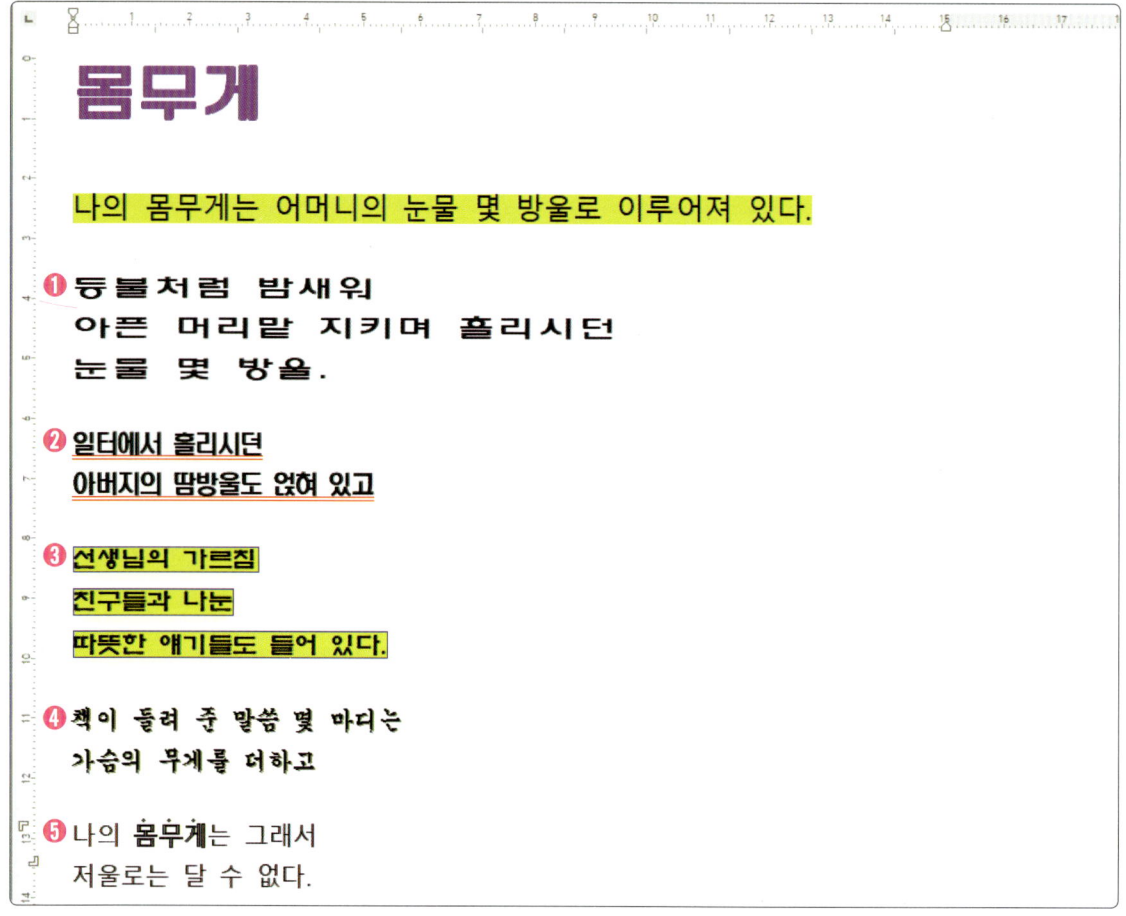

❶ 기준 크기(12), 글꼴(HY울릉도M), 장평(150), 자간(10)
❷ 기준 크기(12), 글꼴(HY헤드라인M), 장평(95), 자간(-5), 밑줄(이중실선, 빨강)
❸ 기준 크기(12), 글꼴(휴먼옛체), 테두리(실선, 0.1mm, 파랑), 배경(노랑)
❹ 기준 크기(12), 글꼴(궁서), 양각(가)
❺ 기준 크기(12), 글꼴(맑은 고딕), 몸무게 : 외곽선(까), 강조점(⁝)

THEME 02 문단 모양 바꾸기

1 제목(몸무게)이 입력된 문단에 커서를 클릭한 후 서식 도구 상자에서 가운데 정렬(≡)을 클릭합니다.

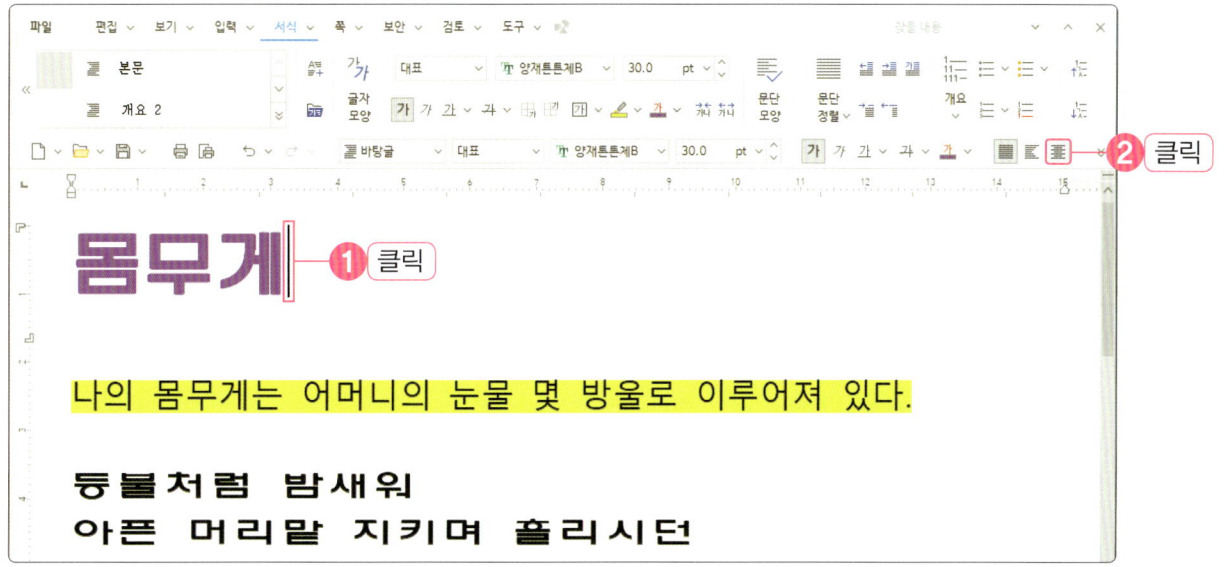

💖 Tip

문단 모양 수정하기
- 서식 도구 상자 또는 [서식] 탭의 문단 관련 도구를 이용하여 수정합니다.
- [서식]–[문단 모양] 메뉴를 클릭하거나 Alt+T를 누른 후 [문단 모양] 대화상자에서 수정합니다.

2 문서의 제목이 가운데 위치로 수정됩니다. 제목을 제외한 나머지 내용을 드래그하여 블록 지정한 후 [서식]–[문단 모양] 메뉴를 클릭합니다.

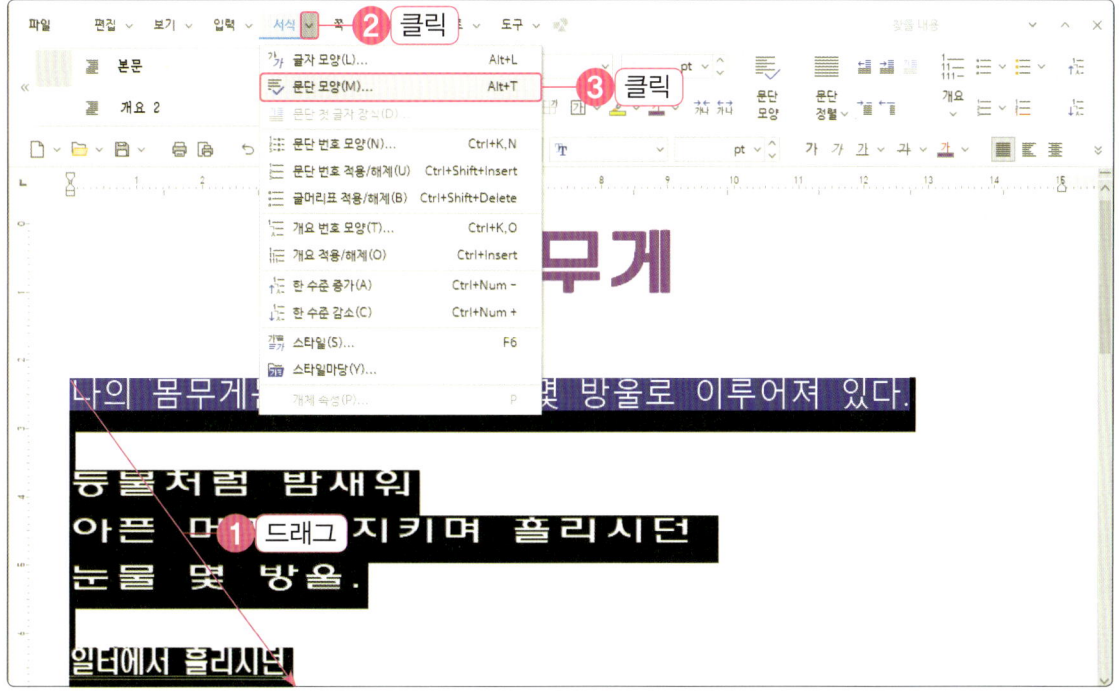

Chapter 03 – 글꼴 서식 바꾸기 **21**

❸ [문단 모양] 대화상자가 표시되면 [기본] 탭에서 여백 항목의 왼쪽(30)을 입력한 후 간격 항목의 줄 간격(140)을 입력한 다음 [설정] 단추를 클릭합니다.

💖 TiP

[문단 모양] 대화상자 살펴보기
- **[기본] 탭** : 정렬 방식 및 여백 지정, 간격 등을 조절합니다.
- **[확장] 탭** : 문단의 종류(개요, 번호, 글머리표) 선택 및 수준을 조절합니다.
- **[탭 설정] 탭** : 탭 종류 지정 및 채울 모양, 탭 위치 등을 지정 및 삭제합니다.
- **[테두리/배경] 탭** : 테두리의 종류, 굵기, 색 및 배경과 간격 등을 지정합니다.

❹ 제목을 제외한 문서 내용에 왼쪽 여백(30) 및 줄 간격(140)이 수정됩니다. 같은 방법으로 다음과 같이 ❶번 영역의 문단 모양을 수정합니다.

❶ **테두리** : 종류(실선), 굵기(0.1mm) 색(파랑), 문단 테두리 연결
　배경 : 면 색(노랑)
　간격 : 문단 여백 무시, 간격(왼쪽/오른쪽/위쪽/아래쪽 모두 2mm)

모양 복사 사용하기

모양 복사란 특정 내용에 지정된 글자 모양 및 문단 모양 등의 서식을 복사하여 다른 내용에 적용시키는 방법으로 사용법은 다음과 같습니다.

모양 복사 적용 순서

❶ 복사할 서식이 지정된 위치에 커서를 위치한 후 [편집] 탭에서 [모양 복사]를 클릭하거나 Alt+C를 누릅니다.

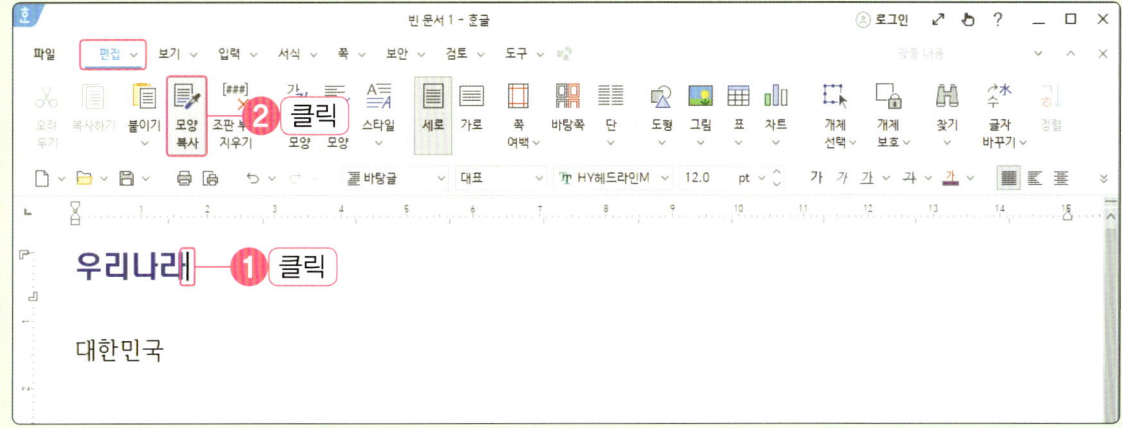

❷ [모양 복사] 대화상자가 표시되면 복사할 서식(글자 모양/문단 모양/글자 모양과 문단 모양 둘 다 복사)을 선택한 후 [복사] 단추를 클릭합니다.

❸ 복사한 서식을 적용하기 위한 내용 부분을 드래그하여 블록으로 지정한 후 [편집] 탭에서 [모양 복사]를 클릭하거나 Alt+C를 누릅니다.

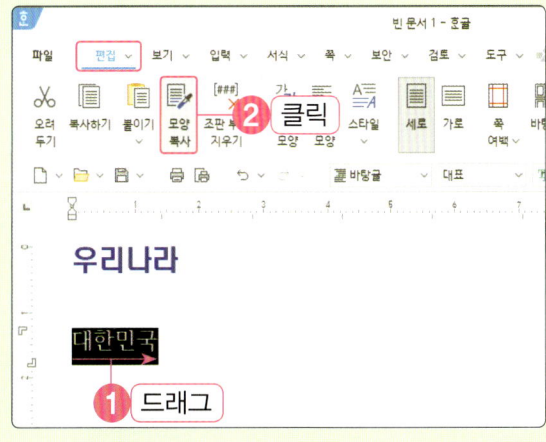 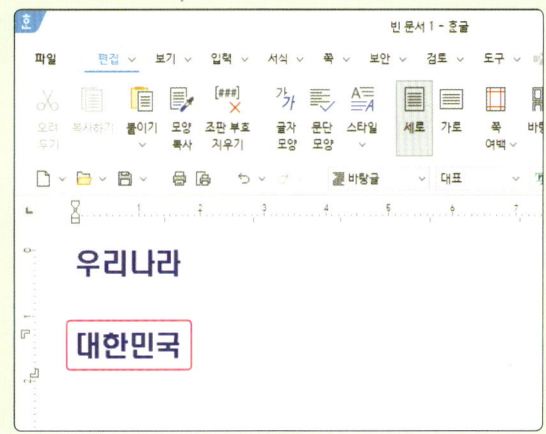

01 새 문서에 다음과 같이 내용을 입력한 후 서식을 수정해 보세요.

① 글꼴(맑은 고딕), 글자 크기(20), 진하게(가), 양각(가), 가운데 정렬(三)
② 글꼴(옥수수), 글자 크기(12), 진하게(가), 기울임(가), 글자 색(검은 군청),
  가운데 정렬(三), 여백(왼쪽 – 50, 오른쪽 – 50), 줄 간격(150),
  테두리(종류 – 실선, 굵기 – 0.1mm, 색 – 빨강), 문단 테두리 연결,
  배경(면 색 – 노랑 80% 밝게), 간격(왼쪽/오른쪽/위쪽/아래쪽 – 2mm), 문단 여백 무시

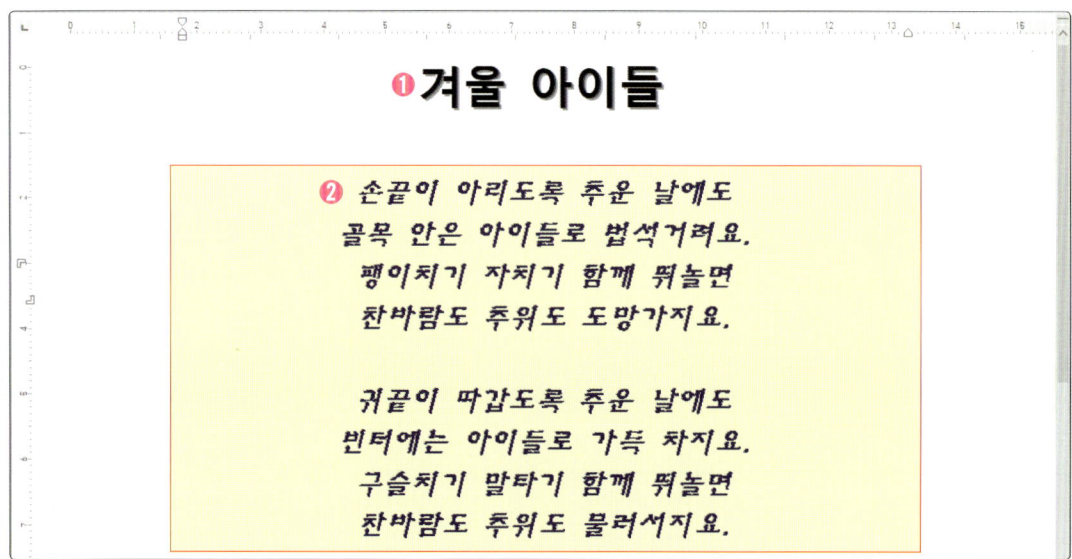

02 새 문서에 다음과 같이 내용을 입력한 후 서식을 수정해 보세요.

① 글꼴(HY울릉도B), 글자 크기(20), 진하게(가), 그림자(가), 가운데 정렬(三)
② 글꼴(맑은 고딕), 글자 크기(14), 진하게(가), 글자 색(파랑), 장평(95), 자간(-5)
③ 글꼴(맑은 고딕), 글자 크기(14), 글자 색(초록), 장평(95), 자간(-5)
  여백(왼쪽 – 10), 간격(문단 아래 – 10)

❶ **생활 속담**

❷ **목마른 사람이 우물 판다.**
  ❸ 어떠한 일은 결국 필요한 사람이 일을 하게 마련이다.

  미운 자식 떡 하나 더 준다.
    미운짓을 하더라도 잘 대해주면 결국 뉘우치게 된다.

  잘 되면 제 탓, 못되면 조상 탓
    일이 잘 되면 자기가 잘 했기 때문이라 하고, 안되면 남을 원망하거나
    운명 때문이라 하며 책임을 돌린다.

Chapter 04 용지 설정 및 쪽 모양 변경하기

학습 목표
- ◆ 편집 용지를 설정하는 방법에 대해 알아봅니다.
- ◆ 그림을 삽입하고 편집하는 방법에 대해 알아봅니다.
- ◆ 쪽 테두리/배경을 지정하는 방법에 대해 알아봅니다.

편집 용지 설정은 문서 편집의 가장 기본으로 작성하는 문서의 크기 및 방향 등을 설정하는 기능입니다. 또한 쪽 테두리/배경은 문서 전체의 테두리 및 배경을 설정하는 기능으로 상장과 같이 문서 전체를 꾸며줄 때 적용할 수 있는 편리한 기능입니다. 그럼 사용법을 알아볼까요?

Preview

제 24-1787호

최우수상

창의부분

학교 :
이름 :

위 어린이는 렉스미디어에서 주최하는 스마트 문서작성 경시대회에서 우수한 성적을 보여주었기에 이 상장을 수여합니다.

년 월 일

렉스미디어 출판사

THEME 01 편집 용지 설정하기

1 한글 2022를 실행한 후 '상장' 파일을 열고 [쪽]-[편집 용지] 메뉴를 클릭합니다.

편집 용지 설정하기
- [쪽]-[편집 용지] 메뉴를 클릭하거나 키보드의 F7 을 누릅니다.
- [쪽] 탭에서 [편집 용지]를 클릭합니다.

2 [편집 용지] 대화상자가 표시되면 [기본] 탭에서 용지 방향(가로)을 지정한 후 [설정] 단추를 클릭합니다.

[편집 용지] 대화상자
[편집 용지] 대화상자에서는 용지의 종류 및 용지 방향, 용지 여백 등을 수정할 수 있습니다.

3 용지의 방향이 가로 방향으로 수정되어 표시됩니다.

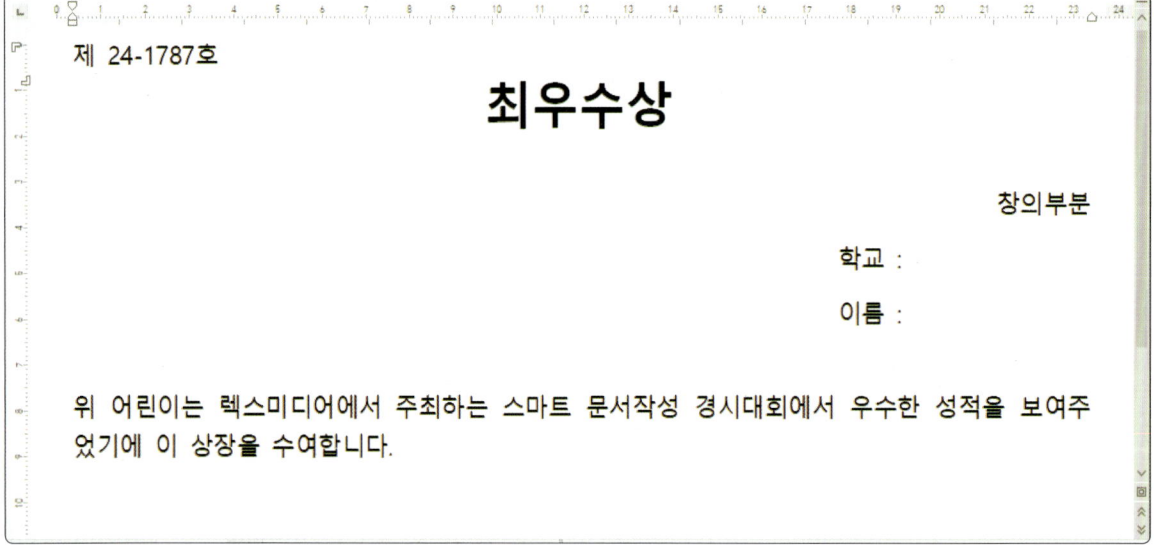

THEME 02 그림 삽입 및 편집하기

1 그림을 삽입하기 위해 [입력]-[그림]-[그림] 메뉴를 클릭합니다.

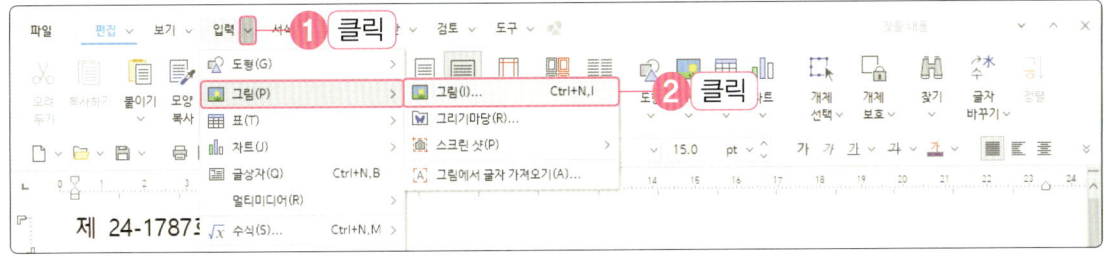

💡 Tip

그림 삽입하기
- [입력]-[그림]-[그림] 메뉴를 클릭하거나 Ctrl + N , I 를 누릅니다.
- [입력] 탭 또는 [편집] 탭에서 [그림]을 클릭합니다.

2 [그림 넣기] 대화상자가 표시되면 찾는 위치(Chapter04) 지정한 후 그림 파일(메달)을 선택합니다. 그런 다음 [문서에 포함]을 선택, [마우스로 크기 지정] 및 [글자처럼 취급]을 선택 해제한 후 [열기] 단추를 클릭합니다.

3 그림이 삽입되면 그림을 선택한 후 [그림] 탭에서 [글 뒤로]를 선택한 후 [자르기]를 클릭합니다.

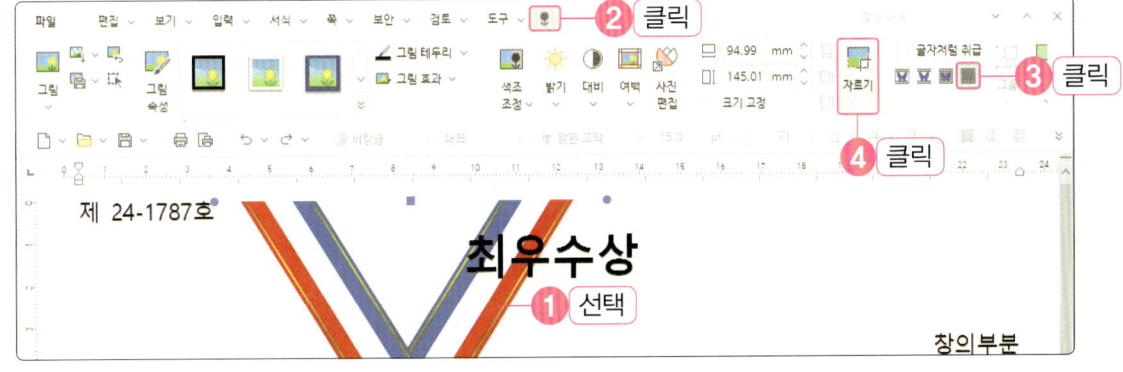

Chapter 04 - 용지 설정 및 쪽 모양 변경하기

④ 그림이 자르기 상태로 전환되면 위쪽 끈 부분을 아래로 드래그하여 자른 후 [그림] 탭에서 [색조 조정]-[회색조]를 클릭합니다.

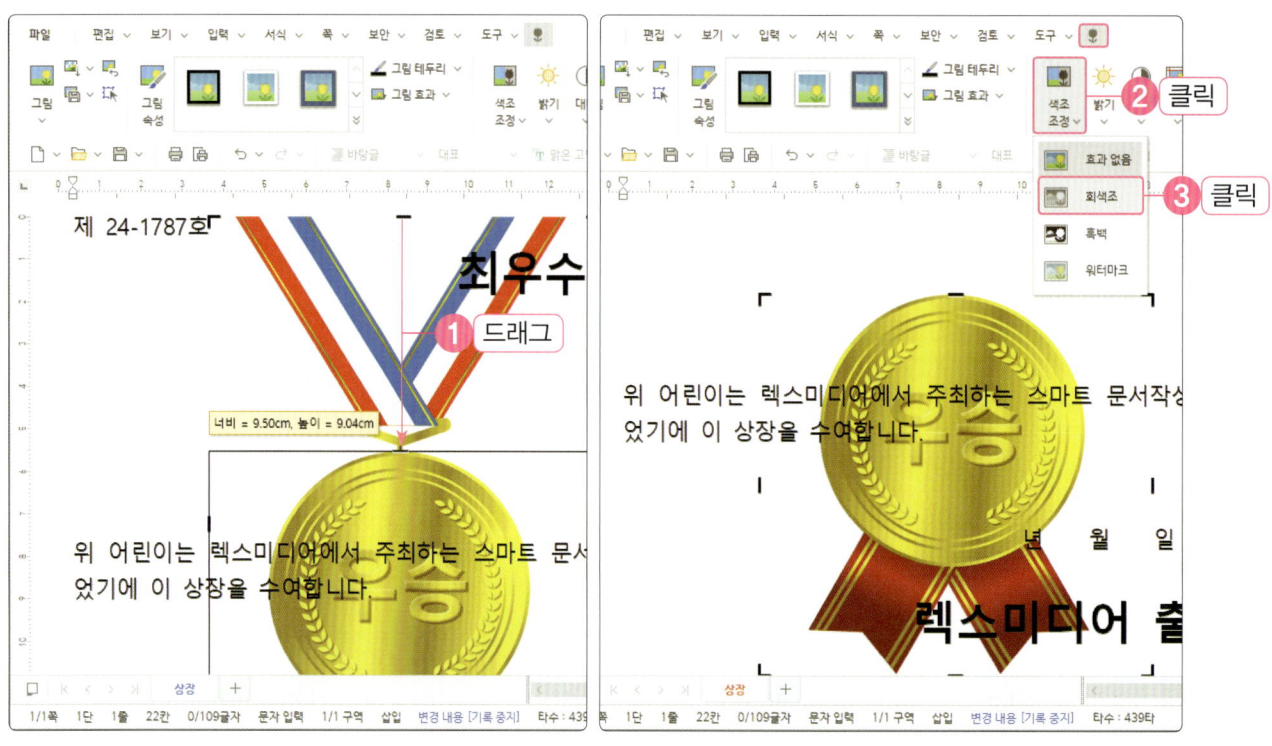

⑤ [그림] 탭에서 다시 [자르기]를 클릭하여 자르기 상태를 해제한 후 그림을 드래그하여 원하는 위치로 이동합니다.

THEME 03 쪽 테두리/배경 지정하기

1 [쪽]-[쪽 테두리/배경] 메뉴를 클릭합니다.

> **쪽 테두리/배경 지정하기**
> [쪽]-[쪽 테두리/배경] 메뉴를 클릭하거나 [쪽] 탭에서 [쪽 테두리/배경]을 클릭합니다.

2 [쪽 테두리/배경] 대화상자가 표시되면 [테두리] 탭에서 테두리 항목의 종류(이중 실선), 굵기(0.5mm), 색(파랑) 등을 지정한 후 □[모두]를 클릭하여 테두리를 표시한 다음 위치(쪽 기준)를 확인하고 [설정] 단추를 클릭합니다.

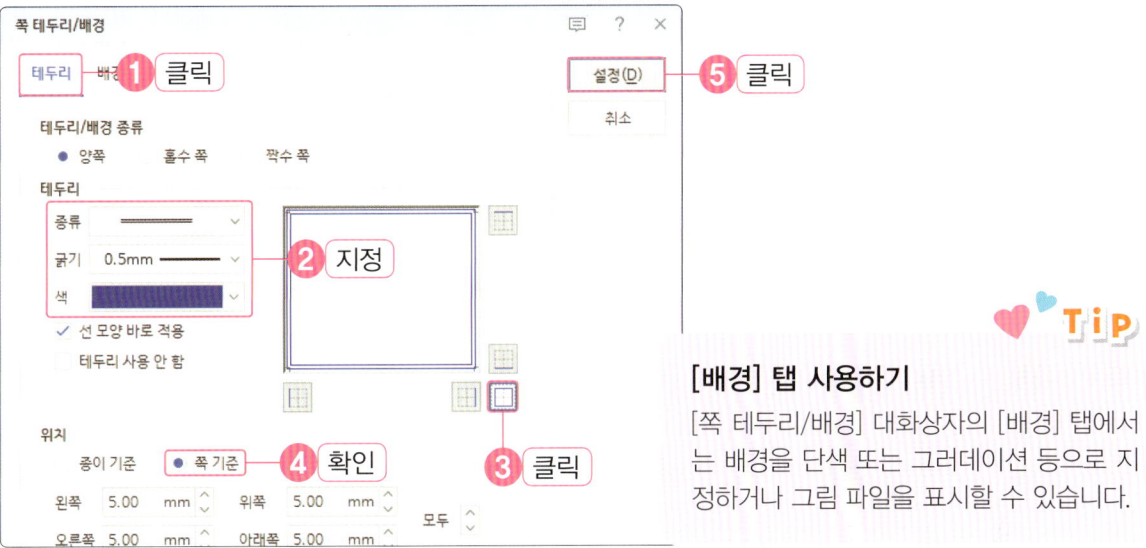

> **[배경] 탭 사용하기**
> [쪽 테두리/배경] 대화상자의 [배경] 탭에서는 배경을 단색 또는 그러데이션 등으로 지정하거나 그림 파일을 표시할 수 있습니다.

3 쪽 테두리가 변경되어 표시됩니다.

> **쪽 윤곽 보기**
> [보기] 탭에서 [쪽 윤곽]을 클릭하면 문서의 쪽 윤곽을 확인할 수 있습니다.

쪽 기준으로 배경 지정하기

[쪽 테두리/배경] 대화상자의 [배경] 탭을 이용하면 쪽을 기준으로 배경을 단색 또는 그러데이션 배경을 지정할 수 있으며, 그림을 체크하고 그림의 경로를 지정하여 해당 그림을 배경으로 사용할 수 있습니다.

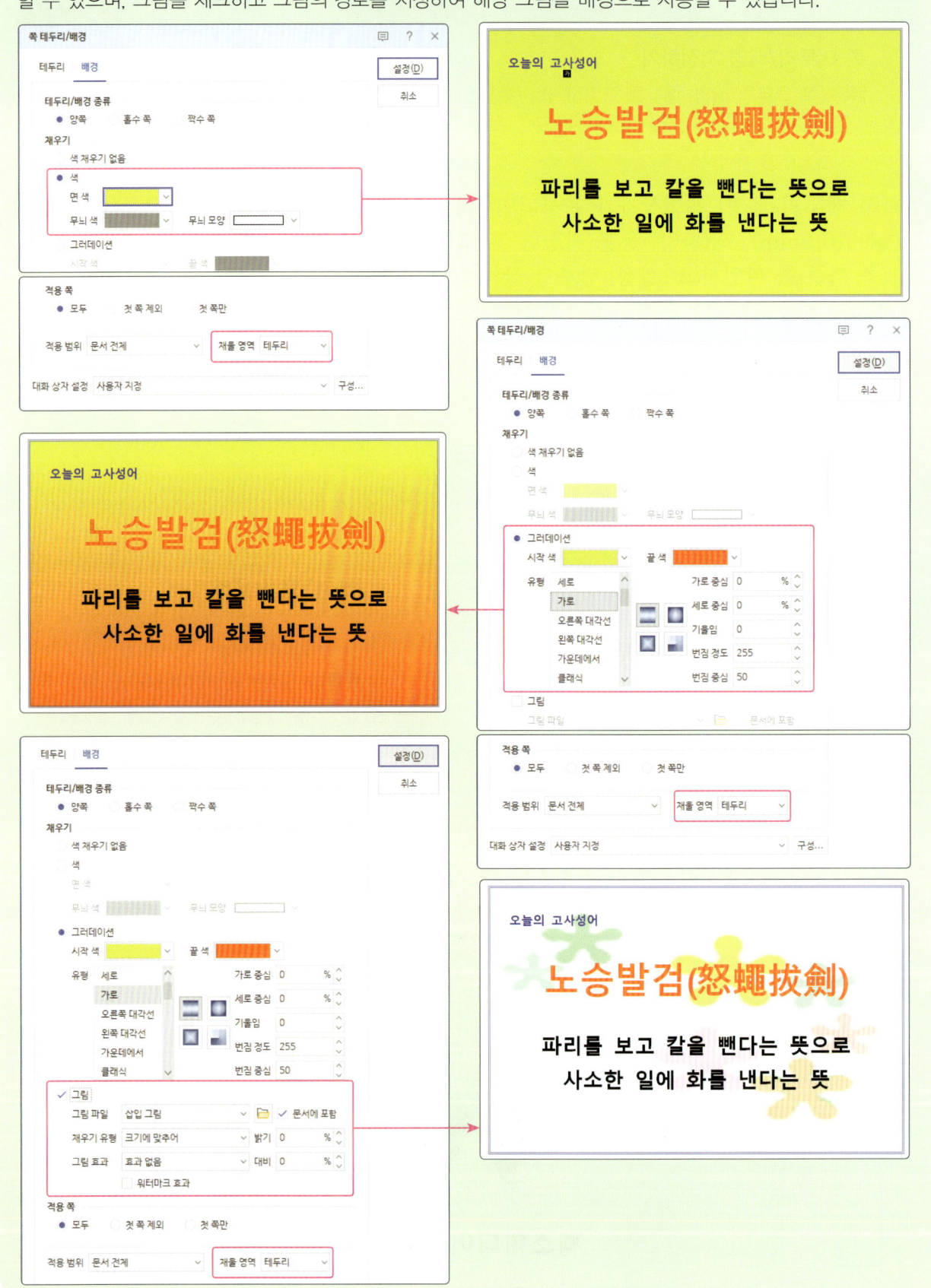

01 '스마일상' 파일을 열고 다음과 같이 편집하여 문서를 완성해 보세요.

- **편집 용지** : 용지 종류(B5(46배판)), 용지 방향(세로)
- **그림 삽입** : 스마일.png
- **그림 편집** : 크기 – 가로(30mm), 세로(30mm), 배치 – 글 뒤로(≡), 위치 – 결과화면 참고
- **쪽 테두리/배경** : 테두리 – 종류(이중 실선), 굵기(0.5mm), 색(빨강), 위치(쪽 기준),
  배경 – 색(면 색–노랑 80% 밝게), 채울 영역(테두리)
- **저장** : 본인의 이름 폴더에 '스마일상.hwpx' 파일로 저장

제 1234호

스마일상

   보조개 부분

학교 :
이름 :

위 어린이는 착한 마음으로 늘 웃음을 지으면서 친구들과 우애를 다지고 교실을 밝고 아름답게 만드는데 공이 크므로 이 상장을 수여함.

년   월   일

눈웃음 대마왕 드림

Chapter 05 그리기마당 사용하기

학습 목표
- 그리기마당의 그리기 조각 사용법에 대해 알아봅니다.
- 그리기 개체의 편집 방법에 대해 알아봅니다.

그리기마당은 도형 및 이미지(사진), 클립아트 등을 통해 문서 작성에 활용할 수 있도록 한글 2022에서 기본적으로 제공하는 다양한 그리기 개체를 의미합니다. 언제든 필요한 개체를 불러와 간단하게 내용 입력으로 쉽게 문서를 완성할 수 있도록 도와주죠~^^ 그럼 사용법을 알아볼까요?

Preview

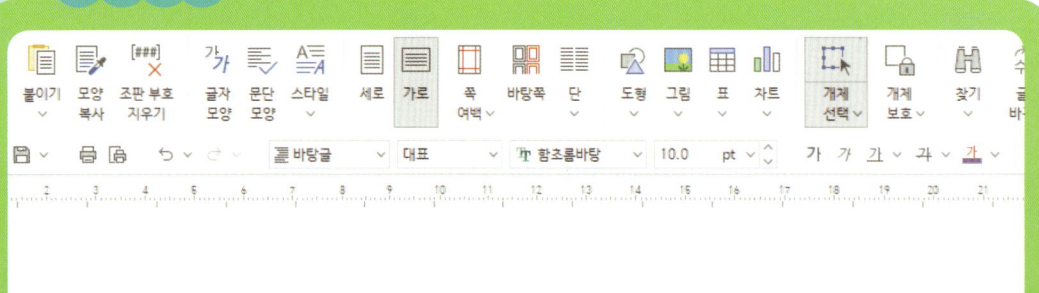

THEME 01 그리기마당 사용하기

1 한글 2022를 실행한 후 키보드의 F7을 눌러 [편집 용지] 대화상자에서 용지 방향(가로)을 수정합니다. 그런 다음 그리기 마당의 클립아트를 삽입하기 위해 [입력]-[그림]-[그리기 마당] 메뉴를 클릭합니다.

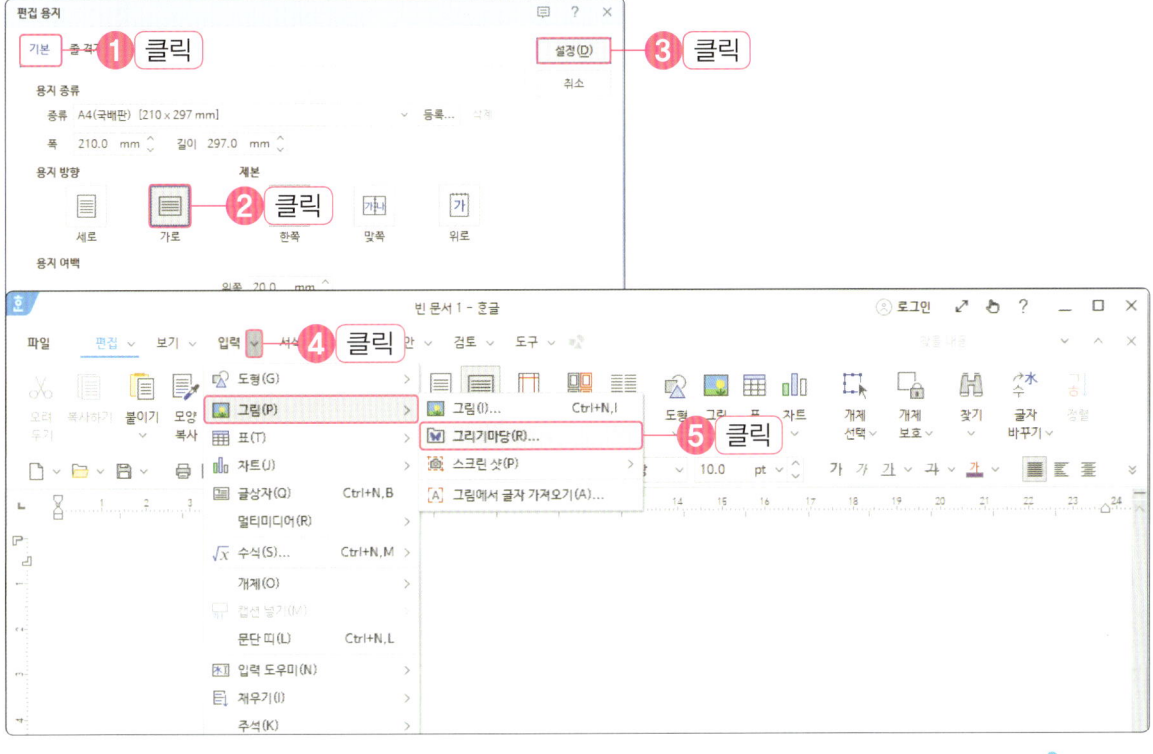

Tip

그리기마당 사용하기
- [입력]-[그림]-[그리기마당] 메뉴를 클릭합니다.
- [편집] 탭 또는 [입력] 탭에서 [그리기마당]을 클릭합니다.

2 [그리기마당] 대화상자가 표시되면 [그리기 조각] 탭에서 선택할 꾸러미(프레젠테이션(양식))와 개체(제목상자4)를 선택한 후 [넣기] 단추를 클릭합니다.

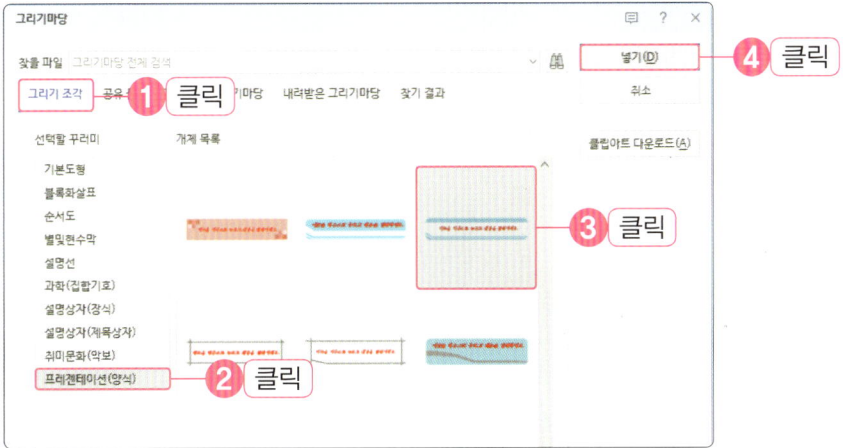

❸ 마우스 포인터 모양이 + 모양으로 바뀌면 드래그하여 클립아트를 삽입한 후 [도형] 탭에서 너비(80)와 높이(50)를 수정합니다.

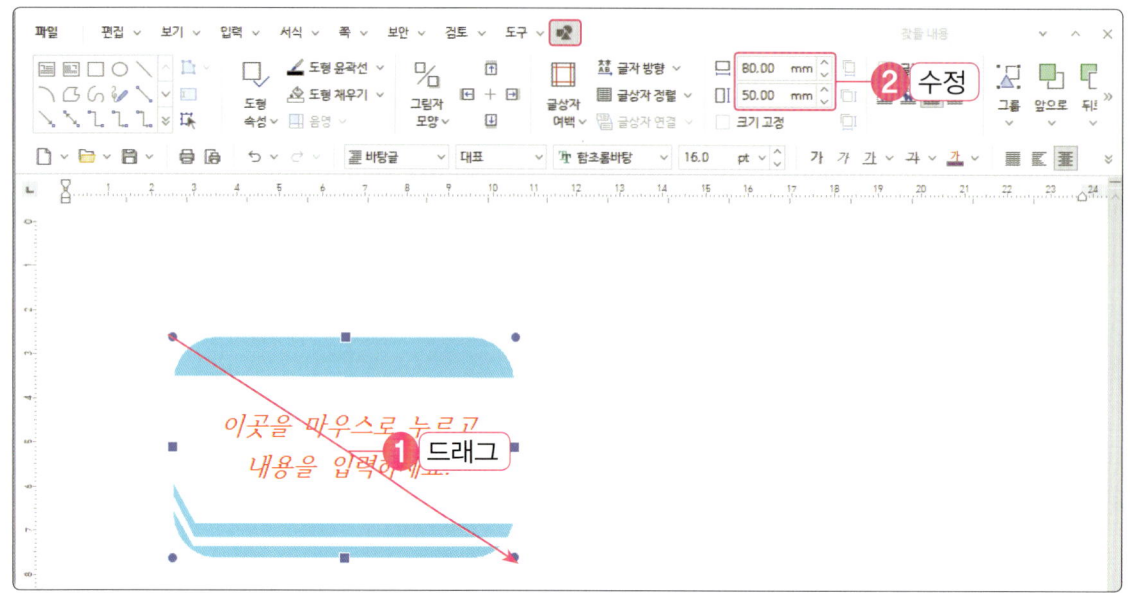

❹ 키보드의 Esc를 눌러 개체 선택을 해제한 후 누름틀을 클릭, 커서가 누름틀 안으로 이동하면 내용을 입력하고 글꼴 서식(글꼴 : HY울릉도B, 크기 : 20)을 지정합니다.

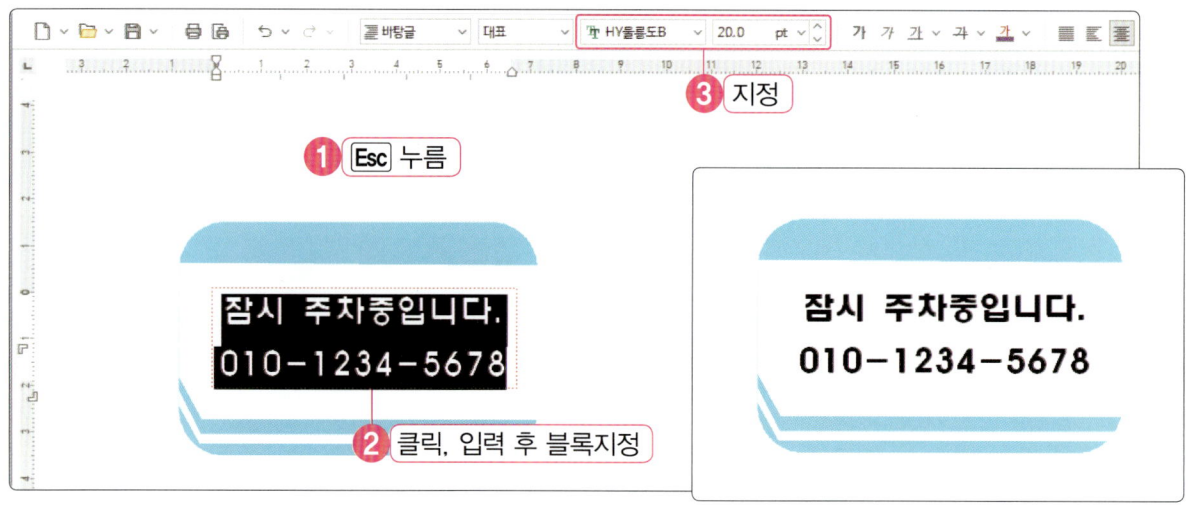

❺ 같은 방법으로 다음과 같이 그리기마당의 그리기 조각을 삽입한 후 [도형] 탭에서 너비(100)와 높이(40)를 변경합니다.

❶ **제목상자** : [그리기마당]-[그리기 조각] 탭-[설명상자(제목상자)] 꾸러미의 [제목상자13] 개체

THEME 02 그리기 개체 편집하기

1 제목상자 개체의 묶음을 풀기 위해 제목상자 개체를 선택한 후 [도형] 탭에서 [그룹]-[개체 풀기]의 클릭을 3번 반복하여 비행기 개체가 풀어질 수 있도록 만듭니다.

Tip
개체 묶기 및 개체 풀기
- 개체 묶기 : [도형] 탭에서 [그룹]-[개체 묶기]를 클릭하거나 키보드의 G를 누릅니다.
- 개체 풀기 : [도형] 탭에서 [그룹]-[개체 풀기]를 클릭하거나 키보드의 U를 누릅니다.

2 제목상자의 개체가 풀리면 비행기 개체를 드래그하여 왼쪽 그리기 조각 위쪽으로 이동합니다. 그런다음 [도형] 탭의 [개체 선택]을 클릭한 후 나머지 그리기 조각을 부분을 드래그한 다음 Delete를 눌러 삭제합니다.

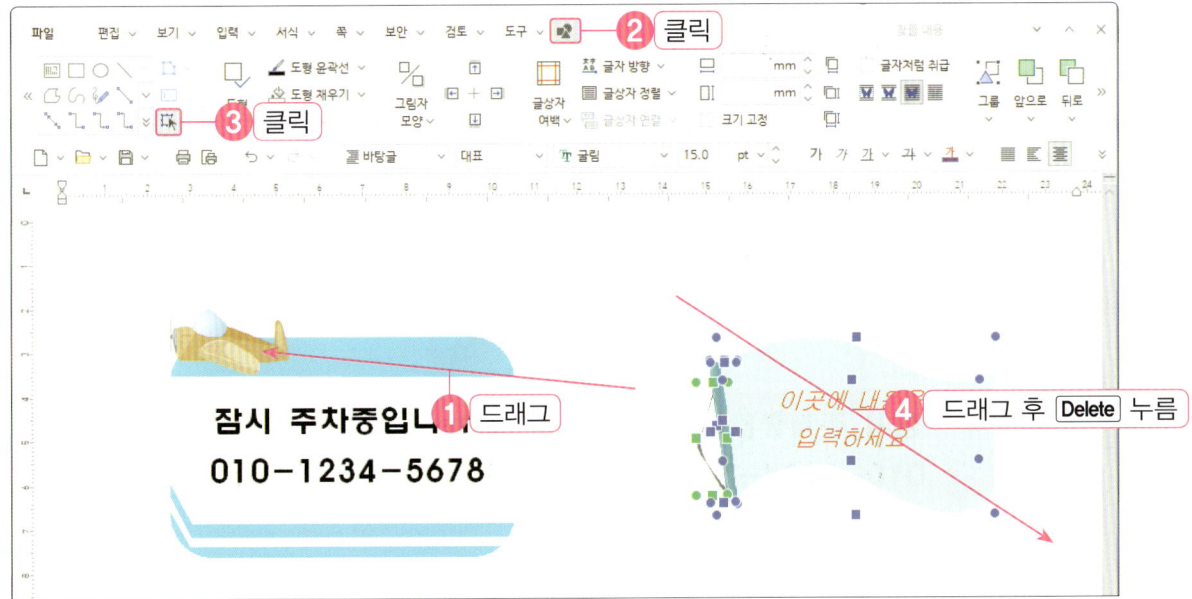

❸ 모든 도형을 선택한 후 하나의 그룹으로 설정하기 위해 [도형] 탭에서 [그룹]-[개체 묶기]를 클릭한 후 [개체 묶기] 대화상자의 [실행] 단추를 클릭하여 하나의 개체로 만듭니다.

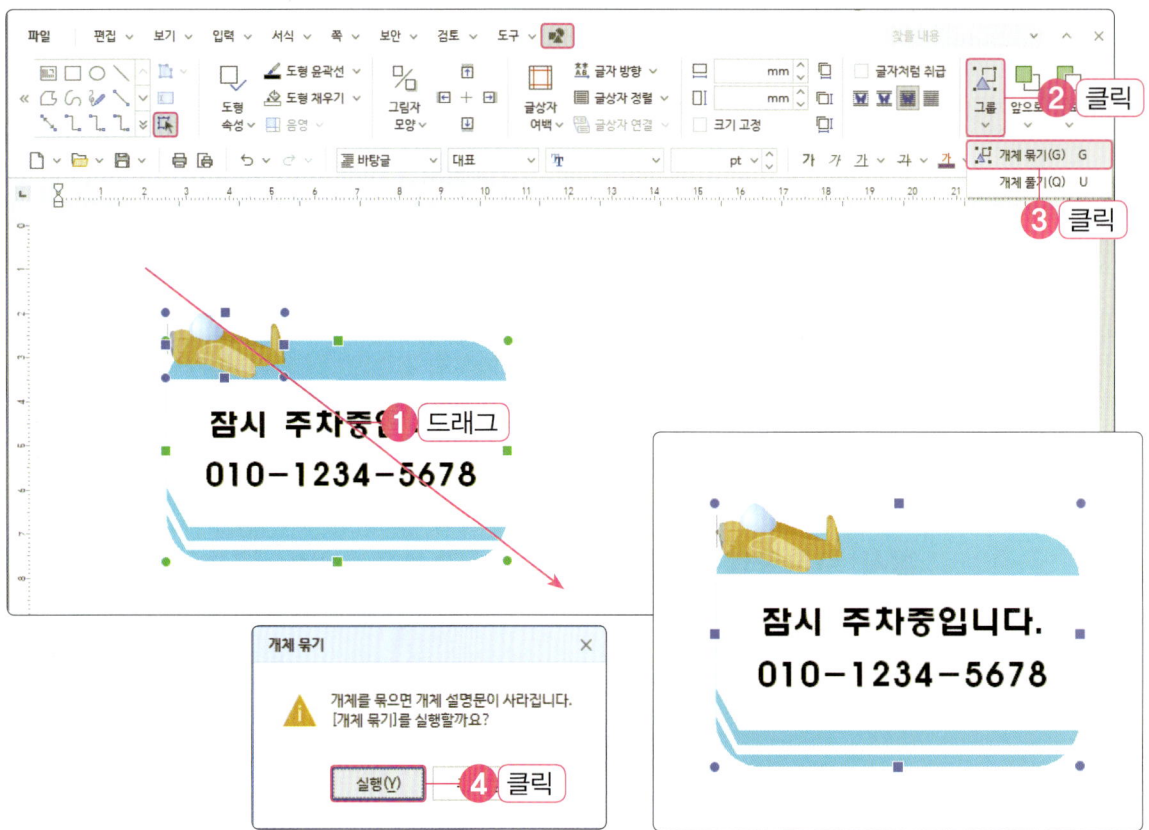

❹ 개체가 하나로 묶이면 Ctrl+Shift를 누른 상태에서 마우스를 오른쪽으로 드래그하여 하나 더 복사합니다.

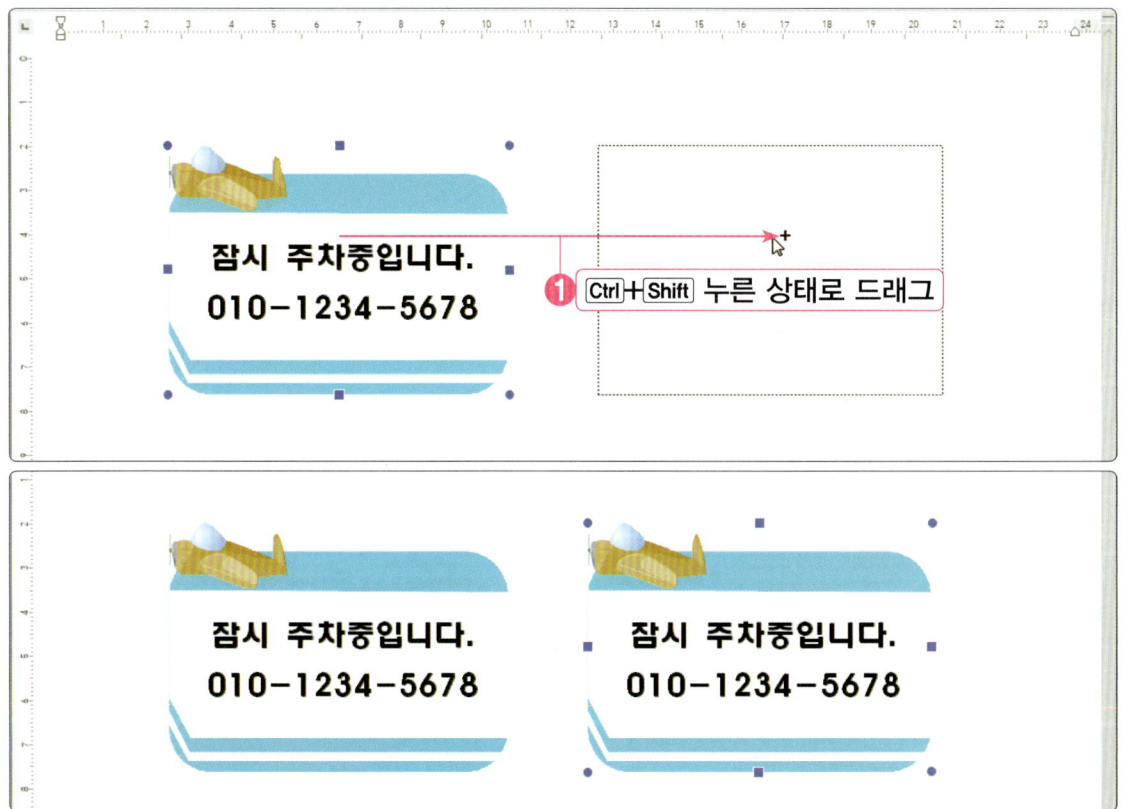

⑤ 복사된 개체를 선택한 후 [도형] 탭에서 [회전]-[좌우 대칭]을 클릭합니다.

⑥ 복사된 개체의 좌우 모양이 수정되어 표시됩니다.

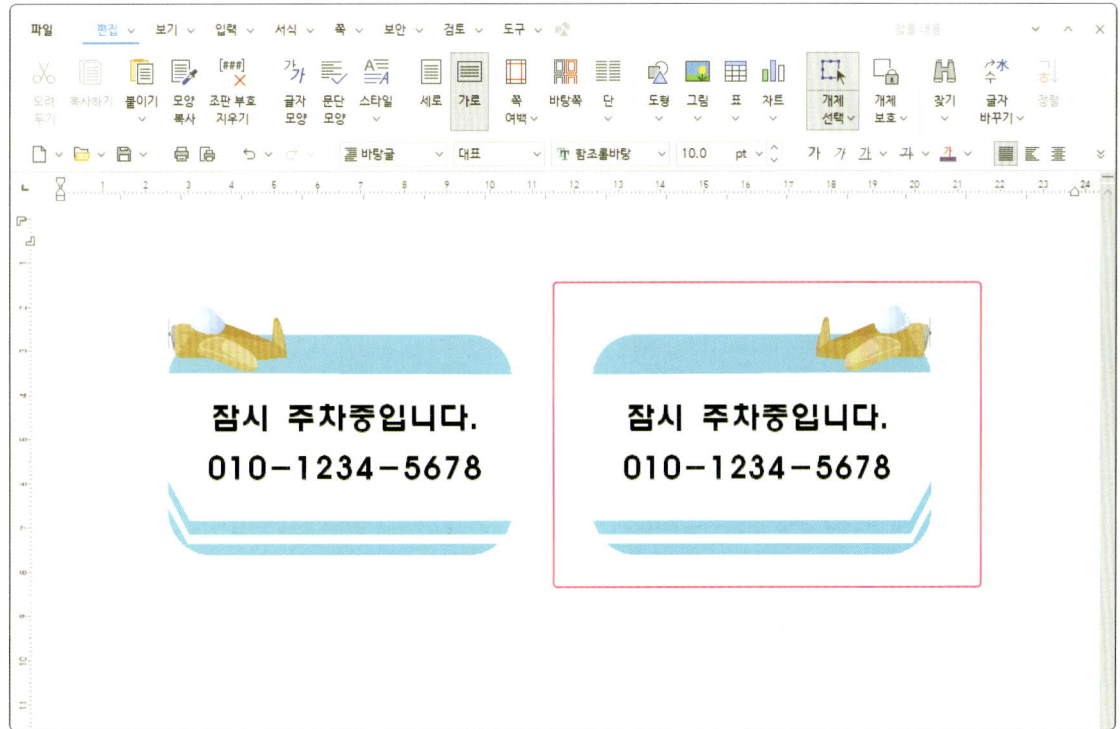

Chapter 05 - 그리기마당 사용하기

01 새 문서에 그리기마당을 이용하여 다음과 같이 문서를 완성해 보세요.

- **그리기조각** : 프레젠테이션(양식) – 제목상자1, 설명상자(제목상자) – 제목상자14
- 결과 화면을 참고하여 제목상자14의 연필 부분만 분리하여 제목상자1과 그룹 지정
- 개체 크기 및 글꼴 서식 임의로 지정, 개체의 복사 및 상하 대칭

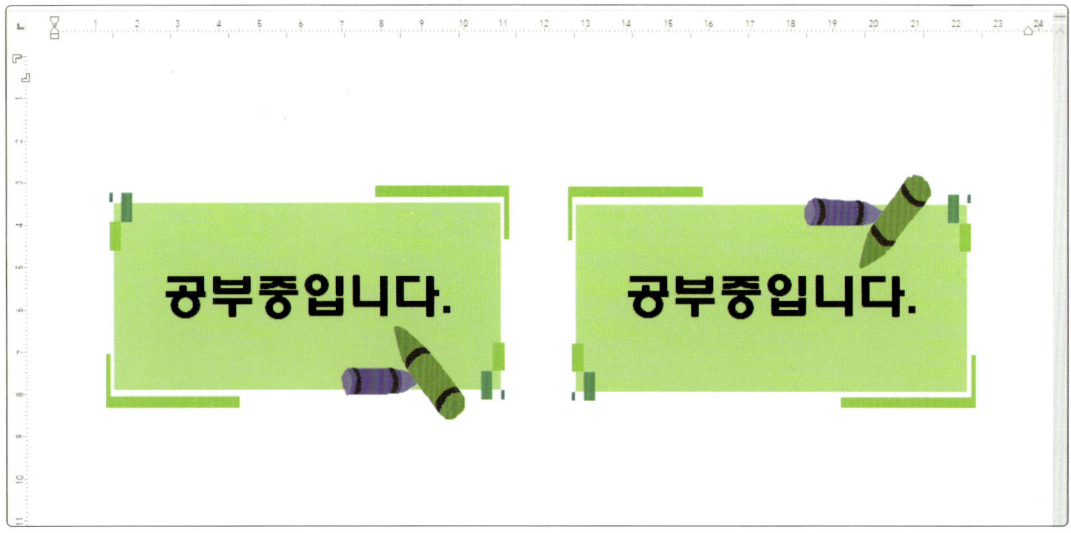

02 새 문서에 그리기마당을 이용하여 다음과 같이 문서를 완성해 보세요.

- **그리기조각** : 프레젠테이션(양식) – 제목상자4, 취미문화(악보) – 건반
- 결과 화면을 참고하여 제목상자4와 건반 개체를 그룹 지정
- 개체 크기 및 글꼴 서식 임의로 지정, 개체의 복사 및 좌우 대칭

Chapter 06 그리기 도구 사용하기

- 도형의 삽입 방법에 대해 알아봅니다.
- 연결선으로 도형을 연결하는 방법에 대해 알아봅니다.

한글 2022에는 텍스트 내용으로 표현하기 힘든 다양한 구조 및 조직도 등을 쉽게 표현할 수 있도록 도와주는 그리기 도구의 기능이 있습니다. 각종 도형과 해당 도형을 서로 연결하여 보기 쉽게 표현할 수 있도록 도와주죠~^^ 그럼 사용법을 알아볼까요?

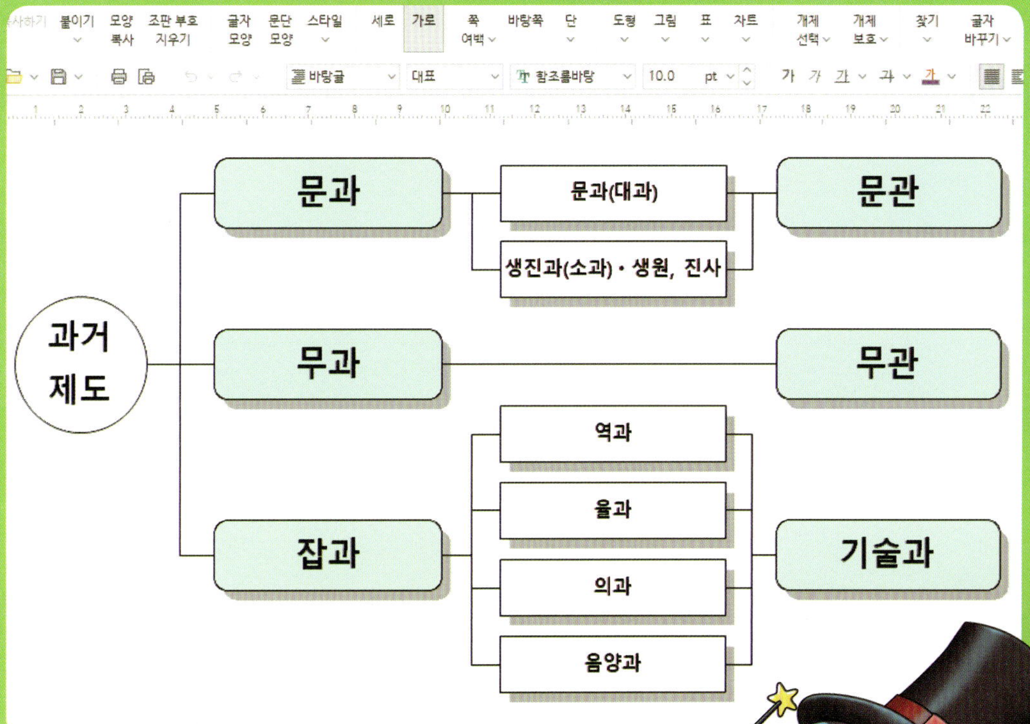

THEME 01 도형 삽입하기

1 한글을 실행한 후 키보드의 F7 을 눌러 [편집 용지] 대화상자에서 용지 방향(가로)을 수정합니다. 그런 다음 [편집] 탭에서 [도형]-□[직사각형]을 클릭한 후 문서 편집 영역에서 드래그하여 도형을 작성합니다.

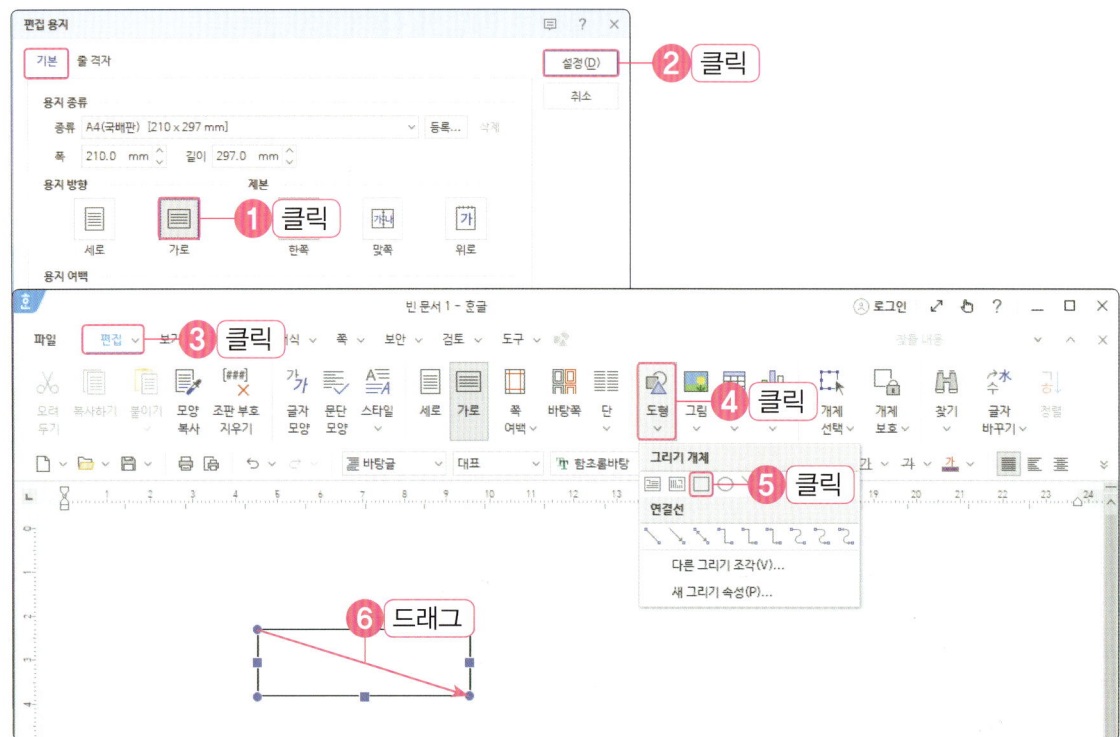

2 도형 안에서 마우스 오른쪽 단추를 눌러 바로 가기 메뉴의 [개체 속성]을 클릭합니다.

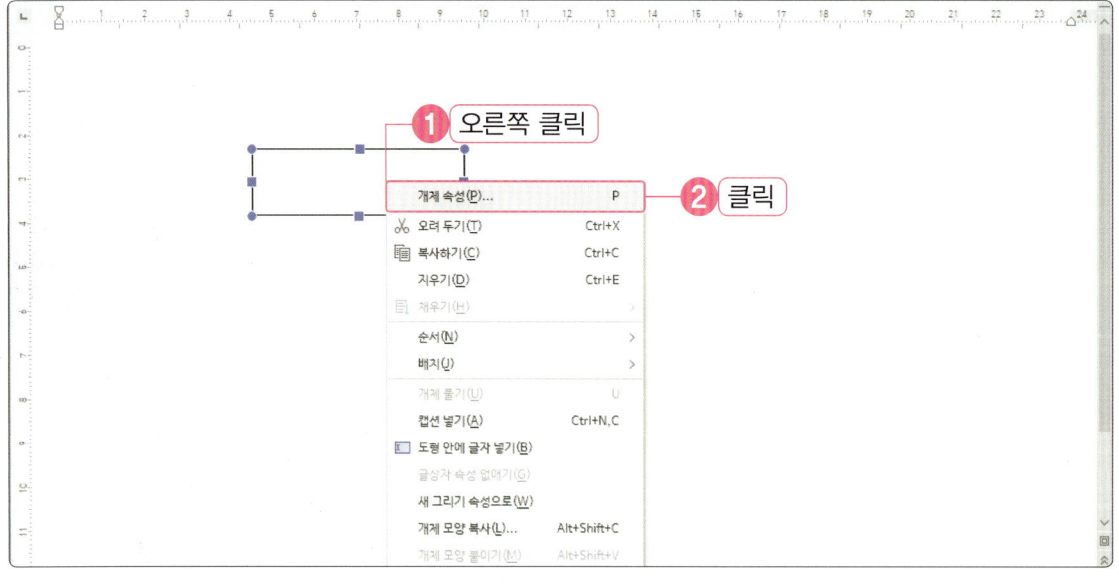

Tip

[개체 속성] 대화상자 표시하기
도형이 선택된 상태에서 키보드의 P 를 눌러도 [개체 속성] 대화상자를 표시할 수 있습니다.

40 한글 2022

③ [개체 속성] 대화상자가 표시되면 [선] 탭에서 사각형 모서리 곡률 항목의 [둥근 모양]을 클릭한 후 [채우기] 탭에서 색 항목의 면 색(초록 80% 밝게)을 선택합니다.

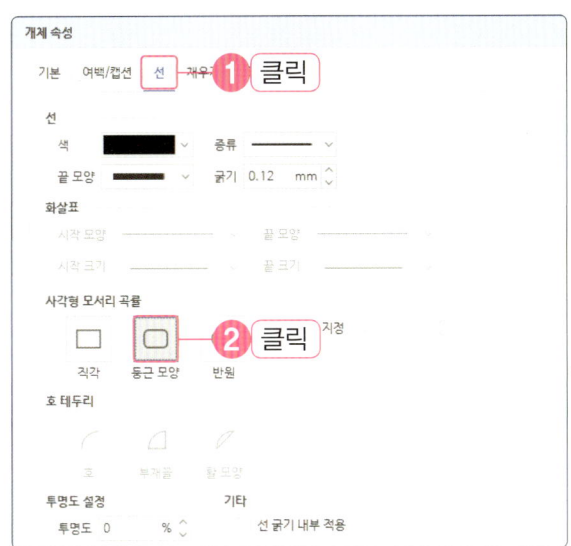
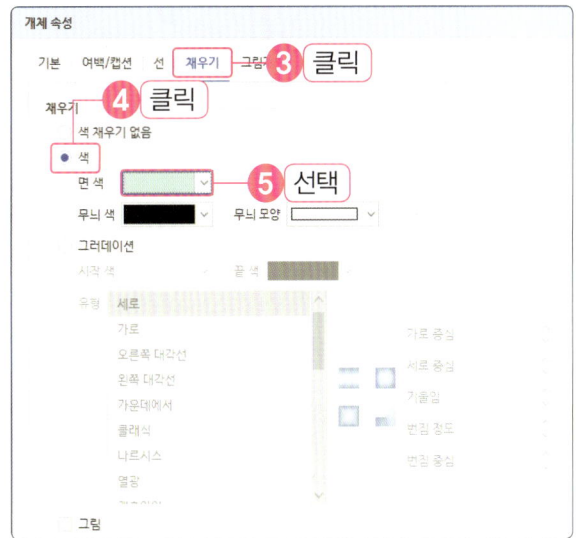

④ [그림자] 탭에서 종류를 [오른쪽 아래]로 선택한 후 [설정] 단추를 클릭하여 도형 모양을 수정한 다음 키보드의 Ctrl+Shift를 누른 상태에서 아래쪽으로 드래그하여 도형을 복사합니다.

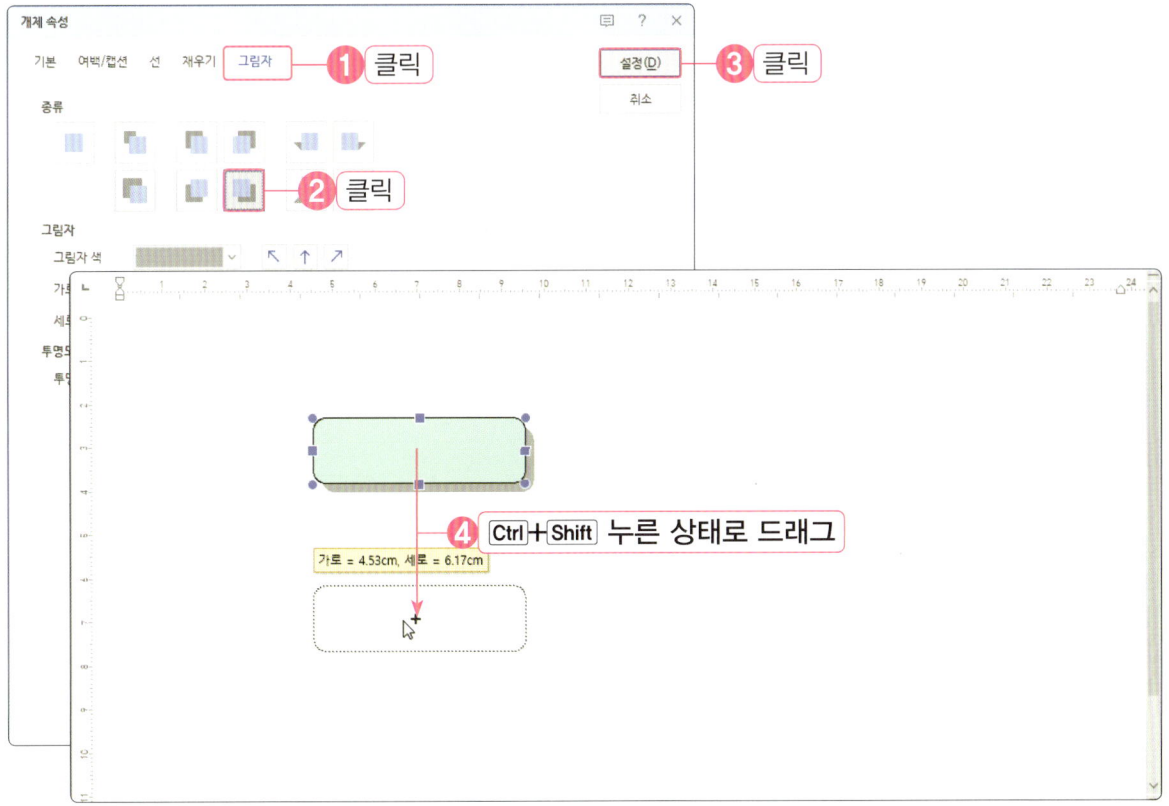

Tip

마우스를 이용하여 도형 복사하기
- Ctrl+드래그 : 도형을 복사합니다.
- Ctrl+Shift+드래그 : 도형을 수직 또는 수평 방향으로 같은 위치에 복사합니다.

❺ 같은 방법으로 다음과 같이 도형을 복사합니다.

여러 개의 도형 선택하기
키보드의 Shift를 누른 상태에서 선택할 도형을 클릭하면 여러 개의 도형을 함께 선택할 수 있습니다.

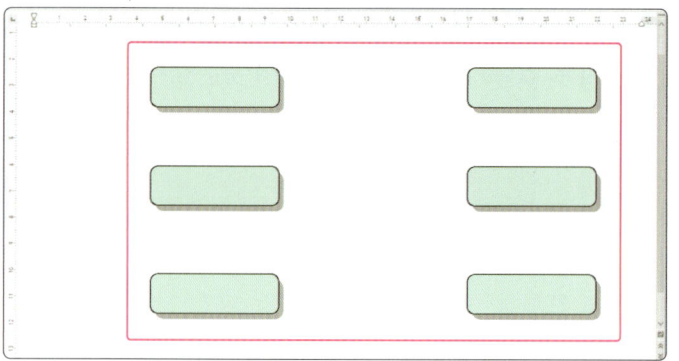

❻ [편집] 탭에서 [도형]-[가로 글상자]를 클릭한 후 드래그하여 글상자를 삽입합니다.

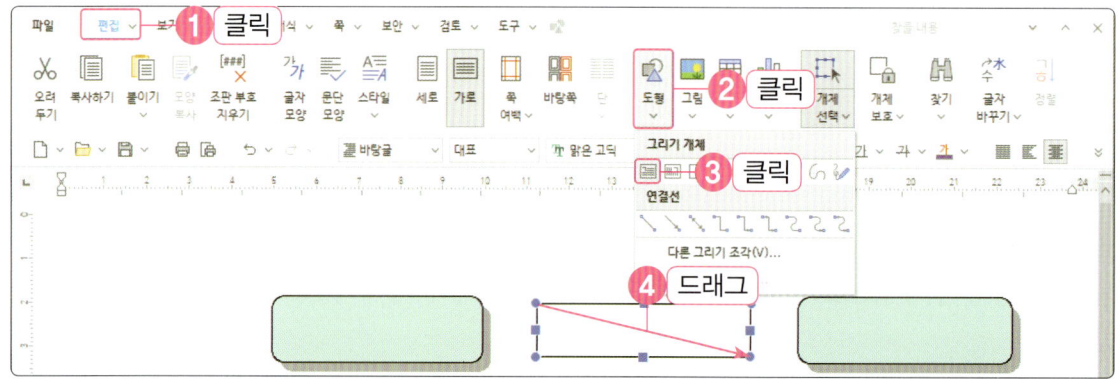

❼ [도형] 탭에서 너비(50) 및 높이(12)를 지정한 후 [그림자 모양]-[오른쪽 아래]를 클릭합니다.

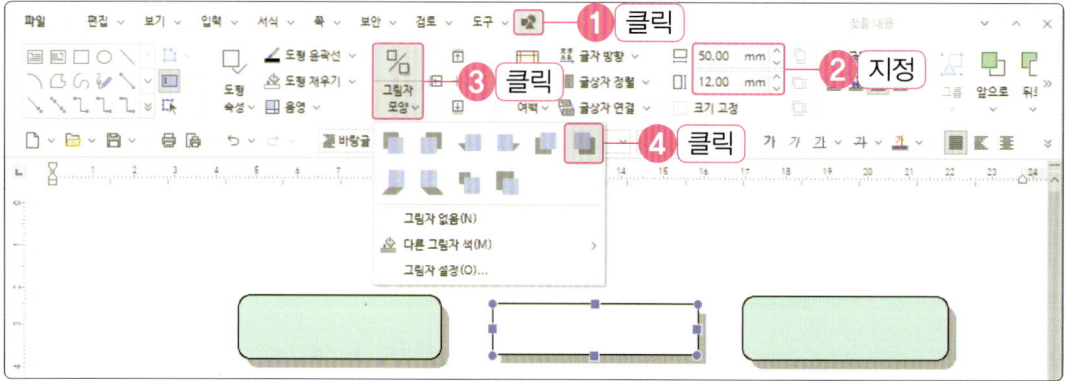

❽ 가로 글상자를 클릭 후 내용(문과(대과))을 입력한 다음 블록을 지정하고 서식 도구 상자에서 글꼴(맑은 고딕) 및 글자 크기(12), 속성([진하게]), 가운데 정렬() 등을 지정합니다.

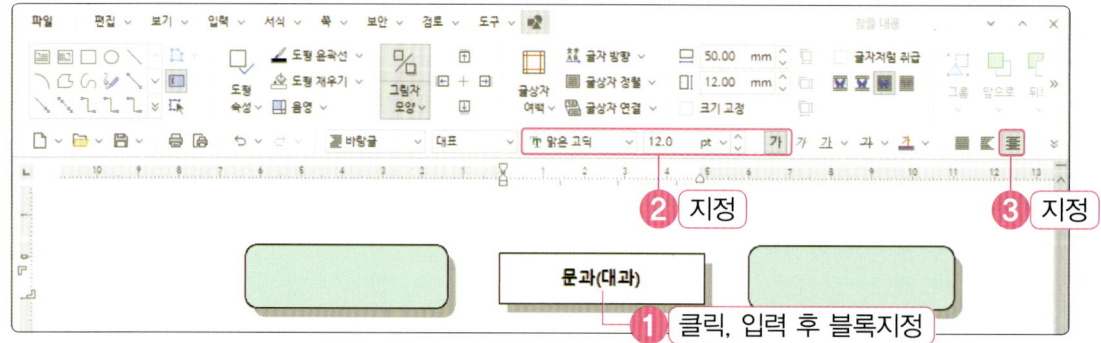

42 한글 2022

9 가로 글상자를 Ctrl+Shift를 누른 상태에서 아래쪽으로 드래그합니다. 같은 방법으로 다음과 같이 도형을 복사한 후 내용을 수정합니다.

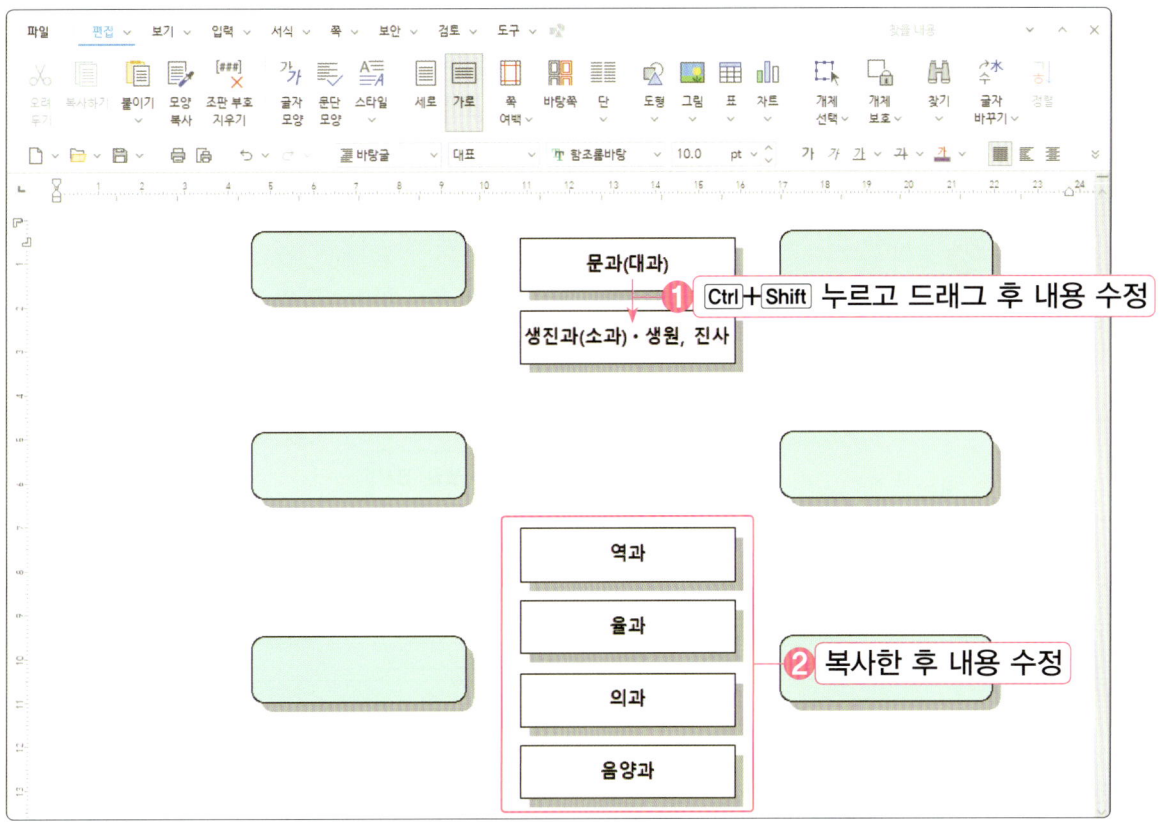

10 타원 도형(○)을 삽입한 후 모서리가 둥근 직사각형 도형(　　)과 함께 글꼴(맑은 고딕), 글자 크기(20), 속성(가[진하게]), 홀[가운데 정렬] 등을 지정하고 내용을 입력합니다.

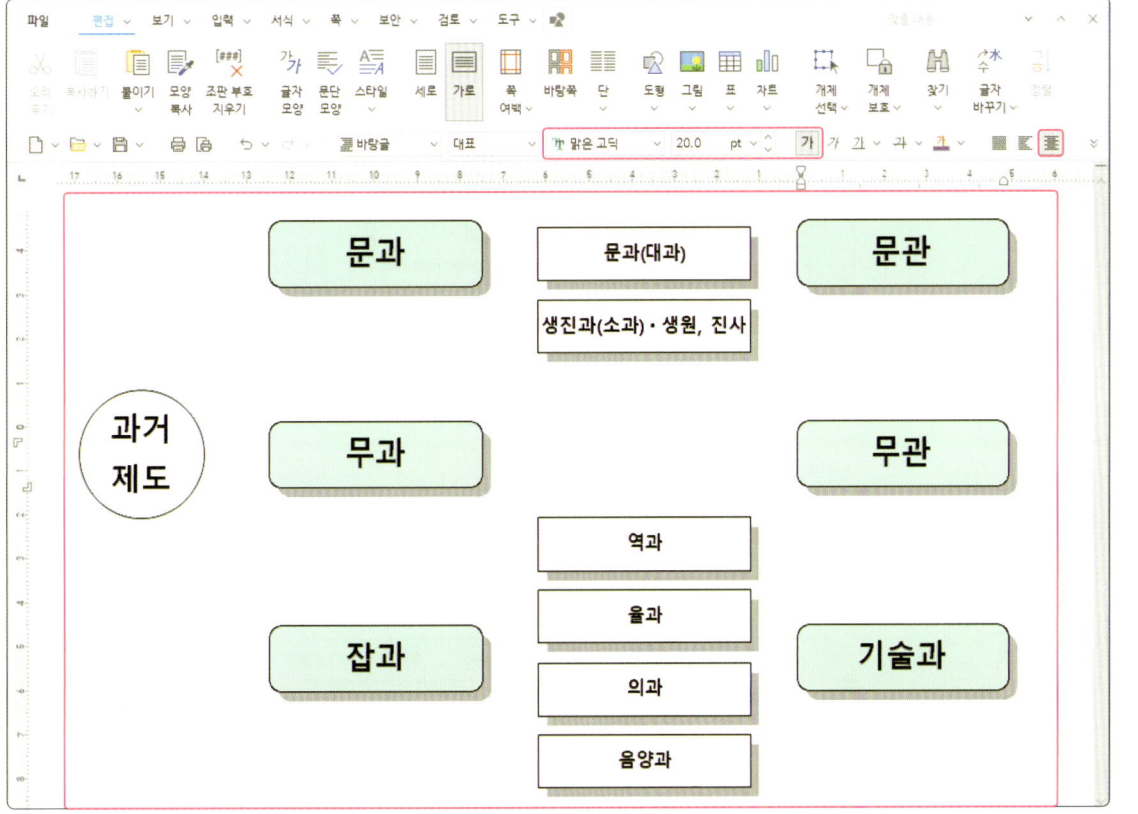

Chapter 06 - 그리기 도구 사용하기 **43**

THEME 02 연결선으로 도형 연결하기

1 연결선을 이용하여 도형을 연결하기 위해 '문과' 및 '과거 제도' 도형을 선택한 후 [도형] 탭에서 [꺾인 연결선]을 클릭한 다음 두 개의 크기 조절점이 연결되도록 드래그합니다.

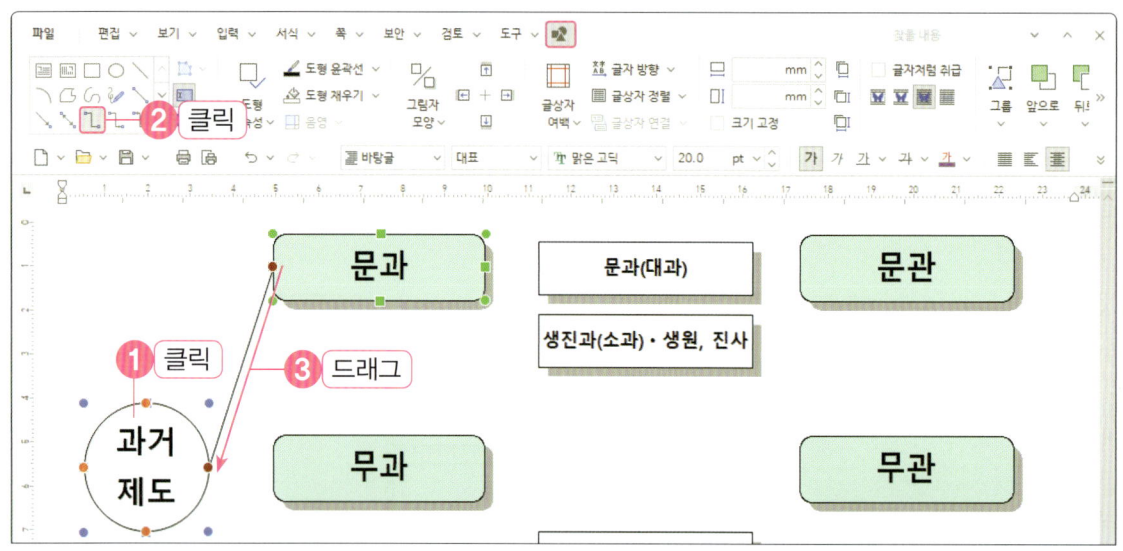

2 도형과 도형이 꺾인 연결선으로 연결됩니다. 같은 방법으로 다음과 같이 도형을 연결합니다.

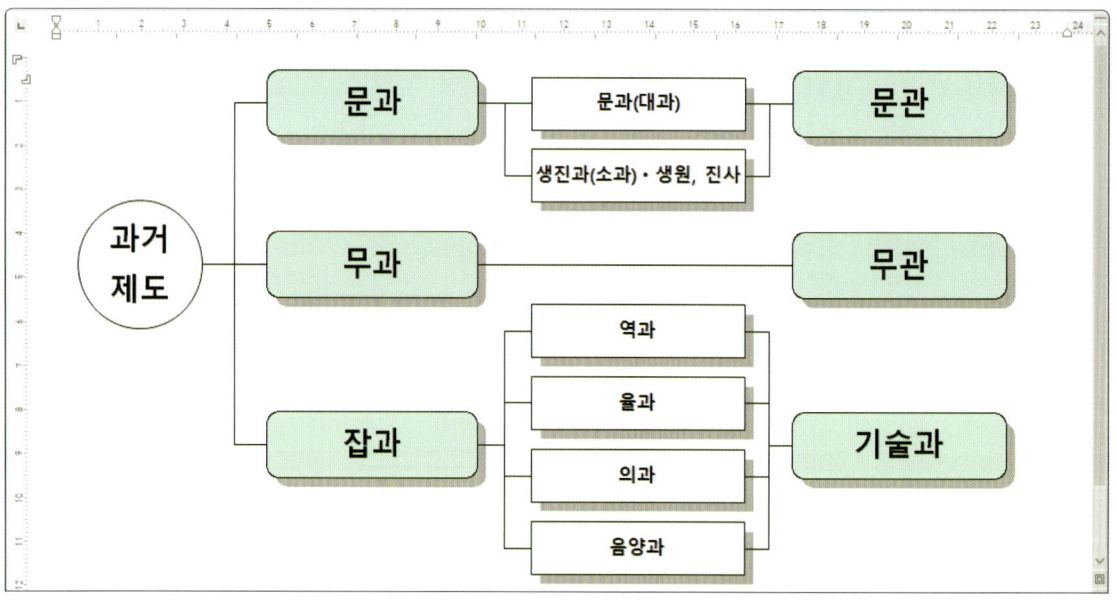

TIP

도형의 위치 이동으로 꺾인 연결선 모양 수정하기

꺾인 연결선의 모양은 도형의 이동으로 변경 가능하며, 선택 후 방향키로 이동할 수 있습니다.

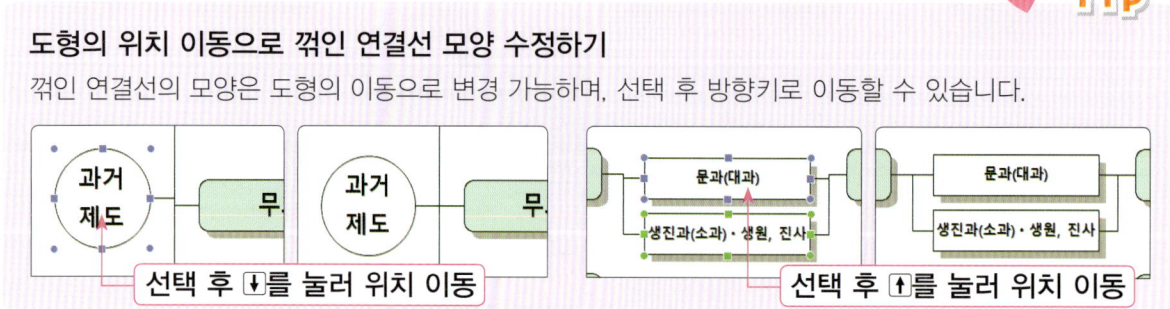

44 한글 2022

01 새 문서에서 도형을 이용하여 다음과 같이 문서를 완성해 보세요.

- **편집 용지** : 용지 종류(A4(국배판)), 용지 방향(가로)
❶ 결과화면을 참고하여 도형 작성 후 그림자 모양(오른쪽 아래) 지정
   글꼴 서식 : 글꼴(맑은 고딕), 글자 크기(15), 진하게(가), 가운데 정렬(훌)
❷ 결과화면을 참고하여 도형 작성 후 면 색(노랑 80% 밝게), 그림자 모양(오른쪽 아래) 지정
   글꼴 서식 : 글꼴(맑은 고딕), 글자 크기(12), 진하게(가), 가운데 정렬(훌)
❸ [1대 태조 도형]을 복사한 후 도형 윤곽선 및 도형 채우기, 그림자 등을 없음으로 지정
❹ 가로 글상자를 삽입하고 내용을 입력
   글꼴 서식 : 글꼴(맑은 고딕), 글자 크기(12), 진하게(가), 가운데 정렬(훌)
❺ 꺾인 연결선 및 꺾인 화살표 연결선을 이용하여 도형 연결
- **저장** : 본인의 이름 폴더에 '조선왕계보.hwpx' 파일로 저장

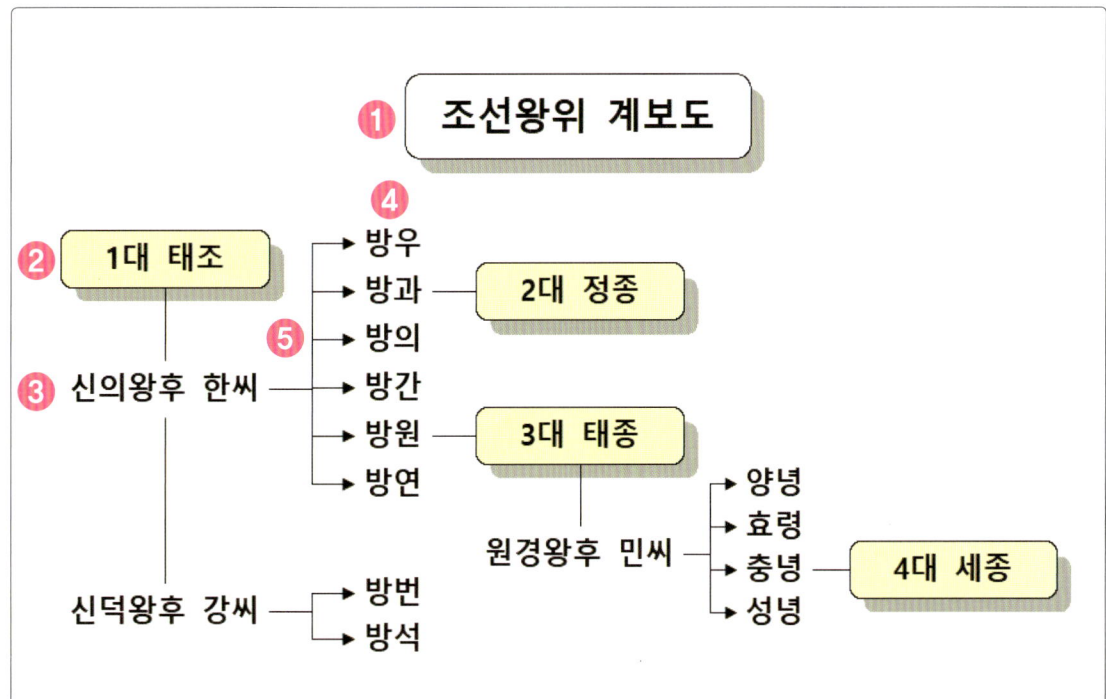

Hint

도형 테두리 및 도형 채우기, 그림자의 '없음' 지정 방법
- **도형 테두리** : 도형을 선택 후 [도형] 탭의 [도형 테두리]–[없음]을 선택합니다.
- **도형 채우기** : 도형을 선택 후 [도형] 탭의 [도형 채우기]–[없음]을 선택합니다.
- **그림자 모양** : 도형을 선택 후 [도형] 탭의 [그림자 모양]–[그림자 없음]을 선택합니다.

Chapter 07 글머리 기호 사용하기

학습 목표
- ◆ 글머리 표의 사용 방법에 대해 알아봅니다.
- ◆ 문단 번호의 사용법에 대해 알아봅니다.

문단 번호 및 글머리 표는 문장 내용을 일목 요연하고 간결하게 묶어 알아보기 쉽도록 표현하는 기능으로 문장을 목록의 수준별로 묶어 일련 번호 등을 입력하여 간결하게 만들어줄 수 있는 기능입니다. 그럼 사용 방법을 알아볼까요?

Preview

☑ **만드는 법(Method)**

▪▪ **참치 샐러드(Tuna Salad)**
　1. 참치를 잘게 부숴 큰 그릇에 담아 놓는다.
　2. 마요네즈, 오이피클, 양파를 넣어 잘 섞는다.
　3. 우스터소스, 소금, 후추, 머스터드로 맛을 낸다.

▪▪ **참치 샌드위치(Tuna Sandwich)**
　1. 115g의 참치 샐러드를 슬라이스 빵 위에 놓는다.
　2. 치즈를 얹고 다른 한쪽 슬라이스 빵으로 덮는다.
　3. 샌드위치 겉면에 살짝 버터를 바른다.
　4. 양면이 노릇노릇하게 될 때까지 그릴에 굽는다.

THEME 01 글머리 표 삽입하기

1 한글 2022를 실행한 후 '참치요리' 파일을 열고 두 번째 줄의 '재료~' 단어 앞에 커서를 위치한 다음 [서식] 탭에서 [글머리표]의 목록 단추( )를 눌러 원하는 글머리표를 선택합니다.

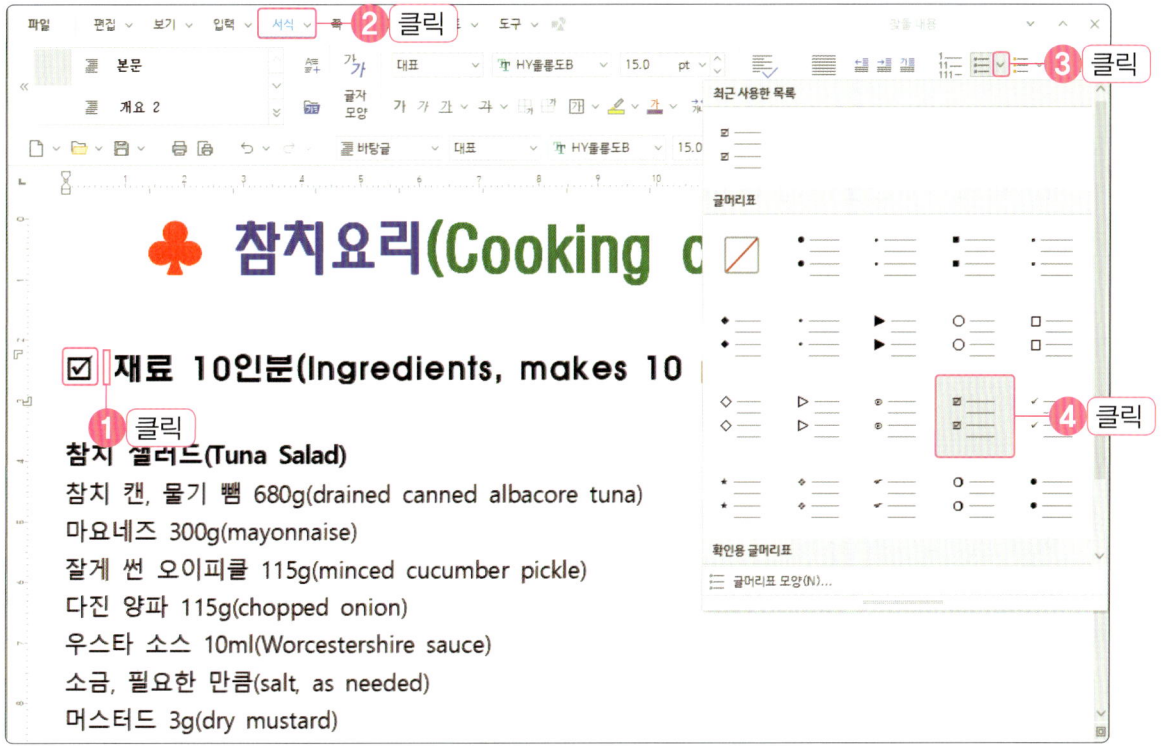

2 같은 방법으로 문서 중간의 '만드는 법(Method)' 단어 앞에도 글머리표를 삽입합니다.

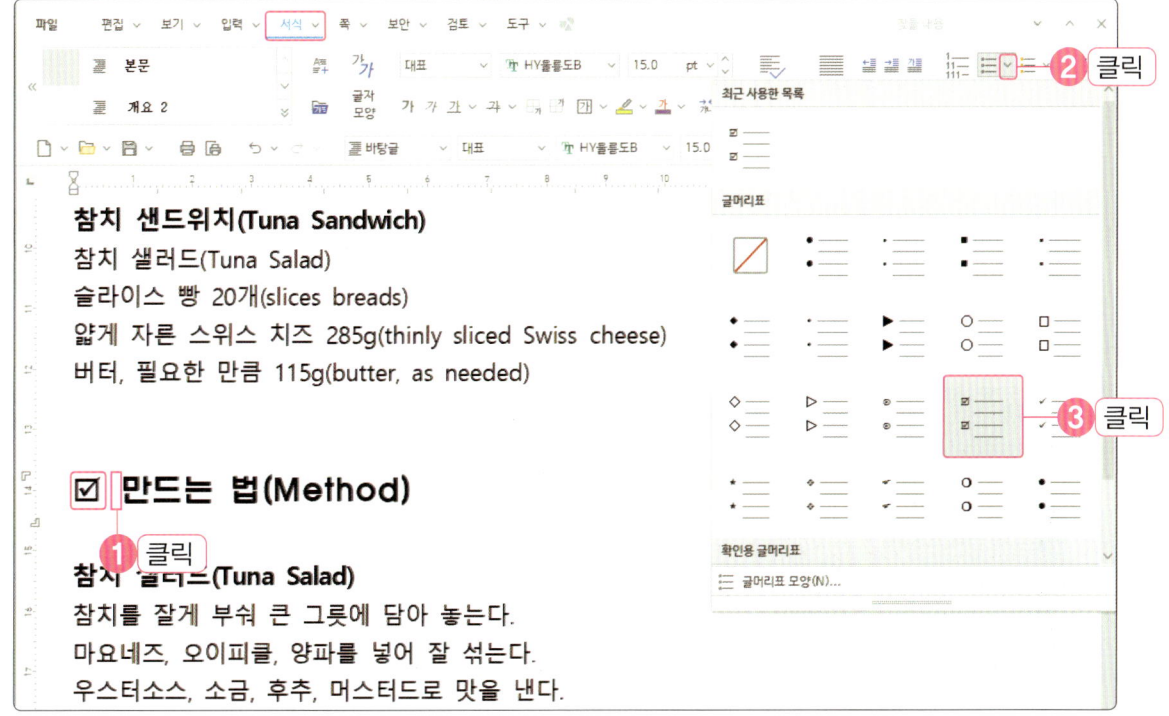

Chapter 07 – 글머리 기호 사용하기 **47**

THEME 02 문단 번호 사용하기

1 '참치 샐러드' ~ '버터, 필요한 만큼' 까지 문단을 드래그하여 블록으로 지정한 후 [서식] 탭에서 [문단 번호]의 목록 단추(▼)를 눌러 원하는 문단 번호를 선택합니다.

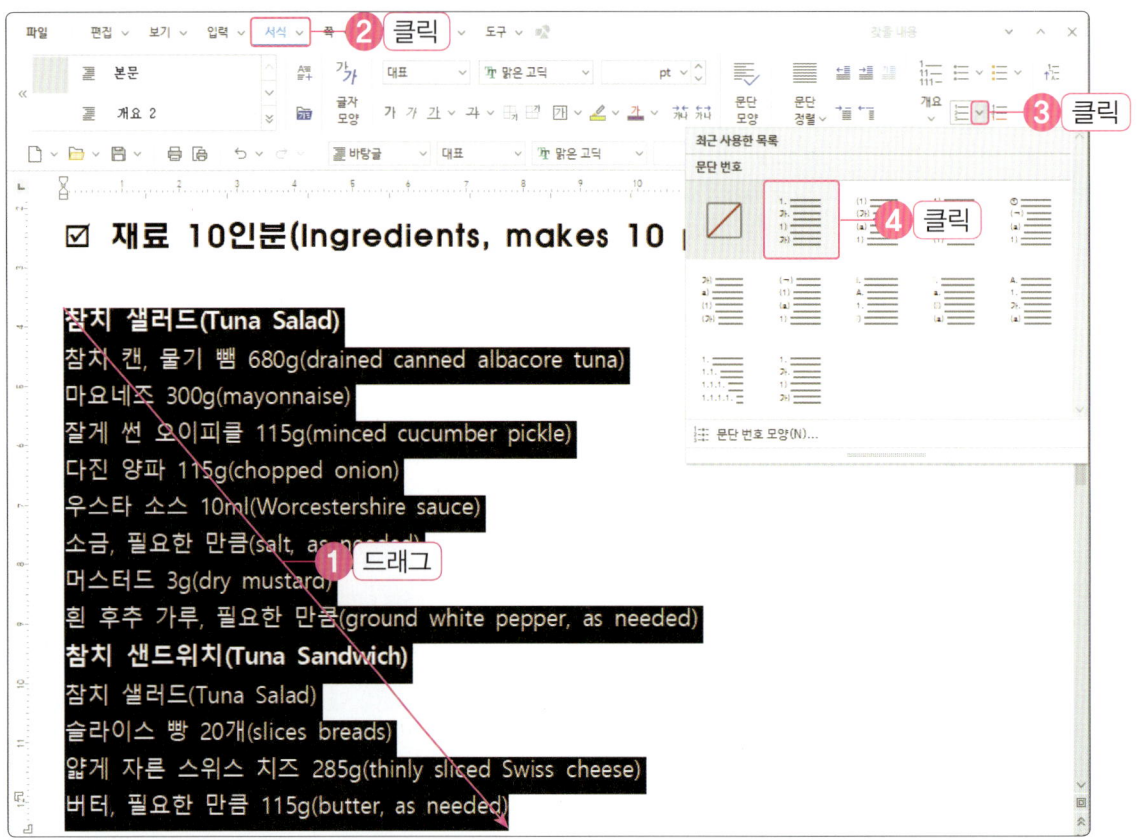

2 블록으로 지정한 영역에 문단 번호가 지정되면 '참치 캔~' ~ '흰 후추 가루~' 문단을 드래그하여 블록으로 지정한 후 [서식] 탭에서 [한 수준 감소]를 클릭합니다.

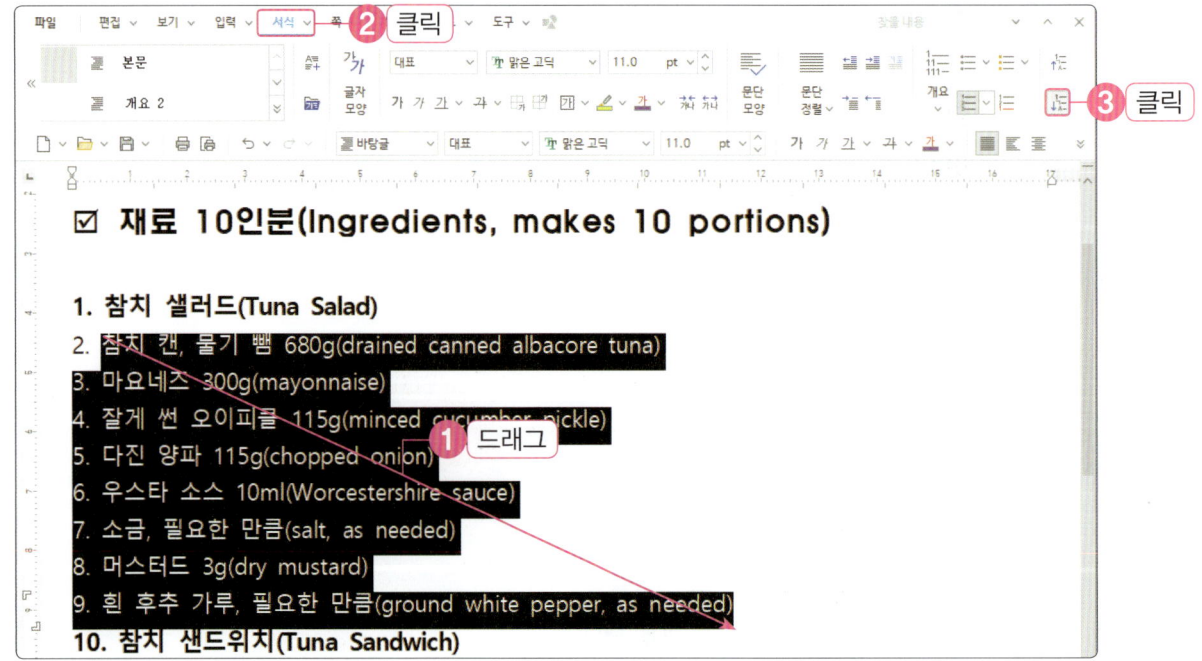

③ 문단 목록의 수준이 2단계의 수준으로 바뀌면 [왼쪽 여백 늘리기]를 15회 클릭하여 간격을 띄웁니다. 같은 방법으로 '참치 샐러드~' ~ '버터, 필요한 만큼~' 문단까지 영역에도 [한 수준 감소] 및 [왼쪽 여백 늘리기]를 지정합니다.

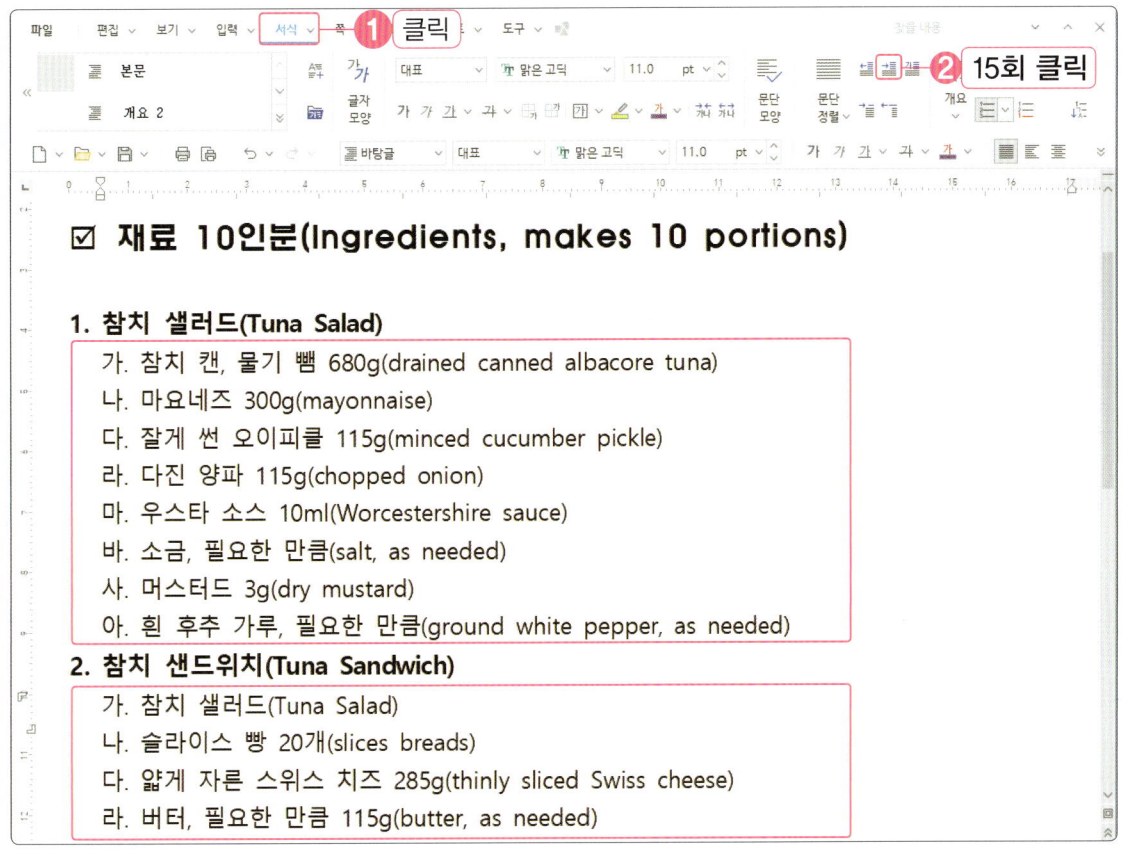

알아두면 실력튼튼

문단 여백 및 목록 수준 수정하기

문단의 여백 및 목록 수준의 변경은 [문단 모양] 대화상자에서도 수정이 가능하며, 수정할 문단을 블록으로 지정한 후 키보드의 Alt + T 를 누르면 [문단 모양] 대화상자를 표시할 수 있습니다.

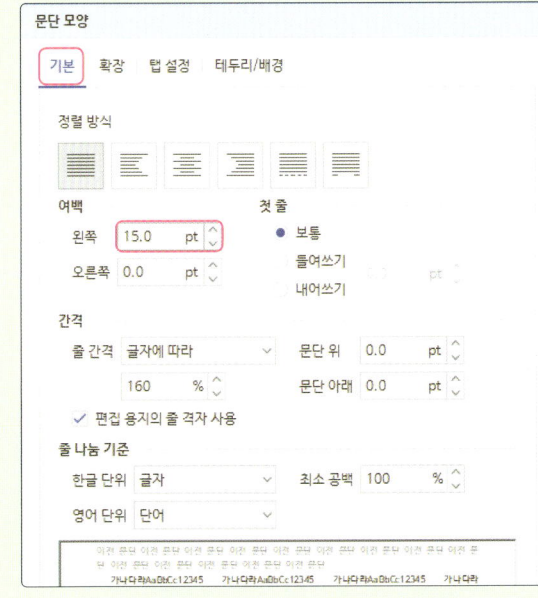
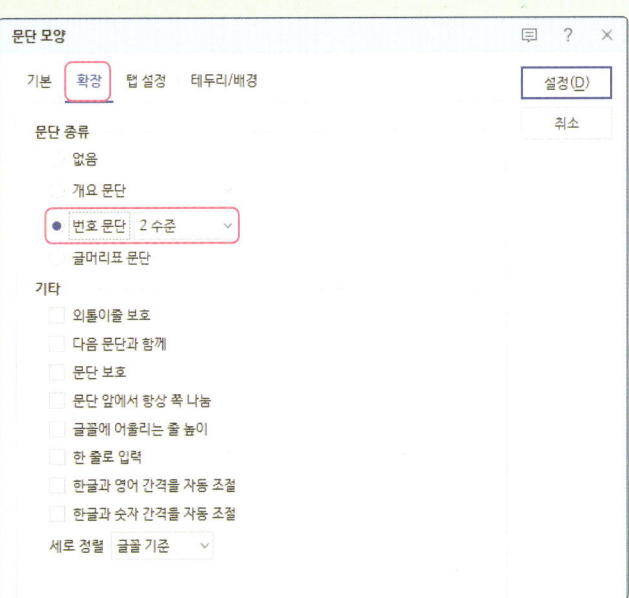

Chapter 07 – 글머리 기호 사용하기 **49**

④ '2. 참치 샌드위치~' 문단에 커서를 위치한 후 [문단 모양]을 눌러 [문단 모양] 대화상자가 표시되면 [기본] 탭에서 문단 위(10) 간격을 입력한 다음 [설정] 단추를 클릭합니다.

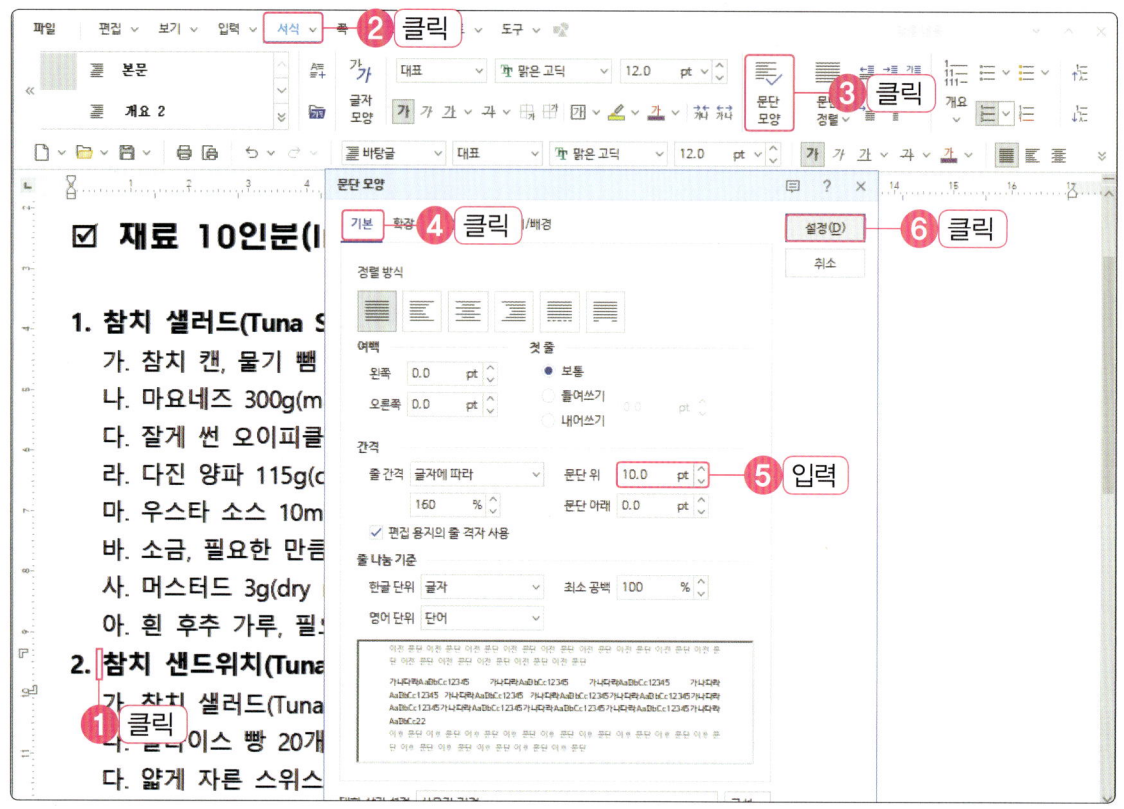

⑤ 커서가 위치한 문단의 위쪽 간격(10)이 수정되어 표시됩니다.

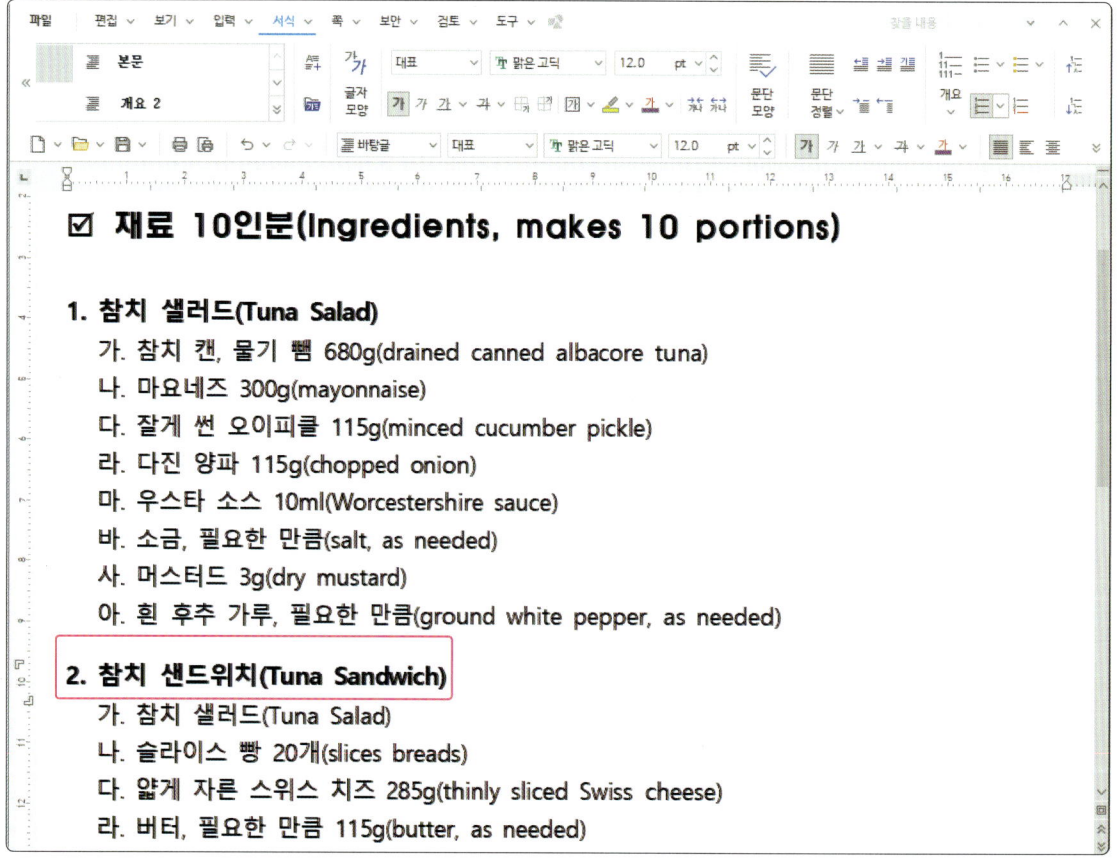

THEME 03 그림 글머리표 삽입하기

1 문서의 아래쪽 '참치 샐러드~' 문단에 커서를 위치한 후 [서식] 탭에서 [그림 글머리표]의 목록 단추(∨)를 눌러 원하는 그림 글머리표를 선택합니다.

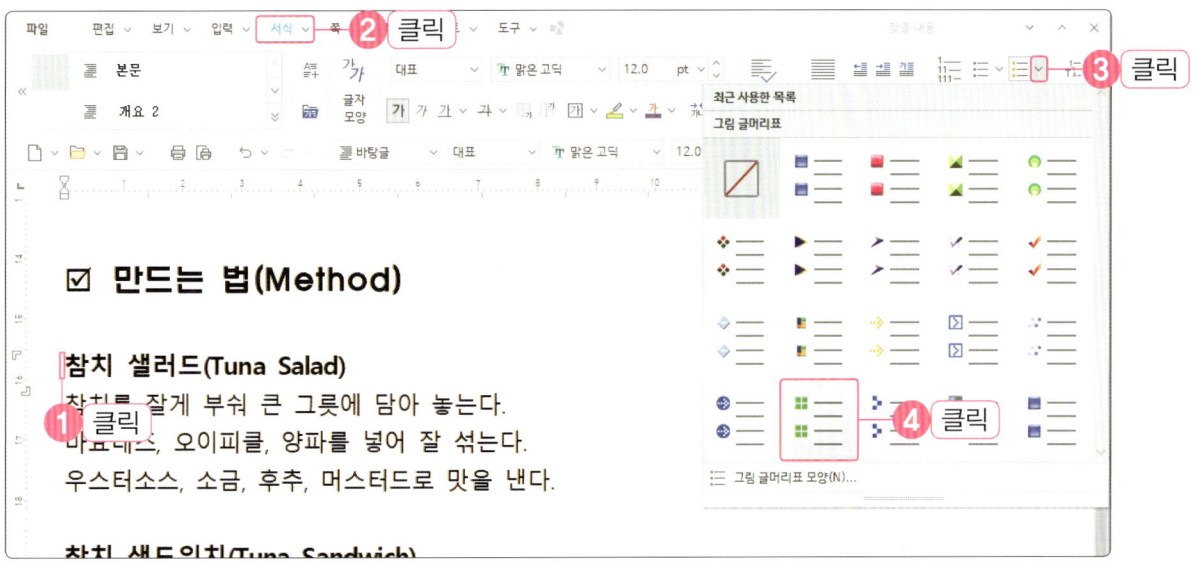

2 같은 방법으로 다음과 같이 '참치 샌드위치~' 문단에 그림 글머리표를 지정한 후 나머지 내용 부분에 문단 번호 지정 및 왼쪽 여백을 늘려 문서를 완성합니다.

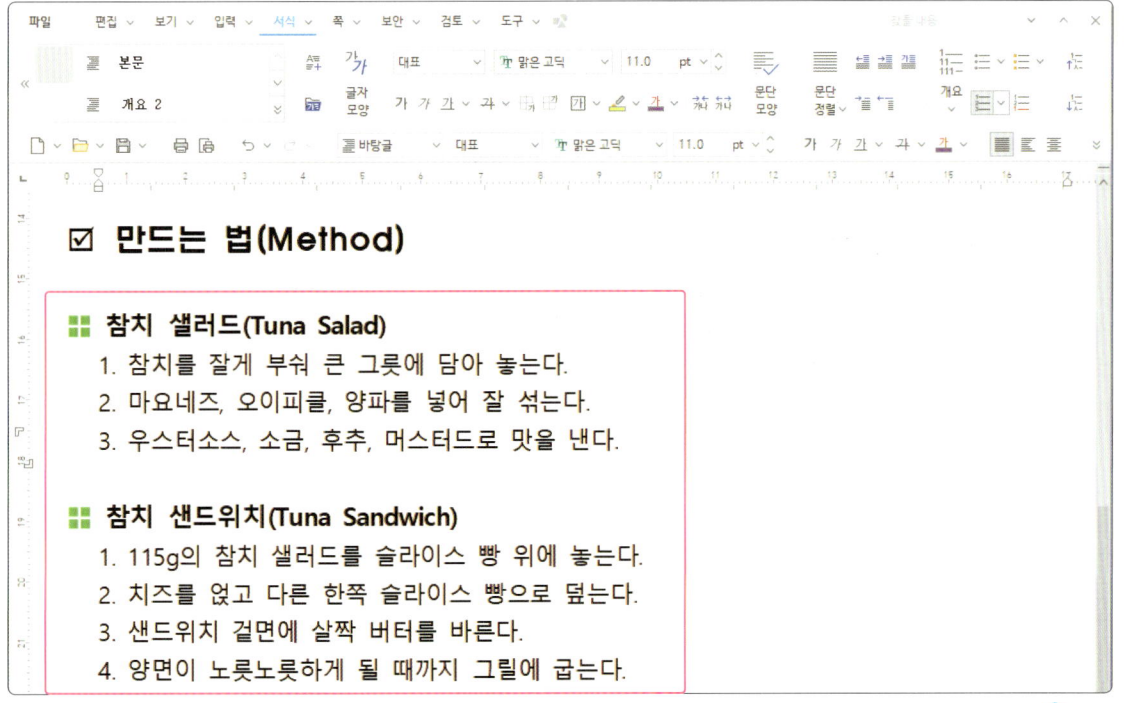

Tip
문단 번호 및 왼쪽 여백 늘리기
문단 번호를 지정할 영역을 드래그하여 블록으로 지정한 후 [서식] 탭에서 [문단 번호]를 클릭한 다음 [왼쪽 여백 늘리기]를 15회 클릭하여 간격을 늘려줍니다.

01 '반려견목욕순서' 파일을 열고 글머리 기호를 이용하여 문서를 완성해 보세요.
- **중간 제목** : 결과화면을 참고하여 그림 글머리표를 표시하고 문단의 위쪽(15) 간격 띄우기
- **내용** : 문단 번호 및 왼쪽 여백(20)을 지정

반려견 목욕순서

강아지를 처음 길러 보시는 분들을 위한 목욕법입니다.

◈ 목욕 전 준비
1. 반려견이 장모종일 경우 털을 빗을 이용하여 빗어주세요.(빗질을 해주면 말리기도 쉽고 샴푸도 덜 들어갑니다.)
2. 큰 대야에 물을 받습니다.(너무 뜨겁지 않게 미온이 좋습니다.)
3. 목욕 후 나올때를 대비해 큰 수건을 욕실 문 앞에 깔아놓습니다.

◈ 과정
1. 우선 등 쪽과 몸 안쪽, 꼬리, 다리 차례로 물을 적셔 준 후 등부터 샴푸를 문지르고 옆구리, 꼬리, 다리 순으로 내려갑니다.
2. 머리부분과 눈 밑을 조심스레 손가락으로 마사지하듯 샴푸해주세요.(샴푸가 눈에 들어가지 않도록 하며 귀에 물을 적실 때는 귀 겉을 누르면 귀에 물이 안 들어갑니다.)
3. 머리서부터 서서히 샴푸를 씻어내세요.
4. 모질이 좋지 않은 강아지는 린스를 해주어야 하며 린스를 하면 털빠짐도 적어집니다.

◈ 목욕 후 순서
1. 강아지를 꺼내어 수건과 드라이로 털을 말립니다.
2. 처음엔 놀라겠지만 천천히 부드럽게 다루어 주면 몇 번이내로 익숙해집니다.
3. 그 후 귀 세정제를 면봉에 묻혀 귓속보이는 곳까지 깨끗이 닦아줍니다.
4. 목욕을 끝낸 후도 중요합니다. 칭찬과 더불어 강아지가 젤 좋아하는 맛있는 간식을 주세요.(강아지는 보상심리 때문에라도 몇 번의 목욕을 거치는 동안 묵묵히 참아줄 것입니다.)

02 '광고지' 파일을 열고 글머리 기호를 이용하여 다음과 같이 문서를 완성해 보세요.

- **글머리 기호** : 결과화면을 참고하여 문단 번호 및 그림 글머리표를 삽입(왼쪽 여백(15))
- **문단 간격** : 문단 번호가 삽입된 문단의 문단 위(10) 간격을 수정

봄맞이 정기 세일

　5월의 따뜻한 봄향기에 맞춰 가정에서 사용하는 가전 품목을 저렴한 가격으로 할인하여 판매하는 행사를 갖고자 합니다. 특별한 이번 기회를 놓치지 마시고 저희 매장에 찾아오셔서 경품도 받으시고 저렴하게 가전 제품도 구매하시는 특혜를 받으시기를 부탁드립니다.

♣ 정기 세일 주요 사항 ♣

1. 행사기간 : 5월 1일(일요일) ~ 5월 8일(일요일)

2. 행사지점 : 서울 및 수도권 전 지역
   - 고양 일산점, 고양 행신점 지역은 제외
   - 서울 신도림점 및 목동점은 일부 상품에 한함

3. 행사대상 : 30만원 이상 구매 고객

4. 행사상품
   - 100만원 이상 : 찬바람 에어컨
   - 50만원 이상 : 싹쓸이 진공 청소기
   - 30만원 이상 : 맑은 공기 청정기

Chapter 08 단원 종합 평가 문제

01 다음 중 한글 단어를 한자로 변환하는 방법으로 옳지 않은 것은 무엇입니까?
① 변환할 한글 단어 뒤에 커서를 위치한 후 [입력]-[한자 입력]-[한자 단어 등록] 메뉴를 클릭합니다.
② 변환할 한글 단어 뒤에 커서를 위치한 후 한자 를 누릅니다.
③ 변환할 한글 단어 뒤에 커서를 위치한 후 F9 를 누릅니다.
④ 변환할 한글 단어 뒤에 커서를 위치한 후 [입력]-[한자 입력]-[한자로 바꾸기] 메뉴를 클릭합니다.

02 다음 중 문서를 입력할 경우 내용을 지우는데 사용하는 키가 아닌 것은 무엇입니까?
① BackSpace
② Delete
③ 수정 상태에서의 SpaceBar
④ Alt

03 다음 보기와 같이 글자 모양을 변경하려면 어떤 값을 조절해야 합니까?

> 한글 2022 ▶ 한글 2022

① 자간   ② 장평
③ 글자 크기 ④ 글꼴

04 다음 중 [글자 모양] 대화상자에서 설정할 수 없는 내용은 무엇입니까?
① 글자의 크기를 15pt로 지정할 수 있습니다.
② 글자 색을 빨강색으로 지정할 수 있습니다.
③ 글자의 왼쪽 여백을 지정할 수 있습니다.
④ 글자의 굵기를 진하게 지정할 수 있습니다.

05 다음 중 [문단 모양] 대화상자를 표시하는 방법으로 옳지 않은 것은 무엇입니까?
① [서식]-[문단 모양] 메뉴를 클릭합니다.
② 키보드의 Alt + L 을 누릅니다.
③ [서식] 탭에서 [문단 모양]을 클릭합니다.
④ 변경할 문단에서 마우스 오른쪽 단추를 눌러 바로 가기 메뉴의 [문단 모양]을 클릭합니다.

06 다음 중 문서에 그림을 삽입하는 방법으로 옳지 않은 것은 무엇입니까?
① [입력]-[그림]-[그림] 메뉴를 클릭합니다.
② 키보드의 Ctrl + N , I 를 누릅니다.
③ [편집] 탭에서 [그림]-[그림]을 클릭합니다.
④ [서식] 탭에서 [그림]-[그림]을 클릭합니다.

07 다음 중 그림을 삽입할 경우 본문과의 배치를 설정할 때에 종류에 해당하지 않는 것은 무엇입니까?
① 어울림(▨)
② 자리차지(▨)
③ 가운데 정렬(≡)
④ 글 앞으로(▨)

08 다음 중 [편집 용지] 대화상자에서 설정할 수 있는 기능으로 옳지 않은 것은 무엇입니까?
① 용지의 종류를 변경할 수 있습니다.
② 용지의 여백을 지정할 수 있습니다.
③ 용지의 배경을 지정할 수 있습니다.
④ 용지의 방향을 지정할 수 있습니다.

■ 정답은 158 페이지에 있습니다.

09 '장영실.hwpx' 파일을 열고 다음과 같이 문서를 수정해 보세요.
- 제목 : 글상자를 이용하여 제목을 입력하고 글꼴(HY헤드라인M), 글자 크기(30) 수정
- 글상자 : 크기(너비-140, 높이-20), 선 종류(이중실선) 및 채우기(노랑 80% 밝게), 가운데 정렬
- 소제목 : 글꼴(맑은 고딕), 글자 크기(15), 진하게, 그림 글머리표(결과화면 참고)
- 내용 : 글꼴(맑은 고딕), 글자 크기(12), 여백(왼쪽/오른쪽 – 10), 들여쓰기(10)
- 그림삽입(❶) : 스타일(회색 아래쪽 그림자), 그림 여백(왼쪽/오른쪽/위쪽/아래쪽 – 2mm), 크기(임의설정)
- 그림삽입(❷) : 효과(그림자 – 안쪽, 가운데, 투명도 – 50%), 크기(임의설정)

조선의 천재 과학자 장영실

🎓 장영실의 출신

❶ 장영실.tif

　장영실은 동래현 관청에서 일하는 노비가 되었으며, 발명가인 장영실의 훌륭한 재주를 세종대왕이 인정하여 발탁하였다. 세종은 장영실을 1421년(세종 4년) 윤사웅, 최천형 등과 함께 중국에 보내어 천문기기의 모양을 배워오도록 했다. 귀국 후 장영실 나이 약 34세 때인 1423년(세종 5년)에 천문기기를 제작한 공을 인정받아 면천되었고 다시 대신들의 의논을 거쳐 상의원 별좌에 임명되었다.

🎓 장영실의 활약

　세종 대왕의 명에 따라 1432년부터 1438년까지 이천(李蕆)의 책임하에 천문 기구 제작 프로젝트에 참여했다. 그 과정에 수력에 의해 자동으로 작동되는 물시계인 자격루(일명 보루각루, 1434년)와 옥루(일명 흠경각루, 1438년)를 만들어 세종으로부터 총애를 받았다. 또한 1434년(세종 16년)에는 구리로 만든 금속활자인 갑인자의 주조에 참여하였다. 갑인자는 약 20여만 자에 달하며 하루에 40여 장을 찍을 수 있었다. 1438년(세종 20년) 경복궁 뜰에 혼천의를 간수하는 흠경각(欽敬閣)을 세울 때 이 모든 공역을 감독했다. 그는 서양보다 근 2세기나 앞서서 측우기를 만들었다. 그 밖에 여러 기기를 제작 감독하는 등 기계·건축·과학 발전에 공이 컸다.

❷ 물시계.tif　　❷ 해시계.tif　　❷ 측우기.tif

Chapter 09 표 만들기

학습목표
- ◆ 표를 만드는 방법에 대해 알아봅니다.
- ◆ 셀 크기를 조절하는 방법에 대해 알아봅니다.

표는 복잡한 수치 자료 등을 간단하게 정리하여 알아보기 쉽도록 꾸며주는 기능으로 줄 수와 칸 수를 지정하여 만들게 됩니다. 셀이란 줄과 칸이 서로 교차하는 가작 작은 단위로 표를 이루는 가장 작은 단위라고 할 수 있습니다. 그럼 이번에는 표 기능의 사용법에 대해 알아볼까요?

Preview

시간표

	월요일	화요일	수요일	목요일	금요일
1교시	사회	국어	체육	영어	사회
2교시	미술	과학	체육	국어	음악
3교시	미술	체육	영어	창제	과학
4교시	영어	수학	국어	사회	국어

THEME 01 표 만들기

1 '시간표.hwpx' 파일을 열고 제목 아래의 빈 칸에 커서를 위치한 후 [편집] 탭에서 [표]를 클릭한 다음 [5줄 × 6칸]을 클릭합니다.

표 만들기
- [편집] 탭에서 [표]를 클릭한 후 표의 줄 수 및 칸 수에 해당하는 셀을 클릭합니다.
- [입력] 탭에서 [표]를 클릭한 후 표의 줄 수 및 칸 수에 해당하는 셀을 클릭합니다.
- [입력]-[표]-[표 만들기] 메뉴를 클릭하거나 Ctrl+N, T를 눌러 [표 만들기] 대화상자에서 줄 수와 칸 수 등 옵션을 지정한 후 [만들기] 단추를 클릭합니다.

[표 만들기] 대화상자를 이용한 표 만들기

[입력]-[표]-[표 만들기] 메뉴를 클릭하거나 Ctrl+N, T를 누르면 [표 만들기] 대화상자를 표시할 수 있습니다.

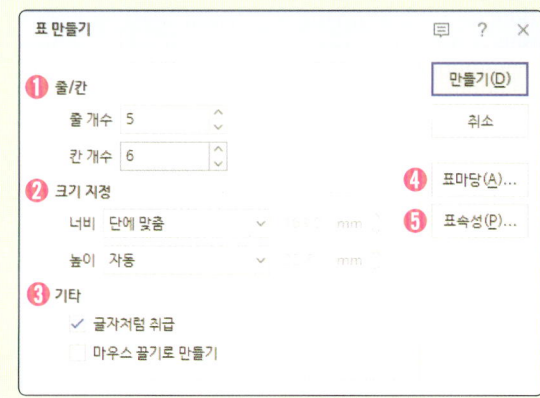

① **줄/칸** : 표의 줄 수 및 칸 수를 입력하여 표를 만듭니다.
② **크기 지정** : 표의 너비 및 높이를 지정합니다.
③ **기타** : 표의 옵션(글자처럼 취급, 마우스 끌기로 만들기)을 지정할 수 있습니다.
④ **표마당** : 표의 테두리 및 배경 등 미리 지정된 서식을 표에 적용할 수 있습니다.
⑤ **표속성** : 표의 테두리 및 배경 등을 [표 속성] 대화상자에서 원하는 모양으로 적용할 수 있습니다.

THEME 02 셀 크기 변경하기

1 표 안의 칸 너비를 수정하기 위해 마우스 포인터 모양이 ↔일 때 변경할 세로 경계선을 드래그합니다.

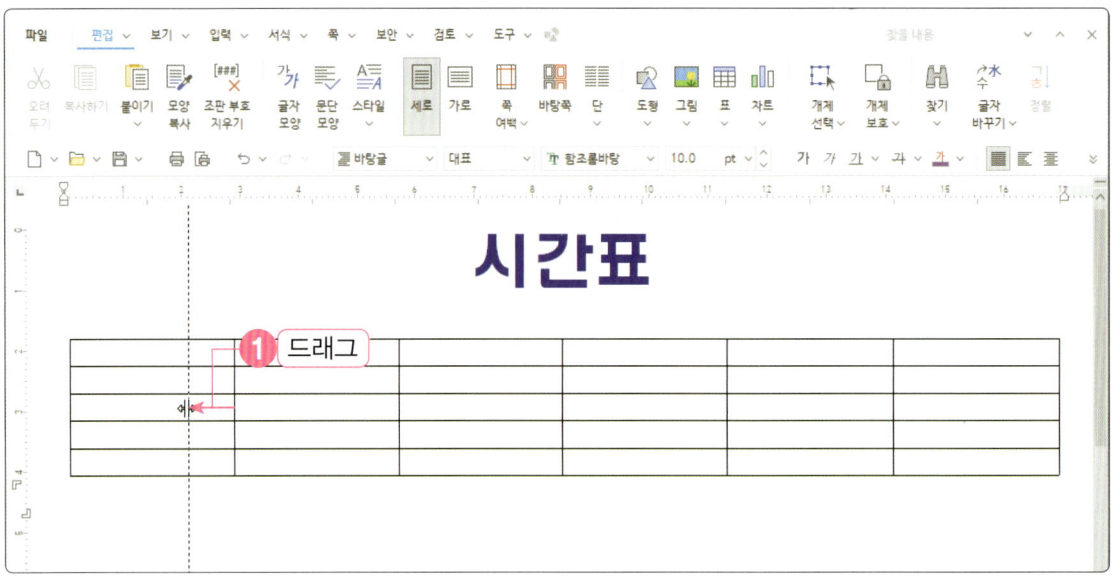

2 첫 번째 칸을 제외한 나머지 칸을 드래그하여 블록을 지정한 후 ▦[표 레이아웃] 탭에서 [셀 너비를 같게]를 클릭하면 블록으로 지정한 칸의 너비를 동일하게 지정할 수 있습니다.

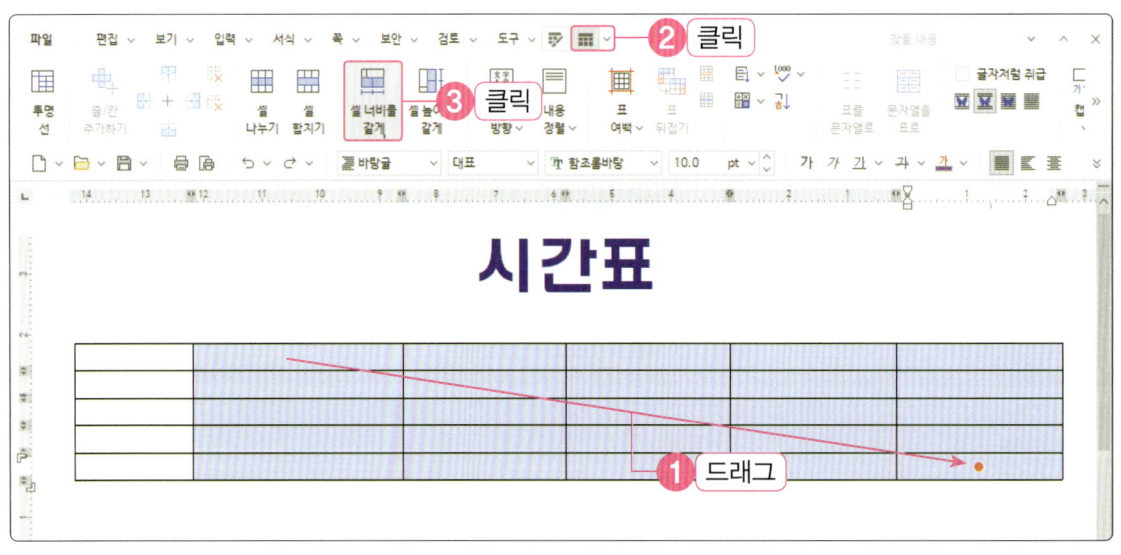

Tip

표 안의 셀 블록 지정하기
- F5 한 번 누름 : 커서가 위치해 있는 곳의 셀을 블록으로 지정합니다.
- F5 두 번 누름 : 키보드의 방향키를 이동하여 여러 셀을 블록으로 지정합니다.
- F5 세 번 누름 : 셀 전체를 블록으로 지정합니다.
- 드래그 : 연속된 셀을 블록으로 지정합니다.
- Ctrl +클릭/드래그 : 떨어져 있는 셀을 블록으로 지정합니다.

③ 셀 전체를 드래그하여 블록으로 지정한 후 표 아래쪽 줄의 경계선을 아래 방향으로 드래그하여 표의 전체 높이를 수정합니다.

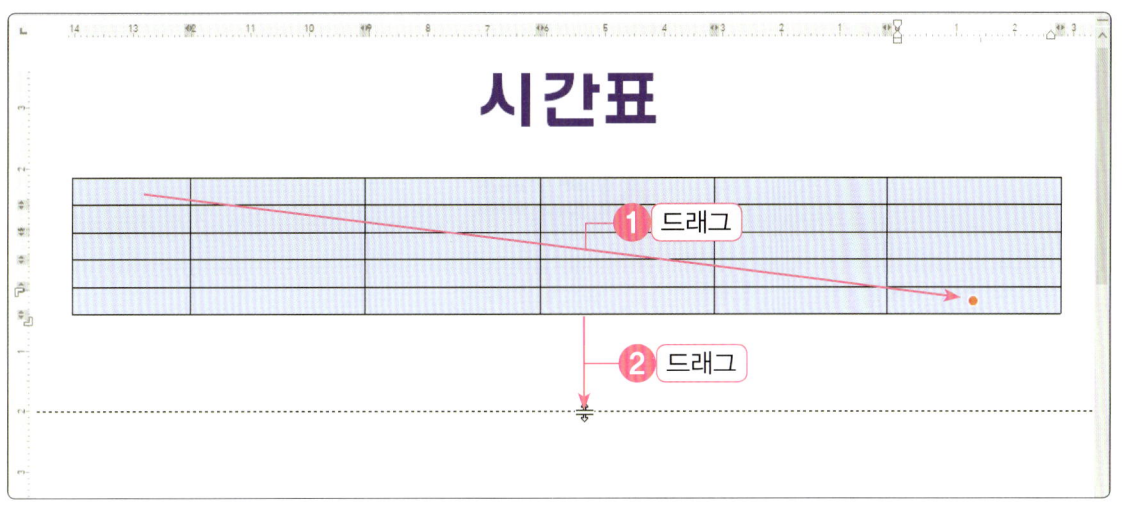

알아두면 실력튼튼

키보드로 셀 크기 지정하기

- **셀 블록 지정 후 Ctrl+방향키** : 표 전체의 크기가 변하면서 셀의 크기를 조절합니다.
- **셀 블록 지정 후 Alt+방향키** : 표 전체의 크기는 변화없이 칸의 크기를 조절합니다.
- **셀 블록 지정 후 Shift+방향키** : 표 전체의 크기는 변화없이 해당 셀의 크기를 조절합니다.

셀의 높이 또는 너비를 같은 크기로 조절하기

- **셀의 높이를 같게** : 여러 셀을 블록 지정한 후 [표 레이아웃] 탭에서 [셀 높이를 같게]를 클릭하거나 [표 레이아웃] 메뉴의 [셀 높이를 같게]를 선택합니다.
- **셀의 너비를 같게** : 여러 셀을 블록 지정한 후 [표 레이아웃] 탭에서 [셀 너비를 같게]를 클릭하거나 [표 레이아웃] 메뉴의 [셀 너비를 같게]를 선택합니다.

THEME 03 표에 내용 입력 및 자동 채우기

1 다음과 같이 표 안에 내용을 입력합니다.

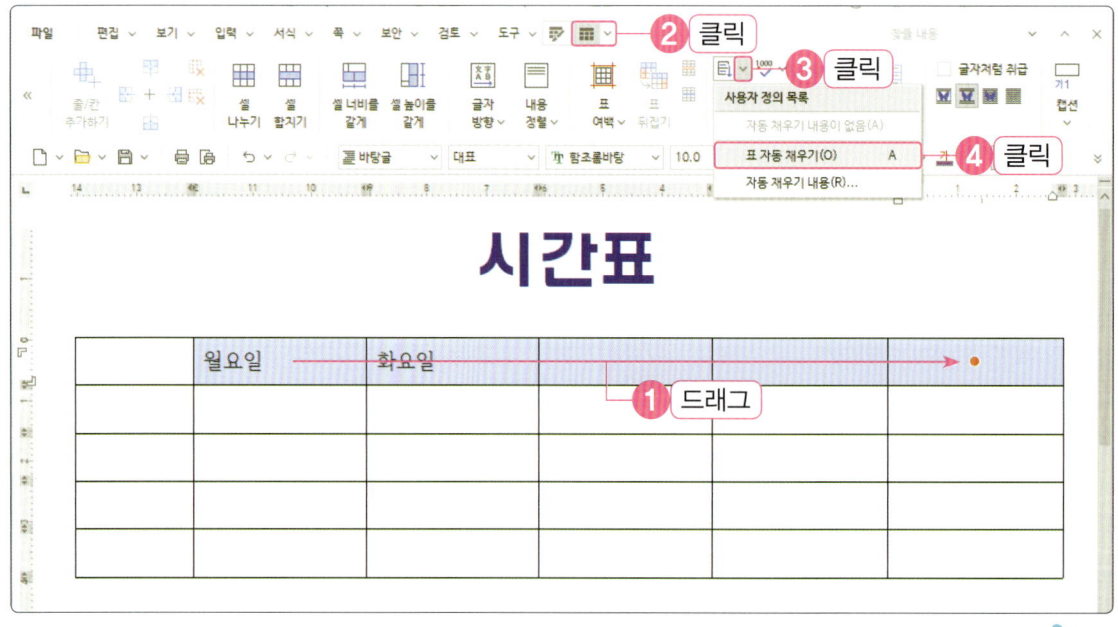

Tip

셀 단위 이동하기
셀 단위의 커서 이동은 방향키(→/←/↑/↓) 또는 Tab/Shift+Tab 등을 이용하며, 직접 이동할 셀을 클릭해도 됩니다.

2 다음과 같이 셀을 드래그하여 블록으로 지정한 후 ▦ ▾ [표 레이아웃] 탭에서 ▤[채우기]의 목록 단추(▾)를 눌러 [표 자동 채우기]를 클릭합니다.

Tip

표 자동 채우기
블록을 지정한 후 마우스 오른쪽 단추를 눌러 바로 가기 메뉴의 [채우기]-[표 자동 채우기]를 클릭하거나 키보드의 A를 눌러도 표 자동 채우기가 실행됩니다.

60 한글 2022

③ 블록 지정한 셀에 다음과 같이 요일이 자동으로 채워집니다. 같은 방법으로 왼쪽 셀에 시간을 표시합니다.

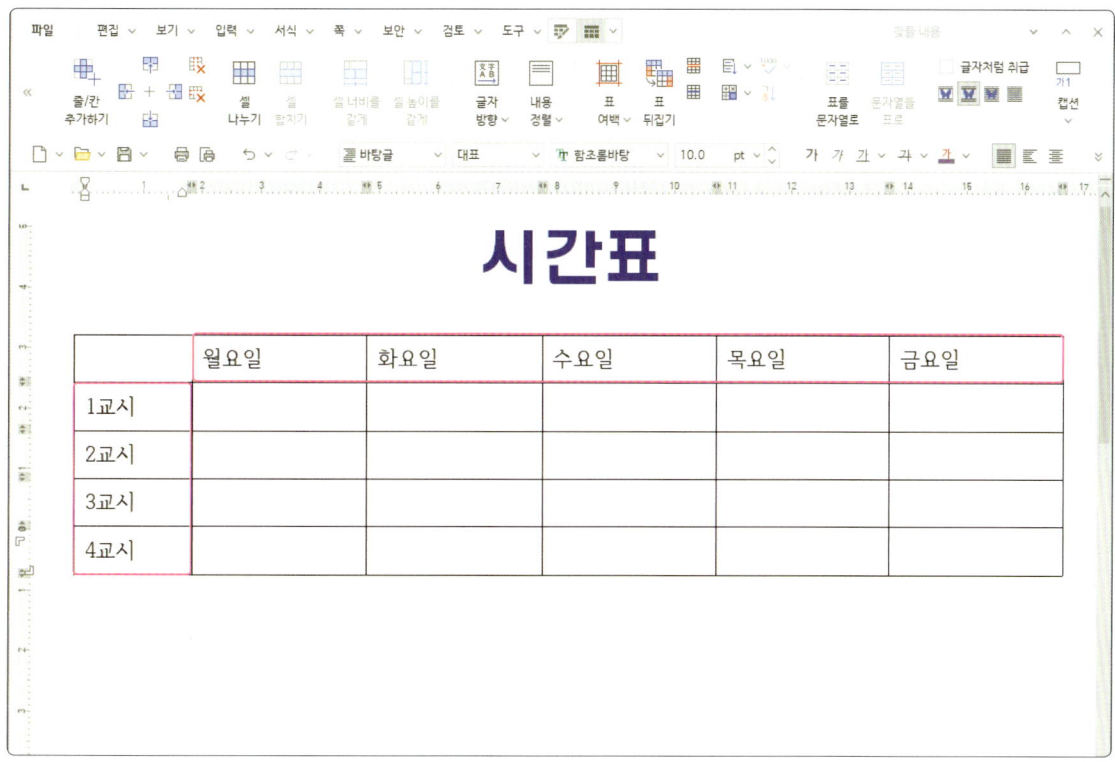

④ 나머지 셀에 다음과 같이 내용을 입력한 후 표 전체 내용을 드래그하여 블록으로 지정한 다음 글꼴(맑은 고딕), 글자 크기(12), 진하게(가), 가운데 정렬(≡) 등을 지정하고 제목과 내용에 글자색(파랑, 초록)을 수정합니다.

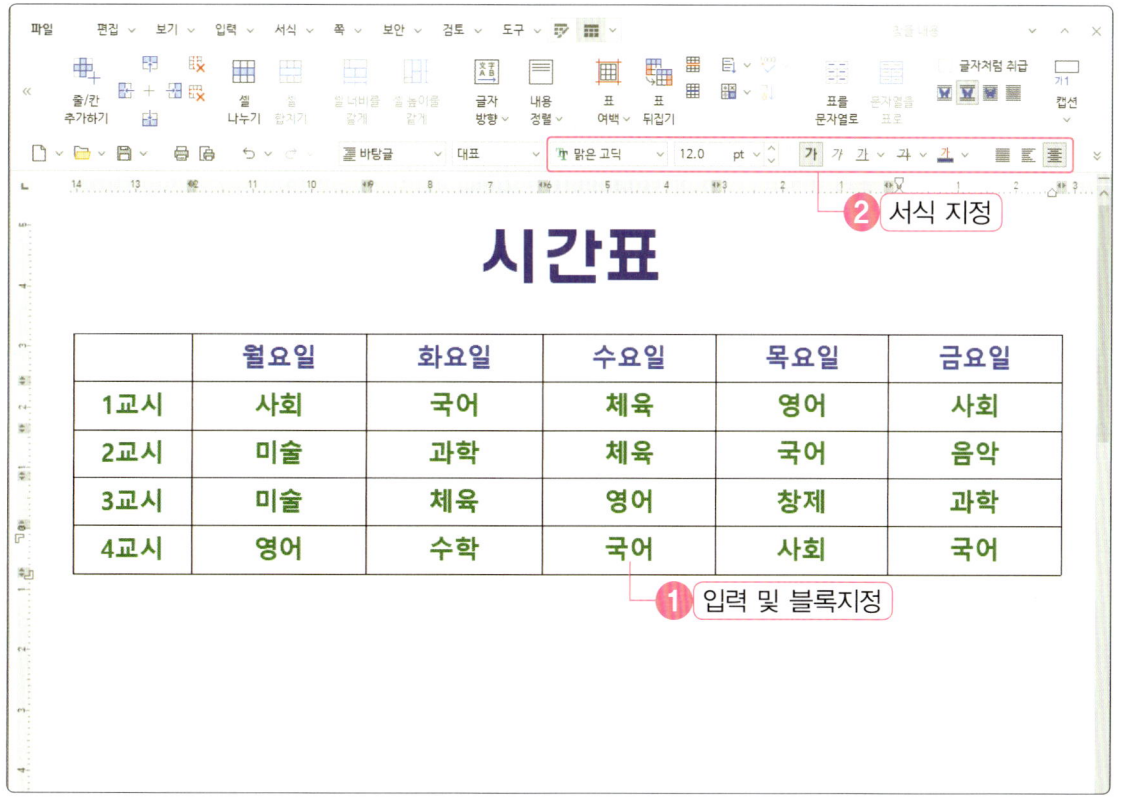

Chapter 09 - 표 만들기

Jump! Jump!

01 '음악감상문' 파일을 열고 다음과 같이 표를 이용하여 문서를 완성해 보세요.

❶ 글꼴(양재튼튼B), 글자 크기(14), 글자색(보라)
❷ 글꼴(굴림), 글자 크기(14), 글자색(초록), 왼쪽 열(진하게), 오른쪽 열(글머리표-결과화면 참고)

♪ 음악 감상문 ♬

❶ 감상일	년 월 일 시
❷ 감상 장소	
작곡자	● 작곡자 이름과 생존 연대 ● 작곡자의 음악적 경향 및 사상 ● 대표 작품
곡의 형식 및 특징	● 곡의 형식(예 : 소나타, 교향곡 등) ● 곡의 특징 ● 작곡 동기, 헌정된 사람, 작곡 용도 ● 작곡 당시의 상황 등의 참고 사항
느낌과 비평	● 감상 후 자신이 느낀 점과 ● 공연 관람평 등

02 '인기검색어순위' 파일을 열고 다음과 같이 표를 이용하여 문서를 완성해 보세요.

❶ 글꼴(맑은 고딕), 글자 크기(20), 글자색(빨강)
❷ 글꼴(맑은 고딕), 글자 크기(14), 왼쪽 열(진하게), 글자색(결과화면 참고)

인기 검색어 순위

❶ 순위	검색어	변동
❷ 1	슈퍼마리오	▲1
2	이순신게임	▲1
3	후레쉬맨	▲2
4	무서운이야기	▼3
5	물놀이게임	-
6	스폰지밥게임	▲3
7	방학숙제	▲5
8	도라에몽	▼4
9	주몽게임	▲1
10	짱구게임	▲1

Chapter 10 표 안의 셀 수정하기

학습 목표
- ◆ 셀 합치기 및 나누기 방법에 대해 알아봅니다.
- ◆ 셀의 배경색 변경 방법에 대해 알아봅니다.

표 안에 포함된 셀은 줄 또는 칸을 기준으로 크기를 지정하는데 모든 셀의 크기가 같은 것은 아니며, 또한 표 안에 들어가는 셀 들은 서로 합쳐질 수도 있고 여러 개의 셀로 나눌 수도 있답니다. 그럼 사용법을 알아볼까요?

Preview

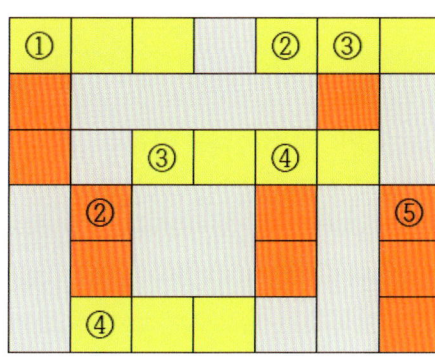

가로
① 다이너마이트를 발명한 사람이 제정한 상
② 역사/예술/민속/과학 등 학술적 자료를 수집/보관/진열하여 일반인들이 관람할 수 있게 하는 시설
③ 적의 사정과 나의 사정을 자세히 앎
④ 한국의 기상 업무를 관할하는 기관

세로
① 전남 구례군 산동면과 토지면의 경계
② 사칙연산을 포함하여 각종 수 계산을 신속하게 할 수 있는 기구
③ 물에 살고 있으며, 다른 말로는 생선이라고도 함
④ 땅속에 굴을 파서 설치한 철도
⑤ 부모님의 어머님을 일컬음

정답을 확인해 보세요.	
가로 정답	세로 정답

THEME 01 셀 크기 변경 및 여백 지정하기

1 새 문서에서 [입력]-[표]-[표 만들기] 메뉴를 클릭합니다.

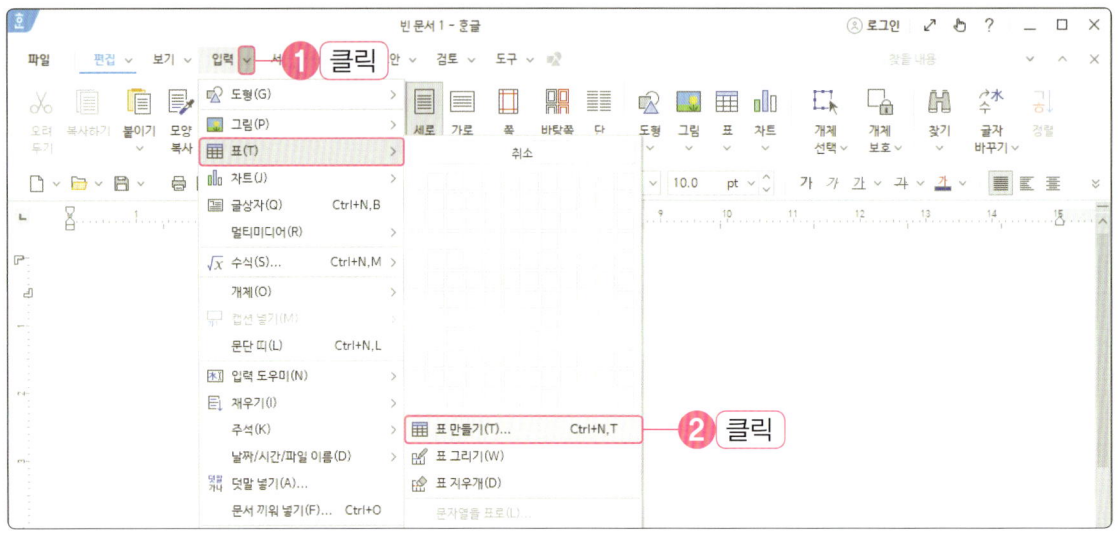

2 [표 만들기] 대화상자가 표시되면 줄 개수(6)와 칸 개수(7)를 입력한 후 [마우스 끌기로 만들기]를 클릭하여 체크 표시한 다음 [만들기] 단추를 클릭합니다.

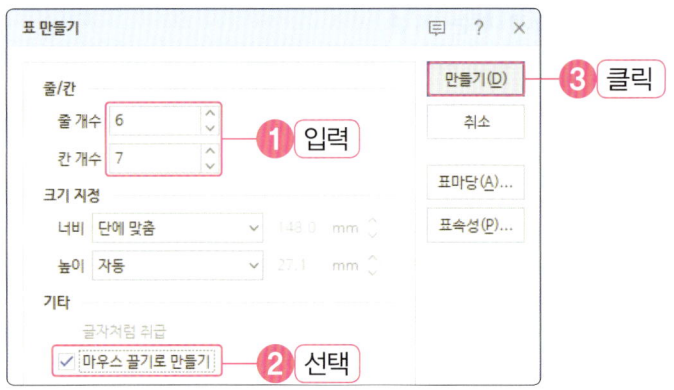

3 마우스 포인터 모양이 모양으로 바뀌면 드래그하여 문서에 표를 삽입합니다.

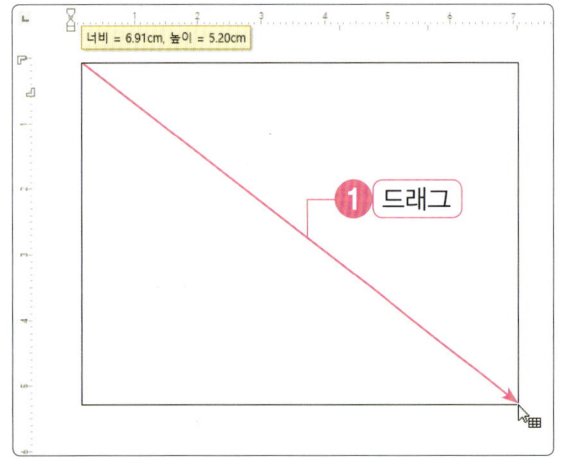 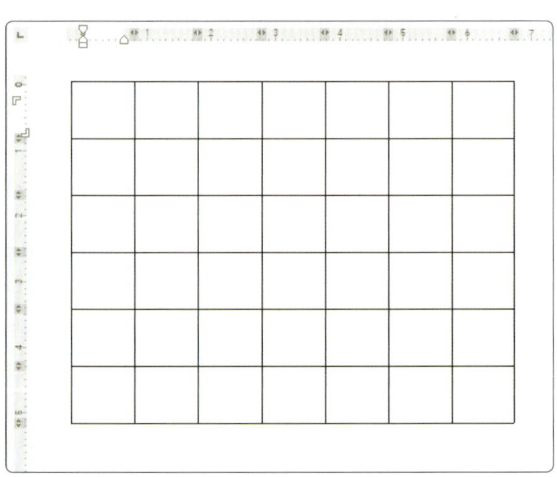

④ 표가 삽입되면 셀을 합치기 위해 합칠 영역을 드래그하여 블록으로 지정한 후 키보드의 M을 눌러 셀 합치기를 실행합니다. 같은 방법으로 다음과 같이 셀을 합칩니다.

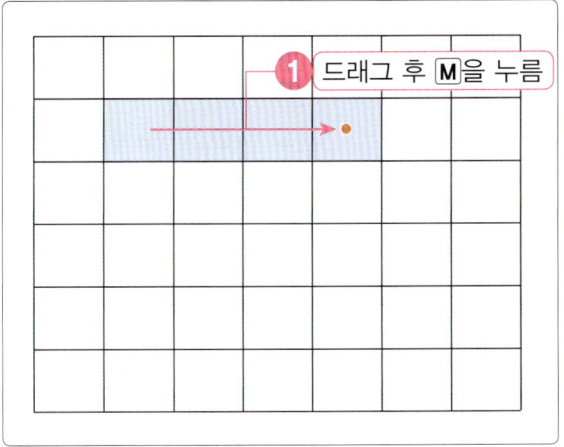 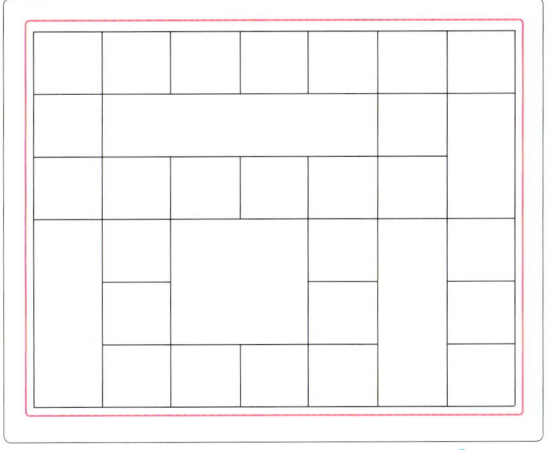

TIP

셀 합치기
셀 블록 안에서 바로 가기 메뉴의 [셀 합치기]를 클릭하거나 키보드의 M을 눌러도 블록 지정한 셀을 합칠 수 있습니다.

⑤ 표 안에 다음과 같이 내용을 입력한 후 셀 전체를 드래그하여 블록으로 지정한 다음 글자 크기(14) 및 가운데 정렬(≡) 등을 지정합니다.

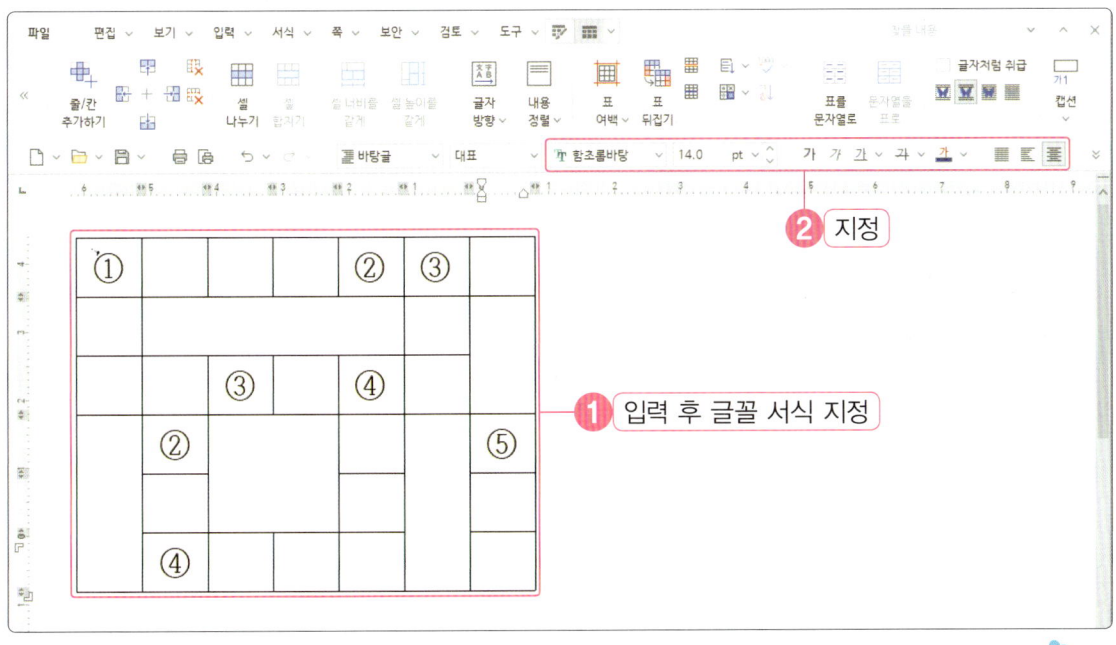

TIP

블록 지정 해제하기
표 안에 블록 지정된 영역의 블록 해제는 표 이외의 빈 공간을 클릭하거나 키보드의 Esc를 눌러 해제할 수 있습니다.

❻ 표의 배치 및 바깥 여백을 지정하기 위해 표 개체를 선택한 후 [표 레이아웃] 탭에서 [어울림]을 클릭한 다음 [표 여백]-[넓게]를 클릭합니다.

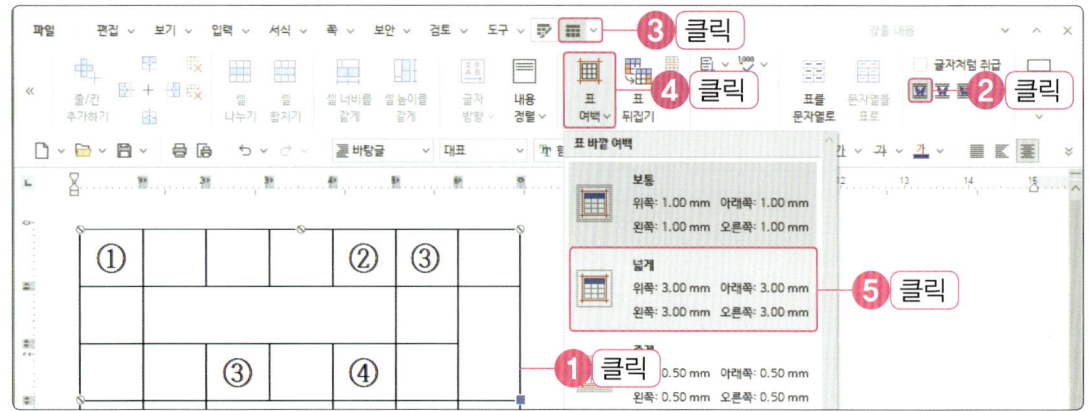

❼ 표의 배치 및 바깥 여백이 지정되면 다음과 같이 내용을 입력하고 글꼴 서식을 수정합니다.

• **글꼴 서식** : 글꼴(맑은 고딕), 글자 크기(11), 진하게(가), 글자색(제목-주황, 내용-검정)

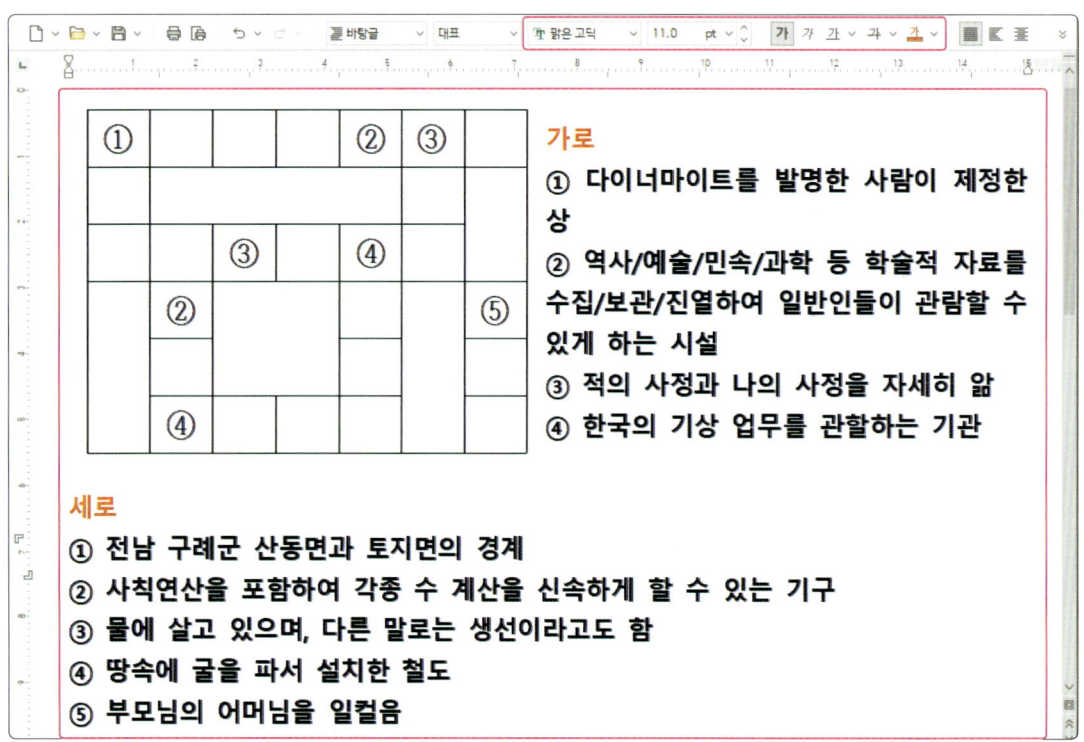

알아두면 실력튼튼

셀 나누기

나누고자 하는 셀을 선택한 후 [표 레이아웃]-[셀 나누기] 메뉴를 클릭 또는 [표 레이아웃] 탭에서 [셀 나누기]를 클릭합니다. 키보드의 S를 눌러 [셀 나누기] 대화상자에서도 줄 또는 칸 단위로 나눌 수 있습니다.

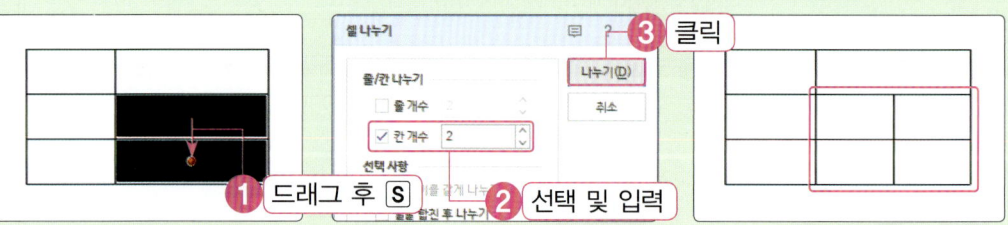

66 한글 2022

THEME 02 셀 배경 바꾸기

1 셀에 배경색을 넣기 위해 셀 전체를 블록으로 지정한 후 [표 레이아웃]-[셀 테두리/배경]-[각 셀마다 적용] 메뉴를 클릭합니다.

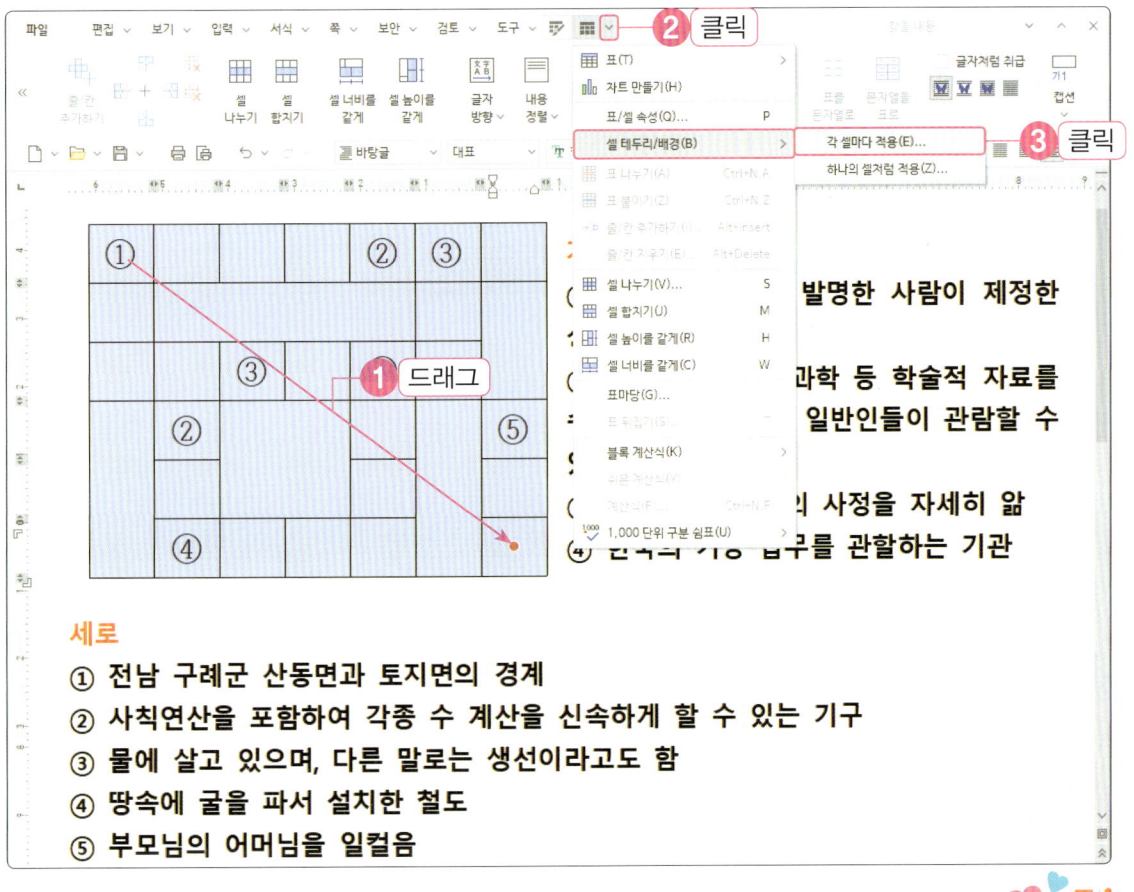

Tip

셀의 배경 지정하기
배경을 변경할 셀을 선택한 후 [표 레이아웃]-[셀 테두리/배경] 메뉴를 사용하면 [셀 테두리/배경] 대화상자가 표시되며, [배경] 탭에서 원하는 배경을 선택하여 지정할 수 있습니다.

알아두면 실력튼튼

각 셀마다 적용 및 여러 셀에 걸쳐 적용 비교하기

- **각 셀마다 적용** : 그라데이션 색 등을 지정한 경우 블록 지정한 셀에서 하나의 셀 단위로 색을 표시합니다.

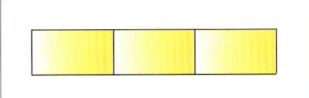

- **여러 셀에 걸쳐 적용** : 그라데이션 색 등을 지정한 경우 블록 지정한 셀 모두를 기준으로 색을 표시합니다.

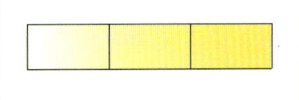

❷ [셀 테두리/배경] 대화상자가 표시되면 [배경] 탭에서 채우기 항목의 [색]을 선택한 후 면 색(하양 15% 어둡게)을 지정한 다음 [설정] 단추를 클릭합니다.

❸ 같은 방법으로 다음과 같이 면 색(노랑, 주황)을 수정합니다. 셀의 배경이 모두 수정되면 퍼즐 문제 아래쪽에 다음과 같이 정답 표를 작성하여 문서를 완성합니다.

- 표 만들기(3줄 2칸), 맨 위쪽 줄(셀 합치기), 셀 배경(주황 40% 밝게/초록 60% 밝게/노랑 80% 밝게)
- 글꼴(맑은 고딕), 글자 크기(12), 정렬(가운데 정렬/양쪽 정렬)

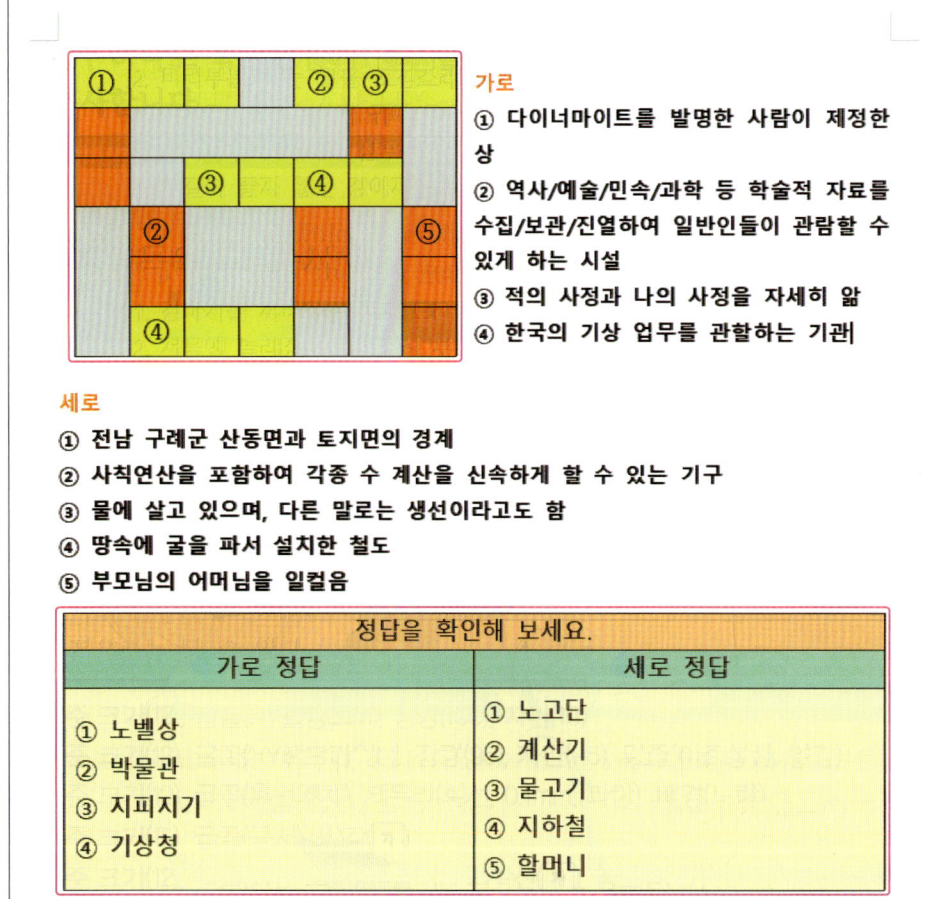

01 새 문서에 표를 이용하여 달력을 완성하고 '달력완성.hwpx'로 저장해 보세요.
- **글꼴 서식** : 글꼴(휴먼모음T), 글자 크기(32, 20), 정렬(결과화면 참고), 글자색(검정, 빨강)
- **표 만들기** : 제목행 – 셀 배경(검정 90% 밝게, 파랑 90% 밝게), 나머지 결과화면 참고하여 임의지정

August

SUN	MON	TUE	WED	THU	FRI	SAT
			1	2	3	4
5	6	7	8	9	10	11
12	13	14	15	16	17	18
19	20	21	22	23	24	25
26	27	28	29	30	31	

02 위에서 만든 달력을 표 마당(기본 스타일 1 – 초록 색조)으로 수정 후 '달력수정.hwpx'로 저장해 보세요.

August

SUN	MON	TUE	WED	THU	FRI	SAT
			1	2	3	4
5	6	7	8	9	10	11
12	13	14	15	16	17	18
19	20	21	22	23	24	25
26	27	28	29	30	31	

Hint

표 마당 적용하기
표 개체를 선택한 후 [표 레이아웃]–[표 마당] 메뉴를 클릭하면 [표 마당] 대화상자를 표시할 수 있습니다.

Chapter 11 표를 이용한 계산하기

학습 목표
- ◆ 쉬운 계산식 및 블록 계산식의 사용 방법에 대해 알아봅니다.
- ◆ 셀 주소를 이용한 계산식의 사용 방법에 대해 알아봅니다.
- ◆ 대각선 테두리의 사용 방법에 대해 알아봅니다.

한글 2022에서 표 안에 입력한 수치 데이터는 일일이 계산기를 이용하여 계산할 필요없이 자동으로 계산이 이루어 지도록 표 계산 기능이 포함되어 있습니다. 합계 및 평균, 최고값 또는 최저값 등을 함수를 이용하여 쉽게 계산할 수 있답니다. 그럼 사용법을 알아볼까요?

Preview

학교장터 판매물품

	문구류	의류/완구	생활용품	합계	평균
초록반	251	109	217	577	192.33
파랑반	376	234	238	848	282.67
노랑반	184	176	139	499	166.33
합계	811	519	594		

장터 판매물품 중 가장 많은 물품 수 : 376

THEME 01 쉬운 계산식 및 블록 계산식 사용하기

1 '학교장터.hwpx' 파일을 열고 초록반의 합계를 구하기 위해 [E2] 셀을 클릭한 후 ▦ [표 레이아웃] 탭의 ▦ [계산식]-[가로 합계]를 클릭합니다.

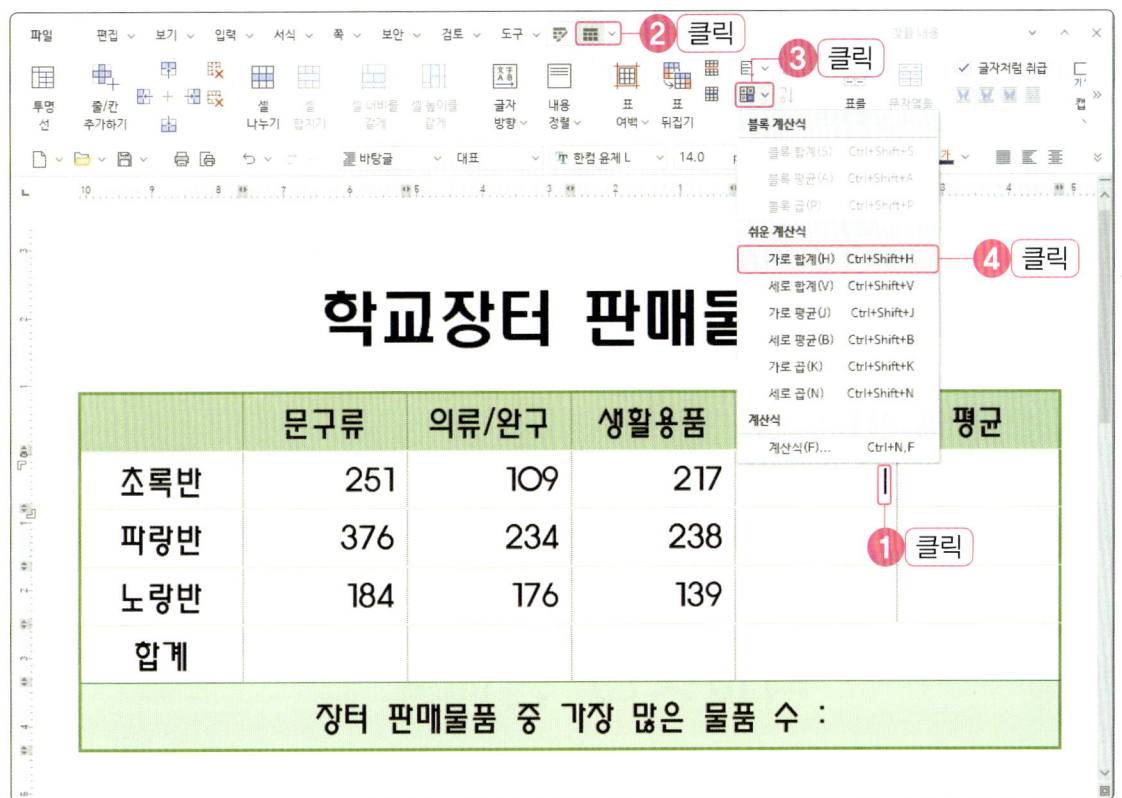

알아두면 실력튼튼

셀 주소(이름) 알아보기

표 안의 셀은 다양한 계산식 등에 사용하기 위해 고유한 이름(주소)이 부여되어 있습니다. 그것을 셀 주소라고 하는데 셀 주소는 표의 첫 번째 열부터 영문자 순서로 부여되고 첫 번째 줄부터는 숫자 순서로 부여되어 칸과 줄의 결합으로 다음과 같은 셀 주소가 부여됩니다.

A1	B1	C1	D1
A2	B2	C2	D2
A3	B3	C3	D3
A4	B4	C4	D4

셀 주소를 이용한 계산

10	15	20	25
30	35	40	45
50	55	60	65
70	75	80	85

[B2] 셀의 값은 얼마입니까? (35)
[C4] 셀의 값은 얼마입니까? (80)
[A1:D1] 셀의 값을 더하면 얼마입니까? (70) ← A1+B1+C1+D1
[A1:B2] 셀의 값을 더하면 얼마입니까? (90) ← A1+B1+A2+B2

❷ '초록반' 합계가 계산됩니다. 같은 방법으로 '파랑반'과 '노랑반' 합계를 계산합니다.

	문구류	의류/완구	생활용품	합계	평균
초록반	251	109	217	577	
파랑반	376	234	238	848	
노랑반	184	176	139	499	
합계					

장터 판매물품 중 가장 많은 물품 수 :

❸ 블록 계산식을 이용하여 반별 판매물품의 평균을 구하기 위해 다음과 같이 셀 영역을 드래그하여 블록으로 지정한 후 [표 레이아웃] 탭의 [계산식]-[블록 평균]을 클릭합니다.

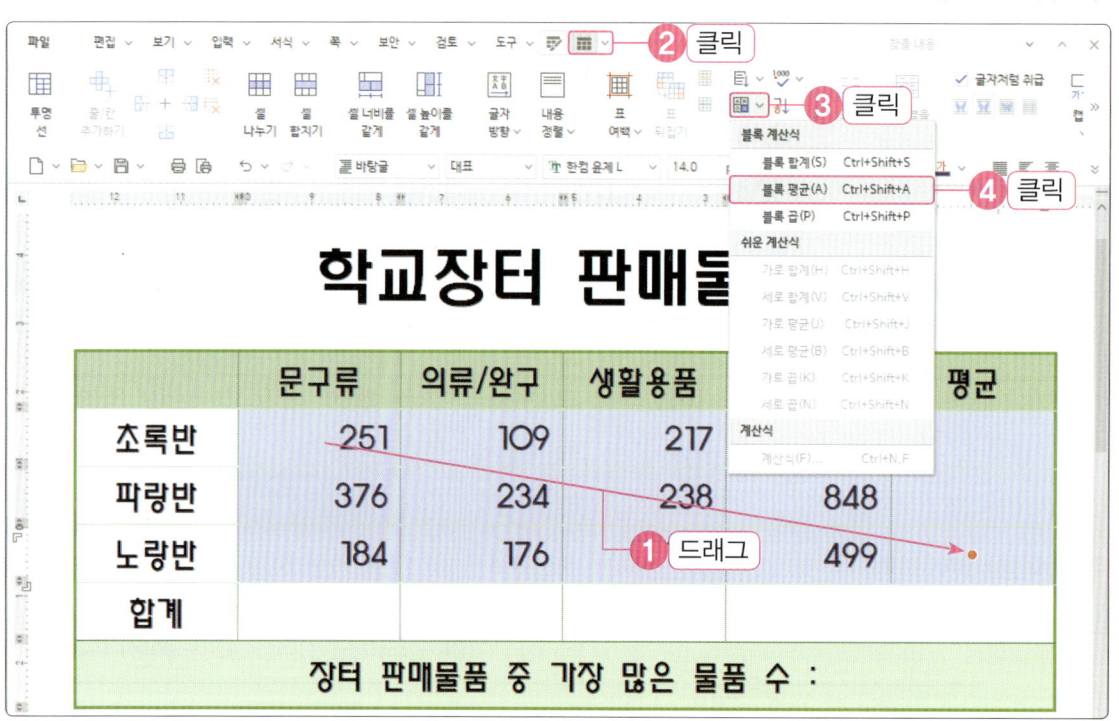

❹ 키보드의 Esc를 눌러 블록 지정을 해제하면 학년별 판매물품의 평균이 표시됩니다.

	문구류	의류/완구	생활용품	합계	평균
초록반	251	109	217	577	192.33
파랑반	376	234	238	848	282.67
노랑반	184	176	139	499	166.33
합계					

장터 판매물품 중 가장 많은 물품 수 :

5 같은 방법으로 블록 계산식을 이용하여 판매물품별 합계를 구하기 위해 다음과 같이 셀 영역을 드래그하여 블록으로 지정한 후 [표 레이아웃] 메뉴의 [블록 계산식]-[블록 합계]를 클릭합니다.

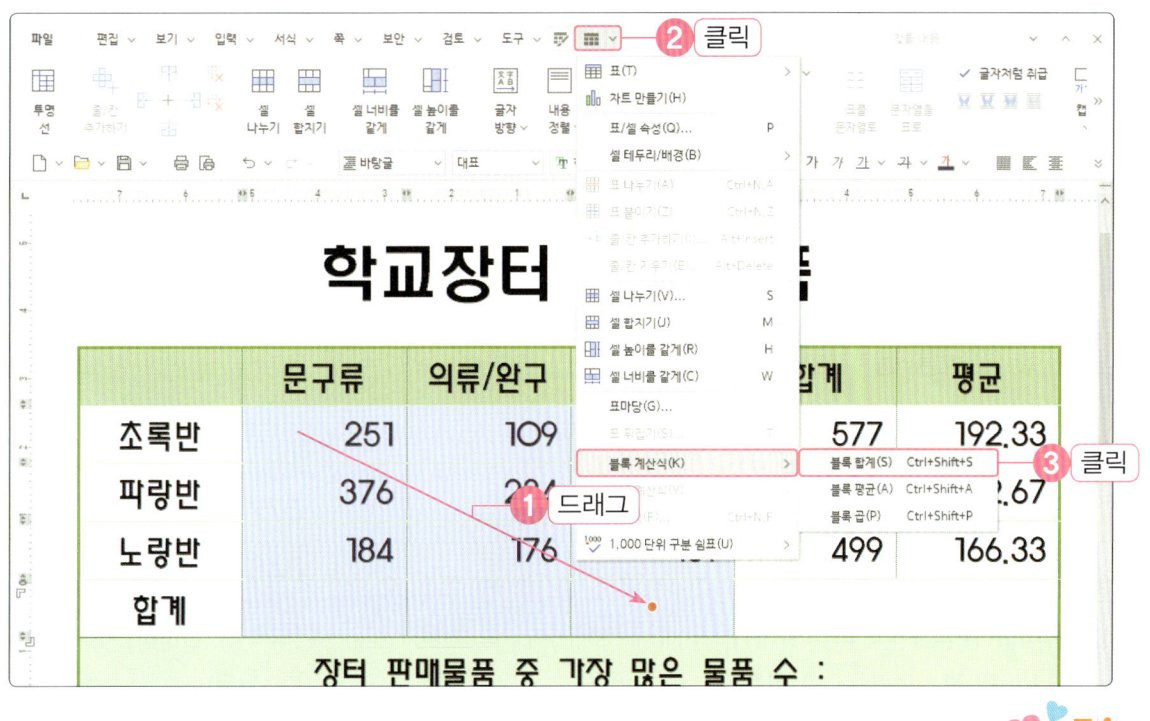

표의 입력값 수정
표 안의 계산식을 이용하여 표시된 결과값은 「 」로 표시되며, 입력값이 수정되면 계산된 결과값도 자동으로 변경되어 표시됩니다.

6 키보드의 Esc를 눌러 블록 지정을 해제하면 판매물품별 합계가 화면에 표시됩니다.

	문구류	의류/완구	생활용품	합계	평균
초록반	251	109	217	577	192.33
파랑반	376	234	238	848	282.67
노랑반	184	176	139	499	166.33
합계	811	519	594		

장터 판매물품 중 가장 많은 물품 수 :

메뉴 및 단축키를 이용한 블록 계산식 사용하기
- 블록 합계 : [표 레이아웃] 메뉴의 [블록 계산식]-[블록 합계] 또는 Ctrl+Shift+S를 누릅니다.
- 블록 평균 : [표 레이아웃] 메뉴의 [블록 계산식]-[블록 평균] 또는 Ctrl+Shift+A를 누릅니다.
- 블록 곱 : [표 레이아웃] 메뉴의 [블록 계산식]-[블록 곱] 또는 Ctrl+Shift+P를 누릅니다.

THEME 02 함수를 이용한 계산식 사용하기

1 판매 물품 중 가장 많은 물품을 구하기 위해 표의 맨 아래줄에서 '장터 판매물품 중 가장 많은 물품 수 :' 내용 뒤에 커서를 위치한 후 [표 레이아웃] 탭의 [계산식]을 클릭합니다.

2 [계산식] 대화상자가 표시되면 함수(MAX(..))를 선택한 후 계산식 항목에 함수(MAX( ))가 표시되면 괄호 안의 인수에 "B2:D4"를 입력한 다음 [설정] 단추를 클릭합니다.

3 커서가 위치한 셀에 물품 목록(B2:D4) 중에서 가장 많은 물품의 수가 표시됩니다.

	문구류	의류/완구	생활용품	합계	평균
초록반	251	109	217	577	192.33
파랑반	376	234	238	848	282.67
노랑반	184	176	139	499	166.33
합계	811	519	594		
장터 판매물품 중 가장 많은 물품 수 : 376					

THEME 03 빈 셀에 대각선 표시하기

1 표 안의 빈 셀에 대각선을 표시하기 위해 다음과 같이 빈 셀에서 F5를 눌러 셀을 선택한 후 키보드의 L을 누릅니다.

	문구류	의류/완구	생활용품	합계	평균
초록반	251	109	217	577	192.33
파랑반	376	234	238	848	282.67
노랑반	184	176	139	499	166.33
합계	811	519	594		
장터 판매물품 중 가장 많은 물품 수 : 376					

❶ 클릭 후 F5 누름, L 누름

2 [셀 테두리/배경] 대화상자가 표시되면 [대각선] 탭에서 종류(실선), 굵기(0.1), 색(초록) 등을 지정한 후 대각선 모양(◣, ◸)을 선택한 다음 [설정] 단추를 클릭합니다.

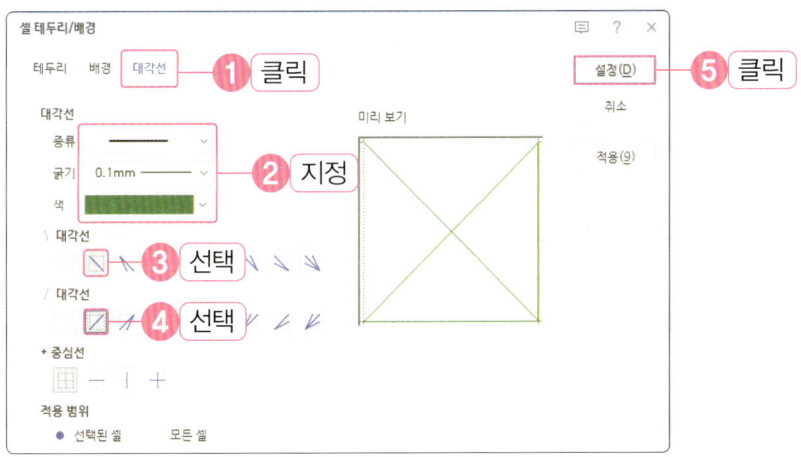

3 커서가 위치한 빈 셀에 설정한 대각선 모양이 표시됩니다.

학교장터 판매물품

	문구류	의류/완구	생활용품	합계	평균
초록반	251	109	217	577	192.33
파랑반	376	234	238	848	282.67
노랑반	184	176	139	499	166.33
합계	811	519	594	✕	✕
장터 판매물품 중 가장 많은 물품 수 : 376					

Jump! Jump!

01 '용돈기입장' 파일을 열고 표계산 기능을 이용하여 다음과 같이 문서를 완성해 보세요.
  ❶ 블록 계산식 및 계산식을 이용하여 합계 및 평균, 최대비용, 최저비용 등의 결과값을 표시
  ❷ 표의 맨 마지막 줄 끝 합쳐진 셀에 대각선을 표시

용돈 기입장

구분	1월	2월	3월	평균	최대비용	최저비용
용돈	3,000	4,000	12,000			
준비물	6,000	15,000	3,600			
간식비	12,000	9,800	9,000		❶	
책	10,500	8,000	3,600			
친구선물	2,500	6,000	7,000			
저금	2,030	4,000	4,500			
합계		❶			❷	

Hint

최대비용 및 최저비용 계산하기
- **최대비용** : [F2] 셀에서 ▦▾[계산식]-[계산식]을 선택, 함수(MAX) 선택 및 계산식(=MAX(B2:D2))을 입력
- **최저비용** : [G2] 셀에서 ▦▾[계산식]-[계산식]을 선택, 함수(MIN) 선택 및 계산식(=MIN(B2:D2))을 입력

구분	1월	2월	3월	평균	최대비용	최저비용
용돈	3,000	4,000	12,000	6,333.33	12,000	3,000
준비물	6,000	15,000	3,600	8,200.00	15,000	3,600
간식비	12,000	9,800	9,000	10,266.67	12,000	9,000
책	10,500	8,000	3,600	7,366.67	10,500	3,600
친구선물	2,500	6,000	7,000	5,166.67	7,000	2,500
저금	2,030	4,000	4,500	3,510.00	4,500	2,030
합계	36,030	46,800	39,700			

Chapter 12 표 스타일 변경하기

학습 목표
- ◆ 표 스타일 변경 방법에 대해 알아봅니다.
- ◆ 셀 크기에 맞게 그림 삽입하는 방법에 대해 알아봅니다.
- ◆ 표의 캡션 삽입 방법에 대해 알아봅니다.

한글 2022의 표 작성 과정에서 이전 버전에서는 사용할 수 없었던 기능이 바로 표 스타일 기능입니다. 표의 테두리 및 배경 등 다양한 서식을 미리 변경하여 표 스타일을 목록으로 제공하며, 표 스타일 선택으로 간단하게 적용할 수 있는 기능입니다. 그럼 사용 방법을 알아볼까요?

Preview

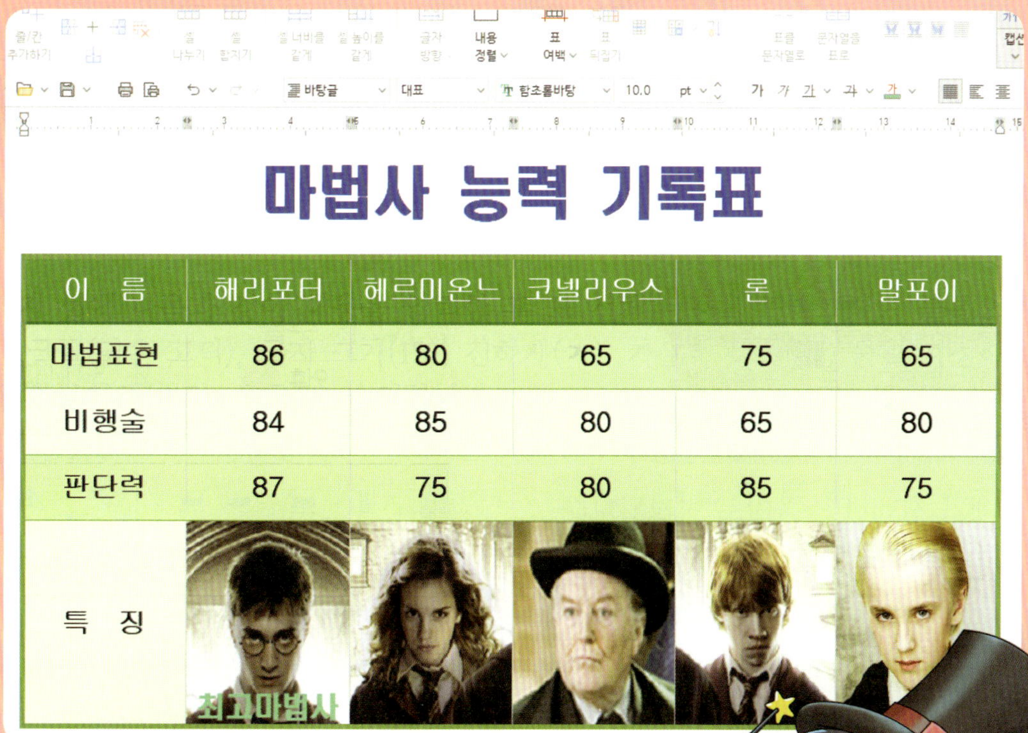

THEME 01 표 스타일 변경하기

1 '마법능력' 파일을 열고 표 개체를 선택한 후 [표 디자인] 탭에서 [자세히]를 클릭한 다음 표 스타일 목록이 표시되면 [보통 스타일 2 - 초록 색조]를 클릭합니다.

Tip 표 스타일 지정하기
표 스타일이란 테두리 및 배경 등 표 개체에 적용할 수 있는 다양한 디자인을 미리 지정해 놓은 스타일 목록으로 원하는 스타일을 선택하면 표 개체에 테두리 및 배경 등을 한꺼번에 바꿀 수 있습니다.

2 표 개체가 선택한 스타일로 변경됩니다.

마법사 능력 기록표

이 름	해리포터	헤르미온느	코넬리우스	론	말포이
마법표현	86	80	65	75	65
비행술	84	85	80	65	80
판단력	87	75	80	85	75
특 징					

Tip 기본 표 스타일로 변경하기
표 개체를 선택한 후 [표 디자인] 탭에서 [자세히]를 클릭한 다음 목록에서 [일반 - 기본]을 선택하면 기본 표 스타일로 바뀝니다.

③ 제목행의 테두리 색을 변경하기 위해 드래그하여 블록으로 지정한 후 [표 디자인] 탭에서 [테두리 굵기]-[0.5mm]를 클릭합니다.

④ [표 디자인] 탭에서 [테두리 색]-[초록]을 선택한 후 [테두리]-[아래]를 클릭하면 제목행 아래쪽 테두리의 셀 테두리 색(초록) 및 굵기(0.5)가 수정되어 표시됩니다.

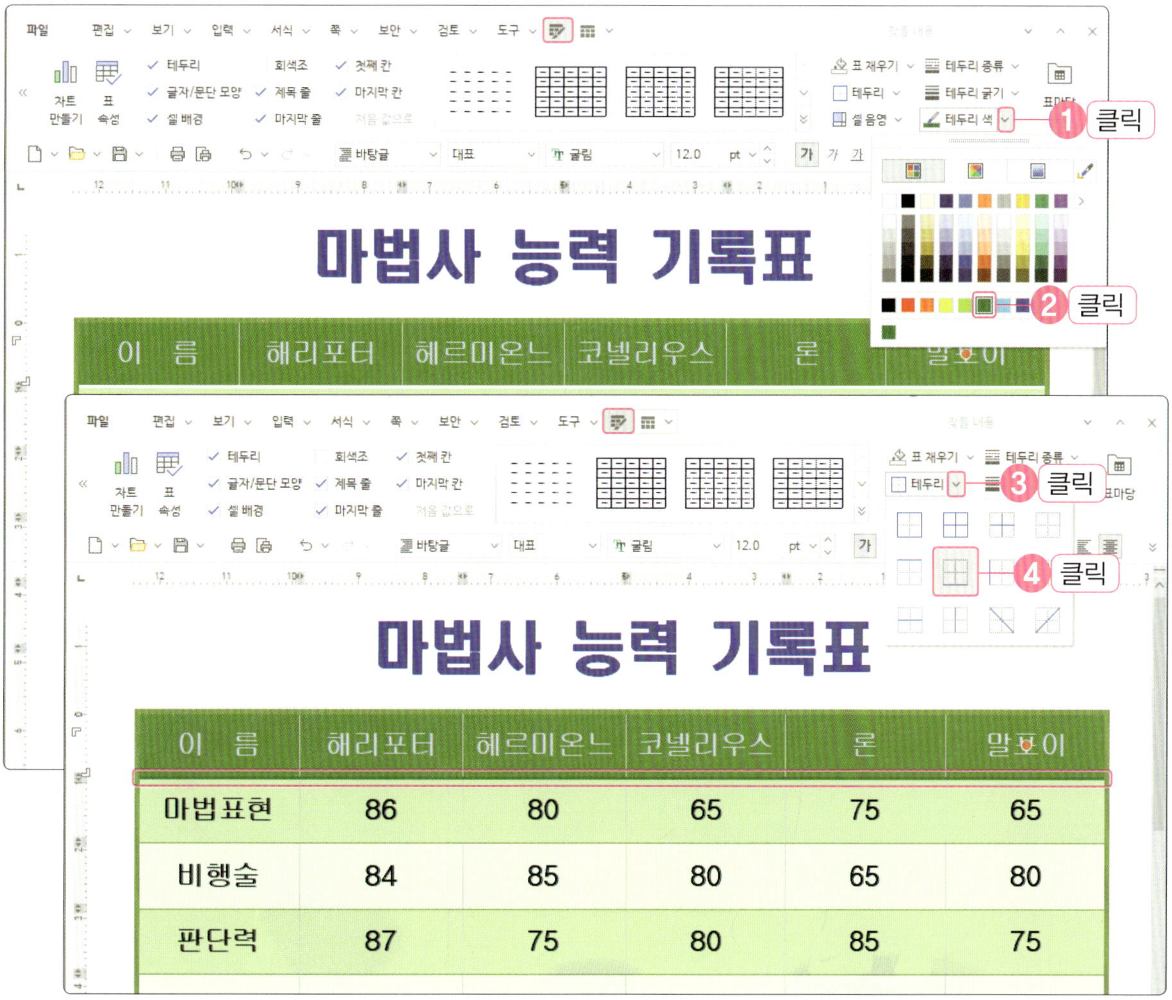

THEME 02 셀 크기 변경 및 그림 삽입하기

1 표의 마지막 줄의 빈 셀 영역을 드래그하여 블록으로 지정한 후 [표 디자인] 탭에서 [표 속성]을 클릭합니다.

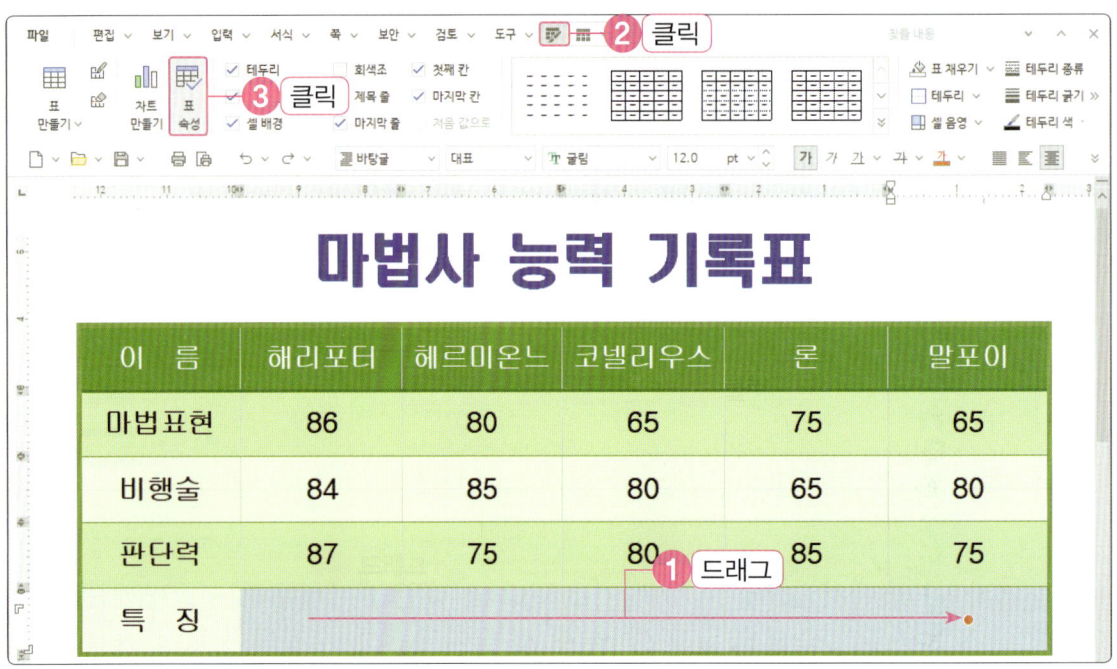

2 [표/셀 속성] 대화상자가 표시되면 [셀] 탭에서 [셀 크기 적용]을 클릭하여 선택한 후 높이(30)를 수정하고 세로 정렬([아래])을 클릭한 다음 [설정] 단추를 클릭합니다. 블록 지정한 셀의 크기 및 세로 정렬 방식이 수정됩니다.

③ 해리포터의 특징에 해당하는 셀(B5)을 클릭한 후 F5 를 눌러 셀을 선택한 다음 [표 디자인] 탭에서 [표 채우기]-[다른 채우기]를 클릭합니다.

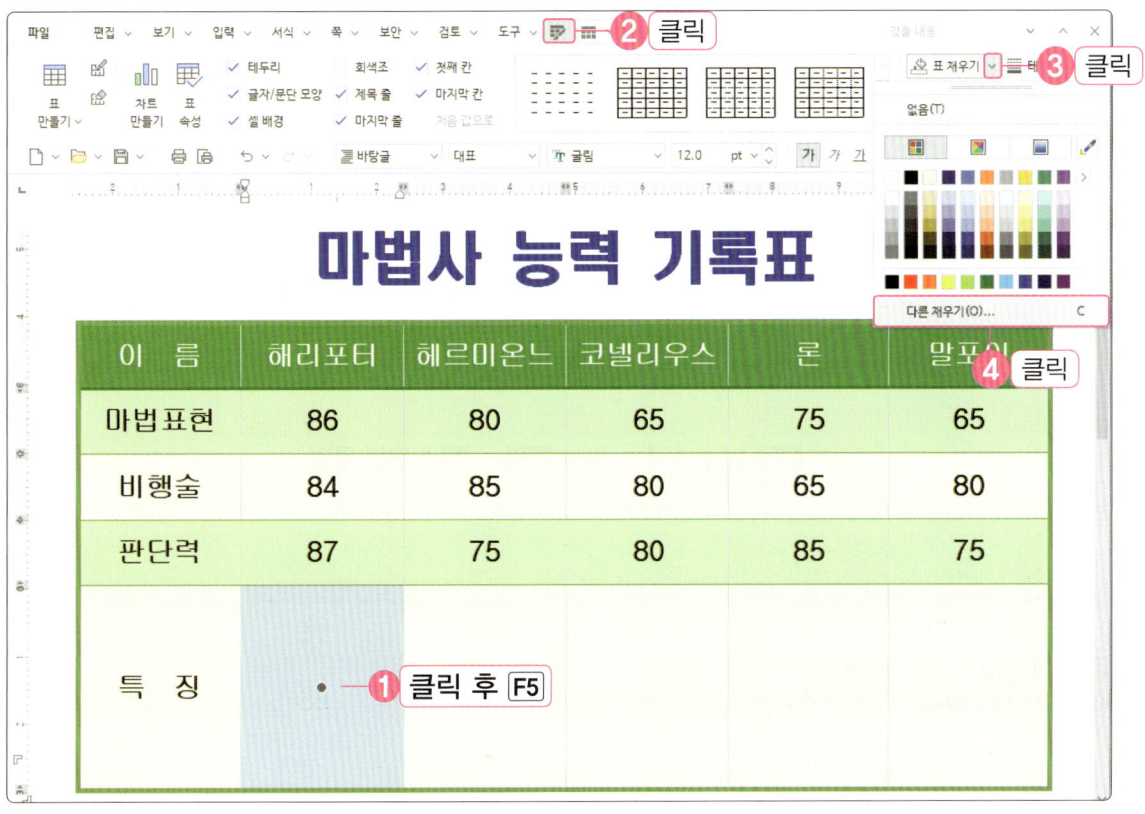

④ [셀 테두리/배경] 대화상자의 [배경] 탭이 표시되면 [그림]을 클릭하여 체크한 후 [그림 선택]을 클릭합니다.

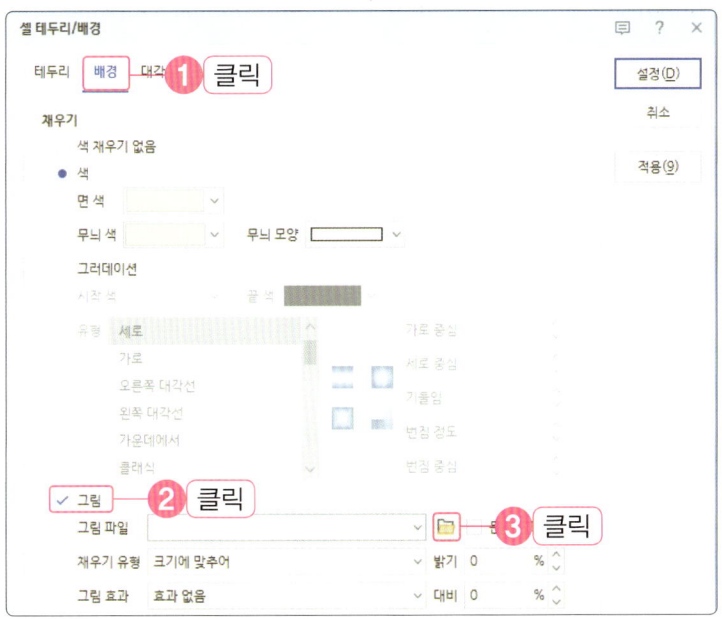

⑤ [그림 넣기] 대화상자가 표시되면 찾는 위치(Chapter12) 및 파일 이름(해리포터)을 선택한 후 [문서에 포함]을 클릭하여 체크한 다음 [열기] 단추를 클릭합니다.

6 [셀 테두리/배경] 대화상자가 다시 표시되면 채우기 유형(크기에 맞추어)을 확인한 후 [설정] 단추를 클릭합니다.

7 선택한 셀의 배경이 지정한 그림으로 채워집니다. 같은 방법으로 나머지 셀에 그림을 채우고 해리포터 그림이 표시된 셀에 내용(최고마법사)을 입력한 후 글꼴(HY헤드라인M), 글자 크기(12), 진하게(가), 글자색(초록 40% 밝게), 가운데 정렬(≡) 등을 지정합니다.

알아두면 실력튼튼

표에 캡션 넣기

캡션이란 표나 그림, 글상자 등의 개체에 붙여주는 이름으로 [표 레이아웃] 탭에서 [캡션]을 클릭한 후 목록에서 캡션 위치를 지정하고 캡션 이름을 입력하여 표시할 수 있습니다.

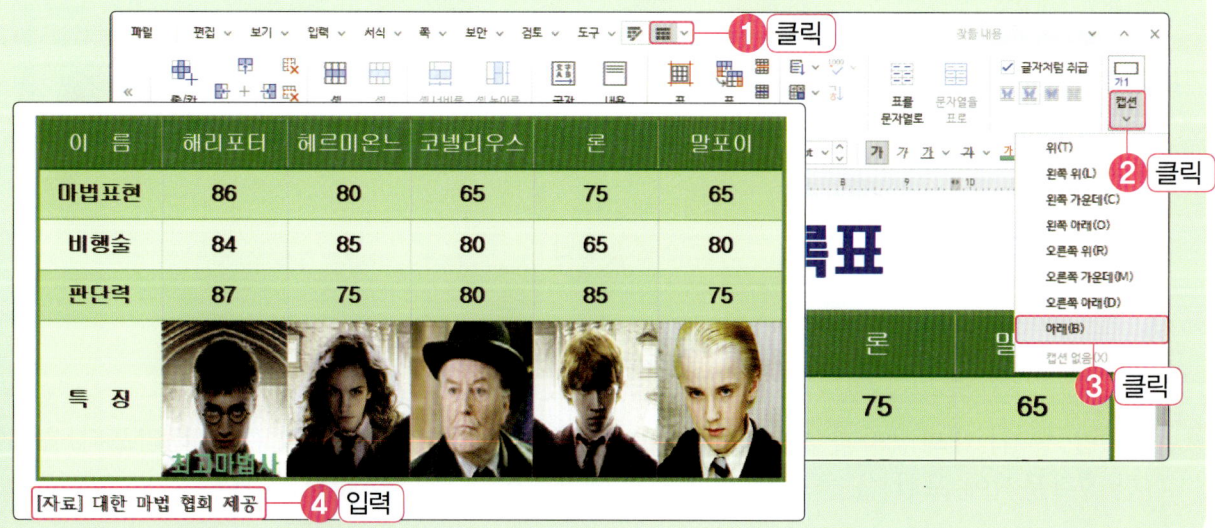

82 한글 2022

01 '역대인물.hwpx' 파일을 열고 다음과 같이 표를 수정해 보세요.

❶ **표 스타일** : 표 개체에 표 스타일(▦[밝은 스타일 2 – 분홍 색조])을 지정한 후 제목 아래쪽 줄 셀 테두리 굵기(0.5), 셀 테두리 색(남색 50% 어둡게)

❷ **셀 높이 지정 및 그림 표시** : 셀 높이(25)를 수정 후 셀 배경으로 그림(왕건.jpg, 대조영.jpg, 주몽.jpg)을 셀 크기에 맞게 표시

❸ **셀에 내용 입력** : 결과화면을 참고하여 내용 및 정렬 후 글꼴(휴먼모음T), 글자 크기(12), 진하게 등 서식을 지정

❹ **캡션 지정** : 표 개체의 위쪽에 결과화면을 참고하여 캡션 내용을 입력한 후 글꼴(맑은 고딕), 글자 크기(12), 진하게(가), 오른쪽 정렬(≣) 등 서식을 지정

한국의 역대인물

❹ [참고] 네이버 사전

❶ 구분	프로필	설명
❷❸ 고 려	왕건(王建) 877(신라 헌강왕3)~943(태조 26) ▶ 고려 제1대왕 ▶ 재위 918~943	성은 왕(王). 이름은 건(建). 자는 약천(若天). 아버지는 금성태수 융(隆)이며, 어머니는 한씨(韓氏)이다. 송악(개성)에서 출생하였다.
발 해	고왕(高王) ?~719 ▶ 발해의 시조 ▶ 재위 699~719	본명 대조영(大祚榮). 고구려 유민으로 고구려 멸망 뒤 당나라의 영주지방에 그 일족과 함께 옮겨와 거주하였다.
고 구 려	서기전 58~서기전 19 ▶ 고구려의 시조왕 ▶ 재위 서기전 37~서기전 19	삼국유사 및 삼국사기에는 성이 고씨, 이름은 주몽이라 하였다. 특히 삼국사기에는 '추모' 또는 '상해'라는 이름도 전하고 있다.

Hint

캡션 적용하기
표 개체를 선택한 후 ▦[표 레이아웃] 탭에서 [캡션]-[위]를 클릭한 후 내용을 입력하고 정렬(오른쪽) 및 글꼴 서식을 수정합니다.

Chapter 13
표를 이용하여 차트 만들기

학습 목표
- ◆ 표를 이용하여 차트를 만드는 방법에 대해 알아봅니다.
- ◆ 차트의 스타일 변경 방법에 대해 알아봅니다.
- ◆ 차트의 속성 변경 방법에 대해 알아봅니다.

차트란 표의 내용을 한눈에 알아보기 쉽게 그래프 형식으로 작성할 수 있도록 제공하는 기능입니다. 차트를 만들기 위해서는 표 데이터를 이용하는 방법과 차트 삽입 후 데이터를 수정하는 방법이 있는데 이번 시간에는 표 내용을 이용하여 차트를 작성하는 방법을 알아볼까요?

Preview

구분	국어	영어	수학	과학
1학기	85	90	80	70
2학기	90	80	90	80

성적표

THEME 01 표를 이용한 차트 삽입하기

1 '성적표.hwpx' 파일을 열고 표 내용을 드래그하여 블록으로 지정한 후 [표 디자인] 탭에서 [차트 만들기]를 클릭합니다.

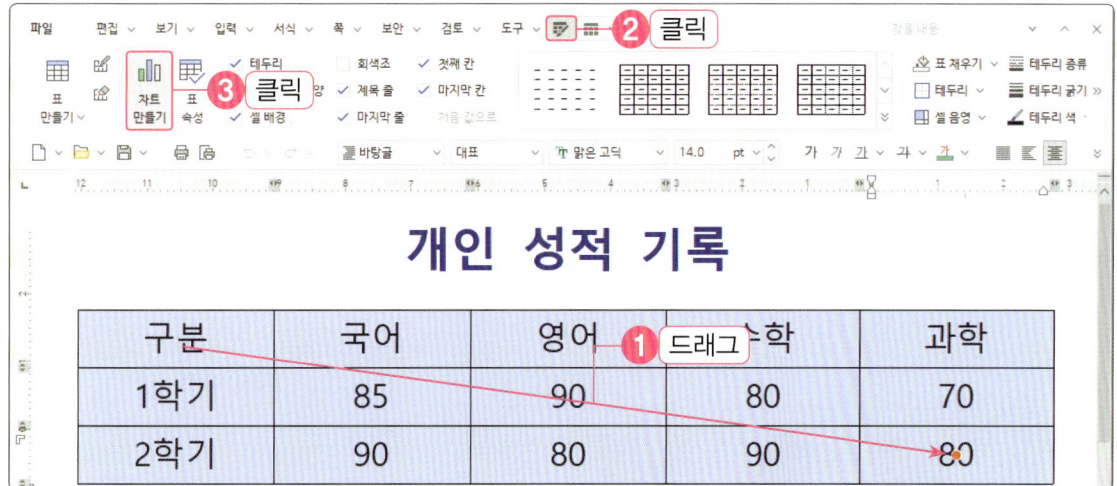

2 차트가 표시되면 [차트 데이터 편집] 대화상자의 ×[닫기]를 클릭 후 [차트 디자인] 탭에서 [줄/칸 전환]을 클릭합니다.

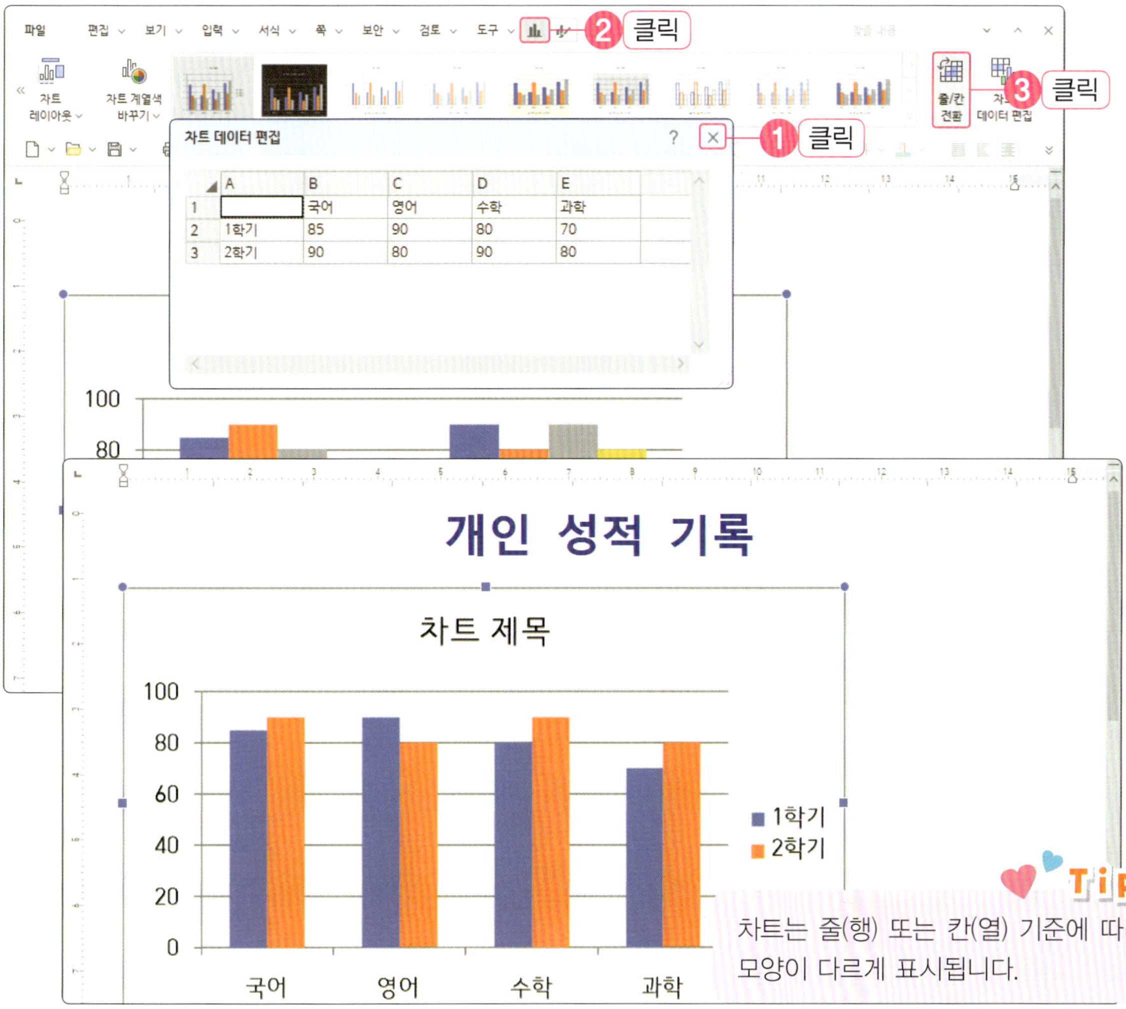

> **Tip**
> 차트는 줄(행) 또는 칸(열) 기준에 따라 모양이 다르게 표시됩니다.

Chapter 13 – 표를 이용하여 차트 만들기 **85**

THEME 02 차트 스타일 변경하기

1 차트 개체가 선택된 상태에서 [차트 디자인] 탭의 스타일 목록에서 [스타일9]를 클릭하면 선택한 차트 스타일로 변경됩니다.

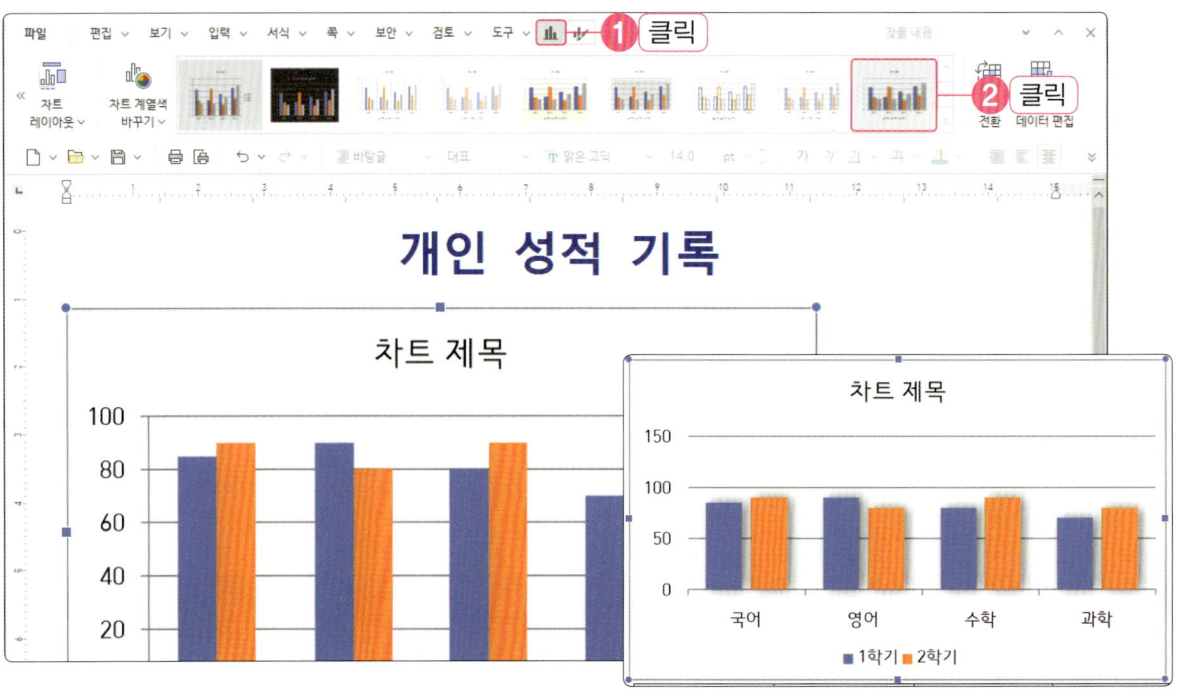

2 [차트 디자인] 탭에서 [차트 계열색 바꾸기]를 클릭 후 원하는 계열색(색3)을 선택하면 해당 계열색으로 차트의 디자인이 수정됩니다.

THEME 03 차트 속성 변경하기

1 차트의 제목을 수정하기 위해 차트 제목에서 바로 가기 메뉴의 [제목 편집]을 클릭합니다.

2 [차트 글자 모양] 대화상자가 표시되면 글자 내용(성적표)을 입력한 후 한글 글꼴(HY중고딕)과 속성(진하게(가)), 크기(14), 글자 색(초록) 등을 지정한 다음 [설정] 단추를 클릭합니다.

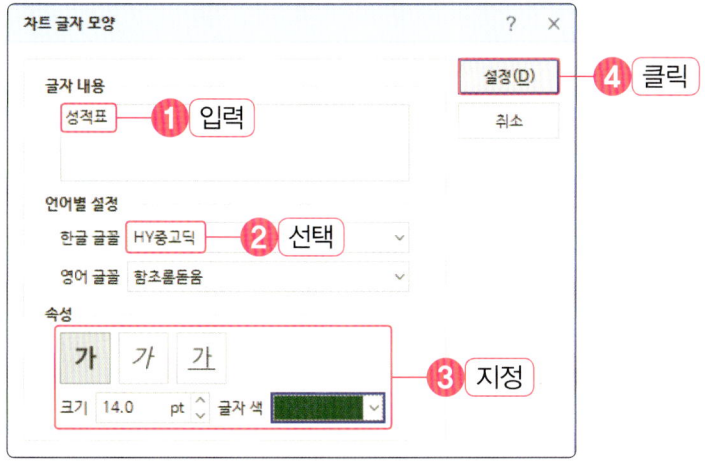

3 차트에 제목이 표시됩니다.

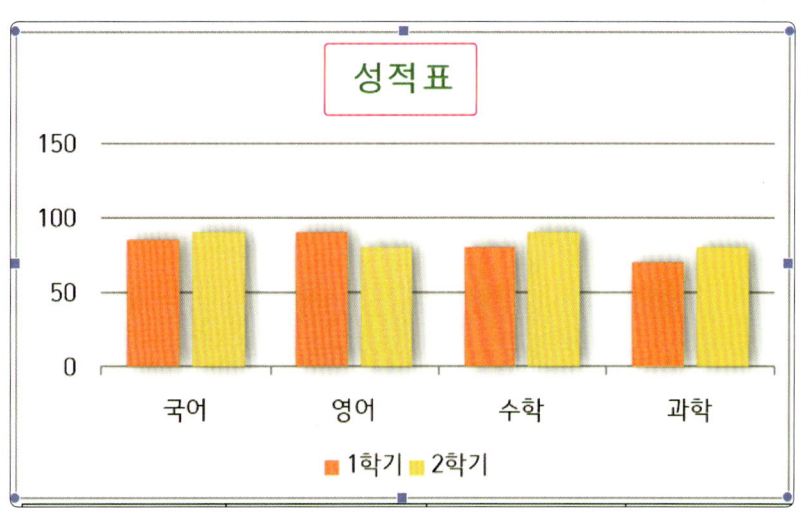

④ 차트의 세로 값 축 단위를 수정하기 위해 세로 축을 더블클릭 후 [개체 속성] 작업창이 표시되면 [축 속성]의 단위(주) 값(20)을 입력한 다음 ×[닫기]를 클릭합니다.

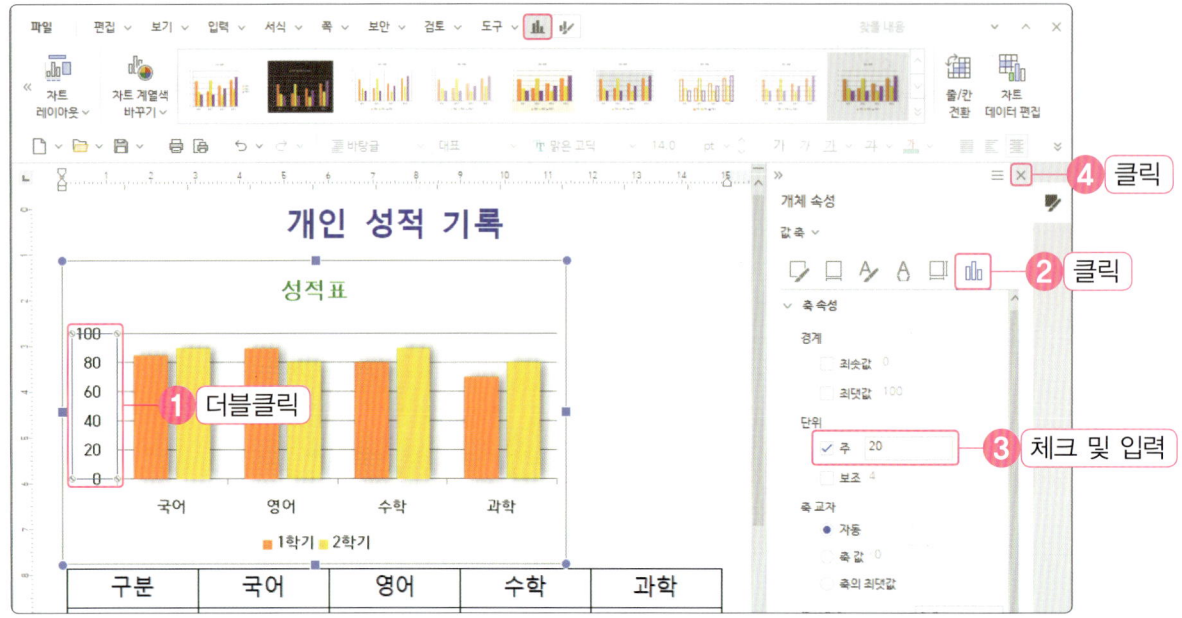

⑤ 차트의 세로 축 값이 수정되면 차트를 아래로 드래그하여 표 아래쪽으로 이동한 후 표 크기에 맞게 드래그하여 크기를 수정합니다.

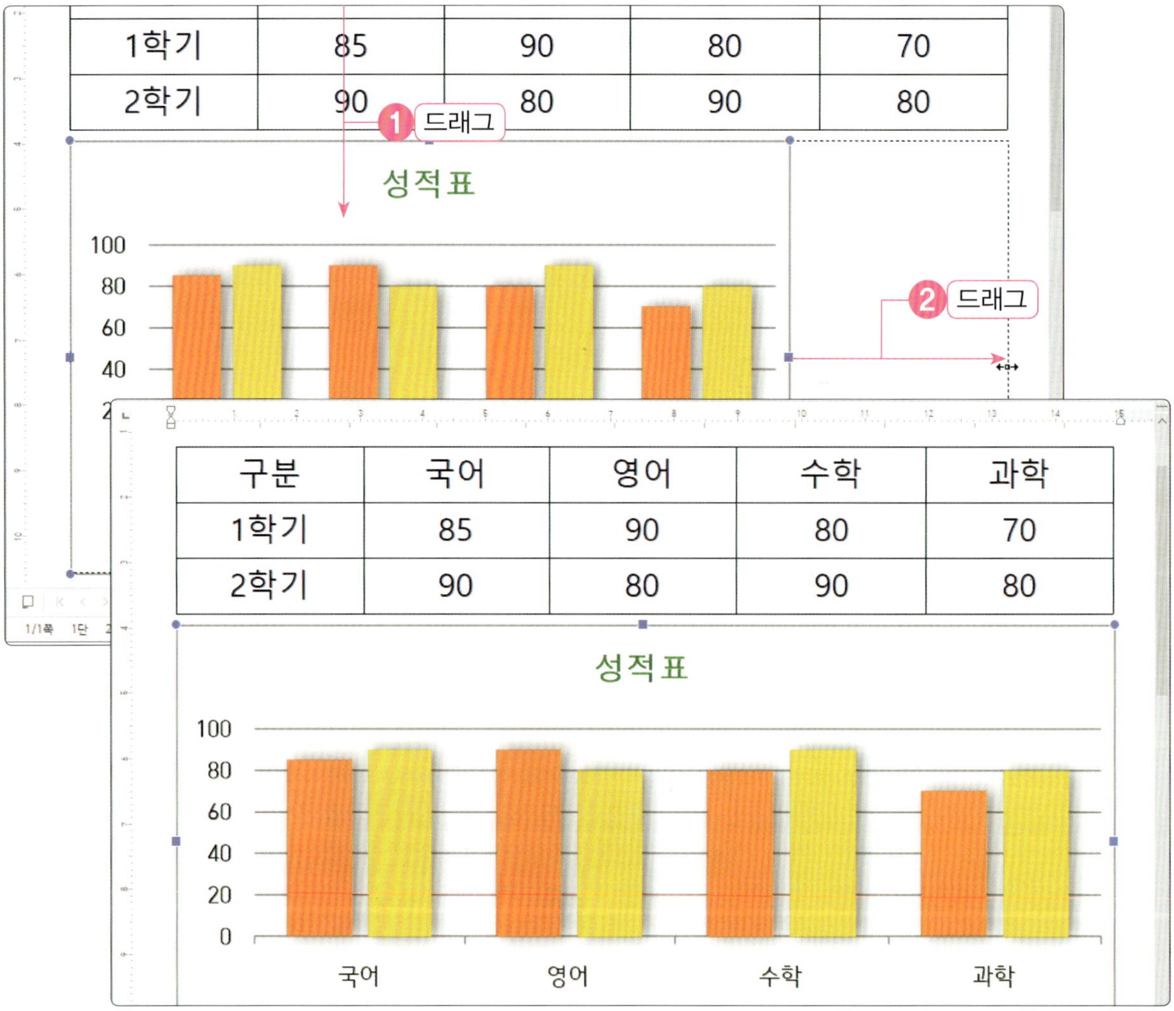

축 제목 편집하기

[차트 디자인] 탭에서 [차트 구성 추가]를 클릭 후 [축 제목] 항목에서 기본 가로/기본 세로 메뉴를 클릭하면 축 제목이 표시됩니다. 축 제목에서 바로 가기 메뉴의 [제목 편집]을 클릭하여 제목 입력 및 글꼴 등을 수정하고 [설정] 단추를 클릭하면 축 제목을 수정할 수 있습니다.

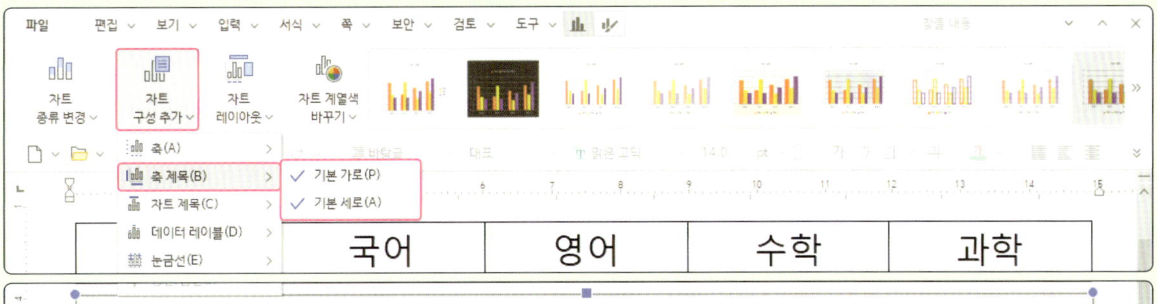

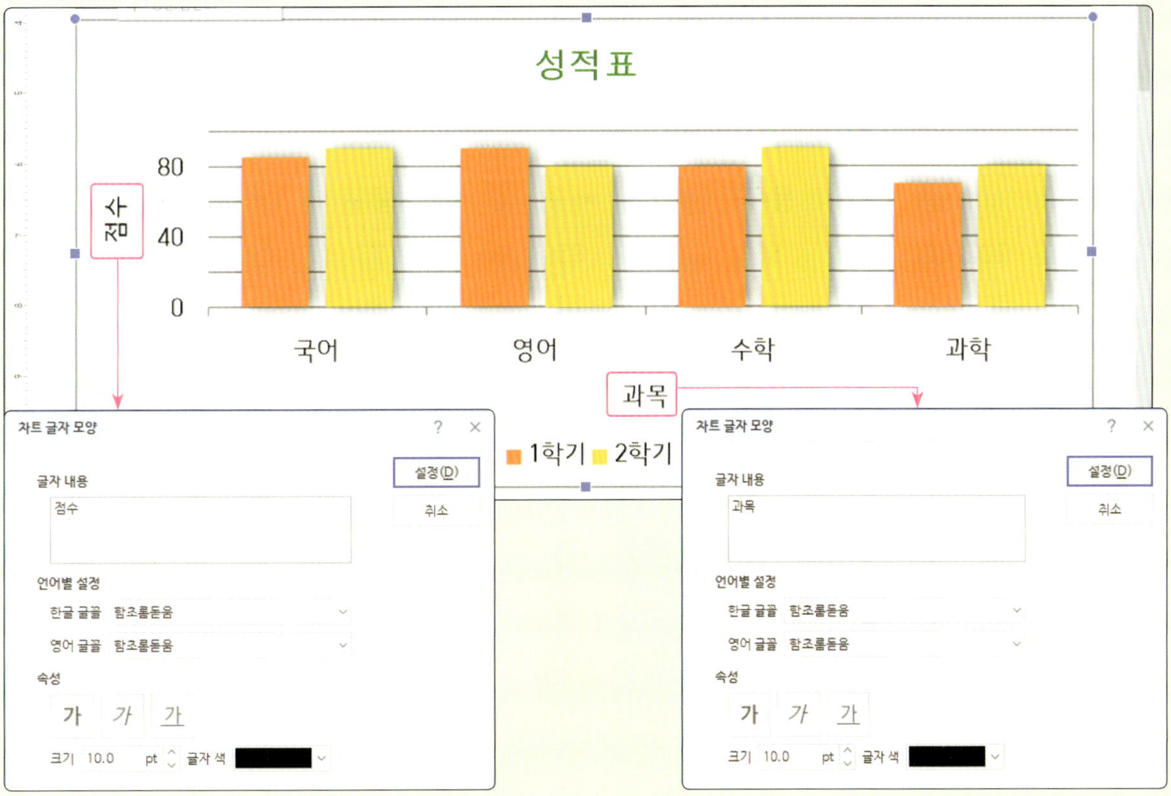

▲ 세로 축 제목의 바로 가기 메뉴에서 [제목 편집]을 클릭 ▲ 가로 축 제목의 바로 가기 메뉴에서 [제목 편집]을 클릭

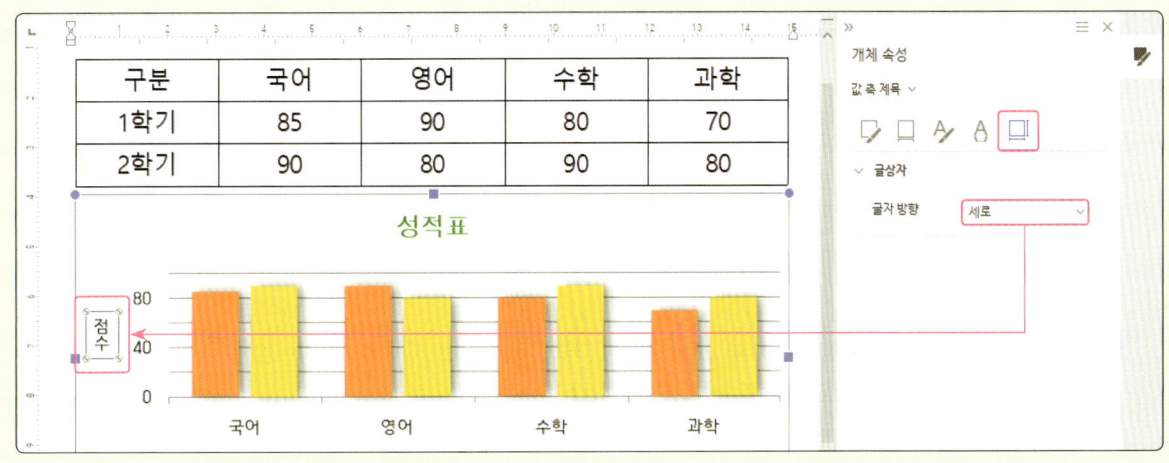

▲ 세로 축 제목 글자 방향은 제목을 더블 클릭 후 [개체 속성] 작업 창에서 [크기 및 속성] 항목에서 수정할 수 있습니다.

Chapter 13 - 표를 이용하여 차트 만들기 **89**

01 '지역별지수' 파일을 열고 표를 이용하여 다음과 같이 차트를 만들어 보세요.

- **차트 만들기** : 표 내용 중 결과화면을 참고하여 일부 내용을 중심으로 차트 만들기
- **차트 스타일** : [스타일5]를 지정
- **차트 제목** : 내용(결과화면 참고), 글꼴(굴림), 크기(14), 진하게(가), 글자 색(파랑)
- **차트 서식** : 제목을 제외한 차트 안에 포함된 서식을 모두 글꼴(굴림), 크기(10pt)로 수정
- **축 설정** : 결과화면을 참고하여 지수의 단위를 '20'으로 수정
- **축 제목** : 결과화면을 참고하여 작성 후 세로 축 제목의 방향을 세로 방향으로 수정
- **차트 크기** : 너비(148mm), 높이(70), 글자처럼 취급

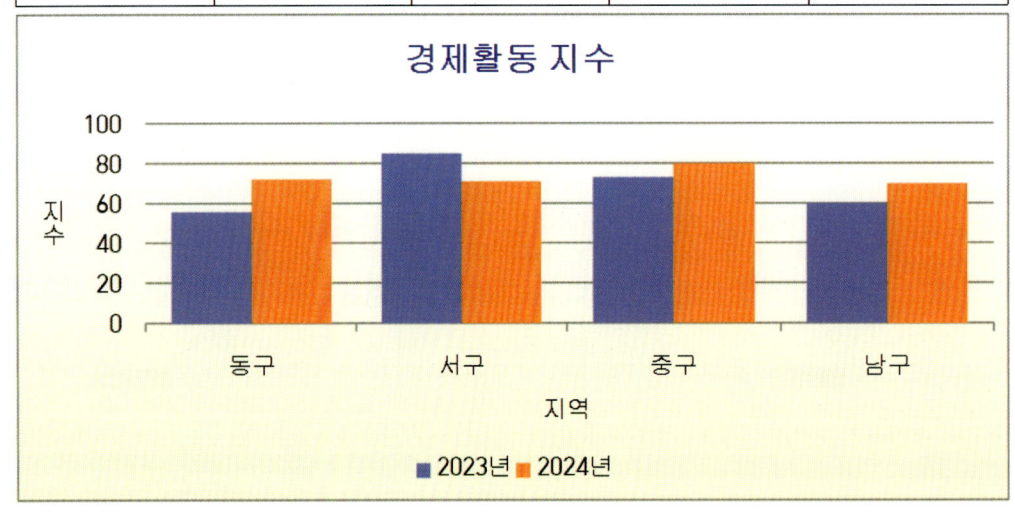

Hint

축 제목 삽입하기

❶ [차트 디자인] 탭에서 [차트 구성 추가]-[축 제목] 항목에서 원하는 축을 선택합니다.

❷ 축 제목이 표시되면 바로 가기 메뉴의 [제목 편집]을 클릭 후 제목 및 글꼴 서식을 수정합니다.

❸ 세로 축 제목의 경우 더블 클릭 후 [개체 속성] 작업 창의 [크기 및 속성] 항목에서 글자 방향을 '세로'로 선택하면 세로 방향으로 수정할 수 있습니다.

Chapter

14 데이터를 입력하여 차트 만들기

학습 목표
◆ 차트에 필요한 데이터를 입력하는 방법에 대해 알아봅니다.
◆ 혼합형 차트의 표현 방법에 대해 알아봅니다.

지난 시간에 이어 이번 시간에도 차트 작성 방법에 대해 알아보겠습니다. 앞에서 표 데이터를 이용하여 차트를 작성했는데 이번 시간에는 표를 이용하지 않고 직접 데이터를 입력하여 차트를 작성하는 방법을 알아볼까요?

Preview

Chapter 14 - 데이터를 입력하여 차트 만들기 **91**

THEME 01 차트 삽입하기

1 한글 프로그램을 실행한 후 새 문서를 열고 [입력] 탭에서 [차트]-[묶은 세로 막대형]을 클릭하여 차트를 삽입합니다.

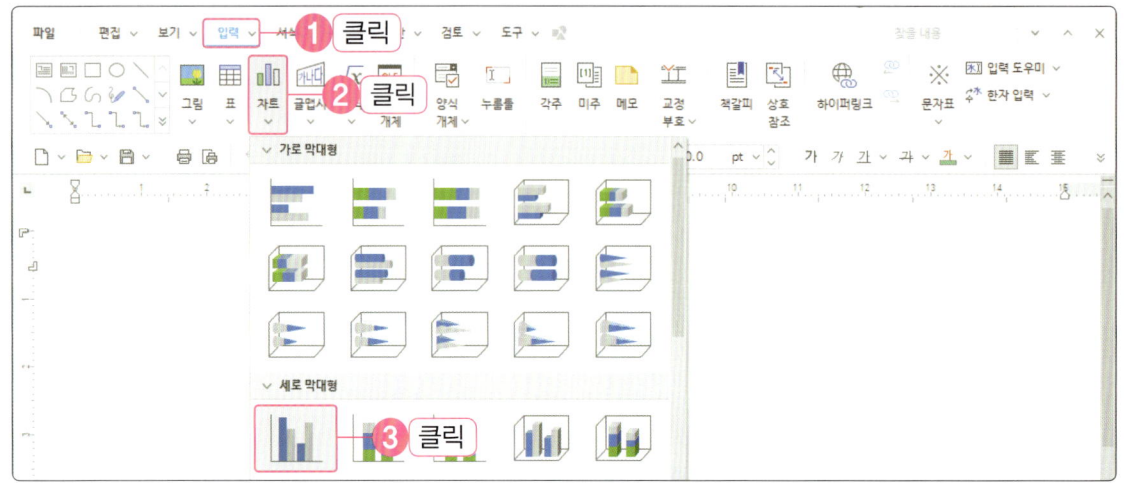

2 [차트 데이터 편집] 대화상자에서 5행의 행 번호 앞에서 바로 가기 메뉴의 [지우기]를 클릭, 항목을 삭제합니다. 같은 방법으로 4행을 하나 더 삭제 후 차트의 내용을 입력합니다.

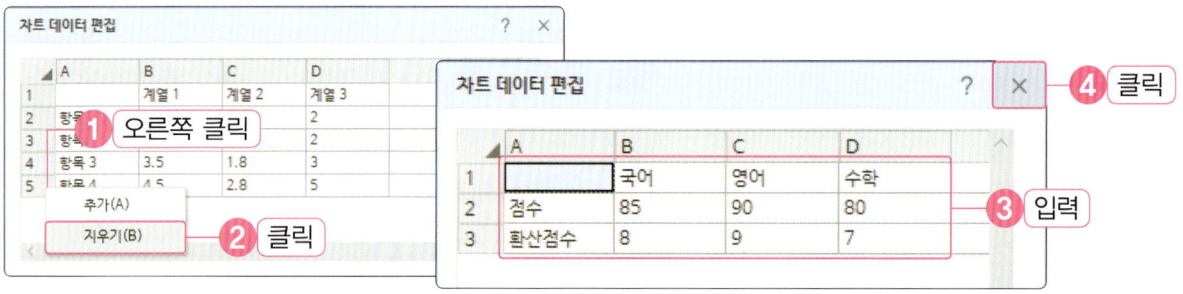

3 차트의 내용이 수정되면 계열과 항목을 전환하기 위해 [차트 디자인] 탭에서 [줄/칸 전환]을 클릭, 차트의 모양을 수정하고 너비를 늘려 크기를 수정합니다.

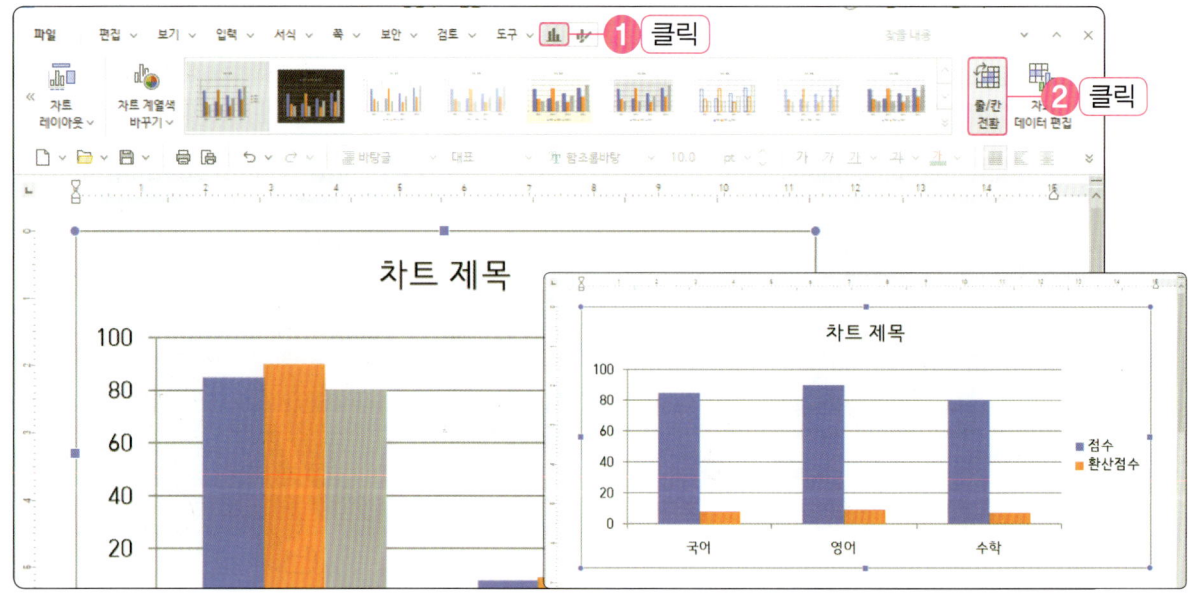

THEME 02 혼합형 차트로 수정 및 보조축 만들기

1 환산점수 계열을 표식이 있는 꺾은선형으로 수정하기 위해 환산점수 계열을 클릭한 후 [차트 디자인] 탭에서 [차트 종류 변경]-[표식이 있는 꺾은선형]을 클릭합니다.

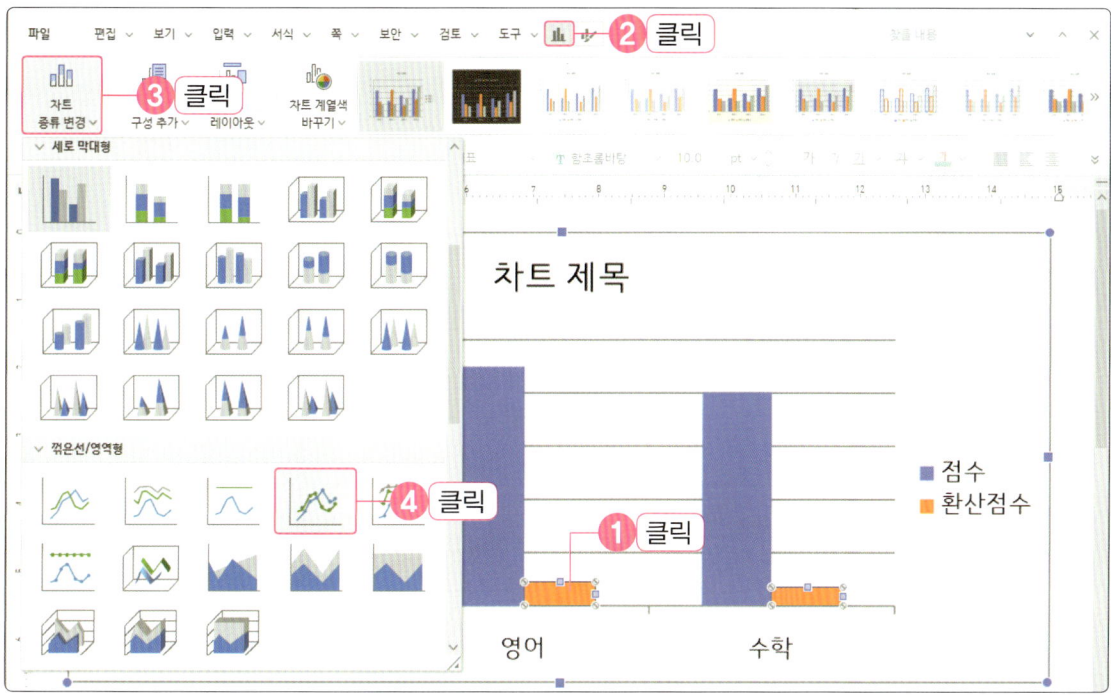

2 환산점수 계열이 표식이 있는 꺾은선형으로 수정되어 화면에 표시됩니다. 환산점수 계열의 꺾은 선형을 보조축으로 하여 눈금을 오른쪽에 표시하기 위해 환산점수 계열을 더블클릭합니다.

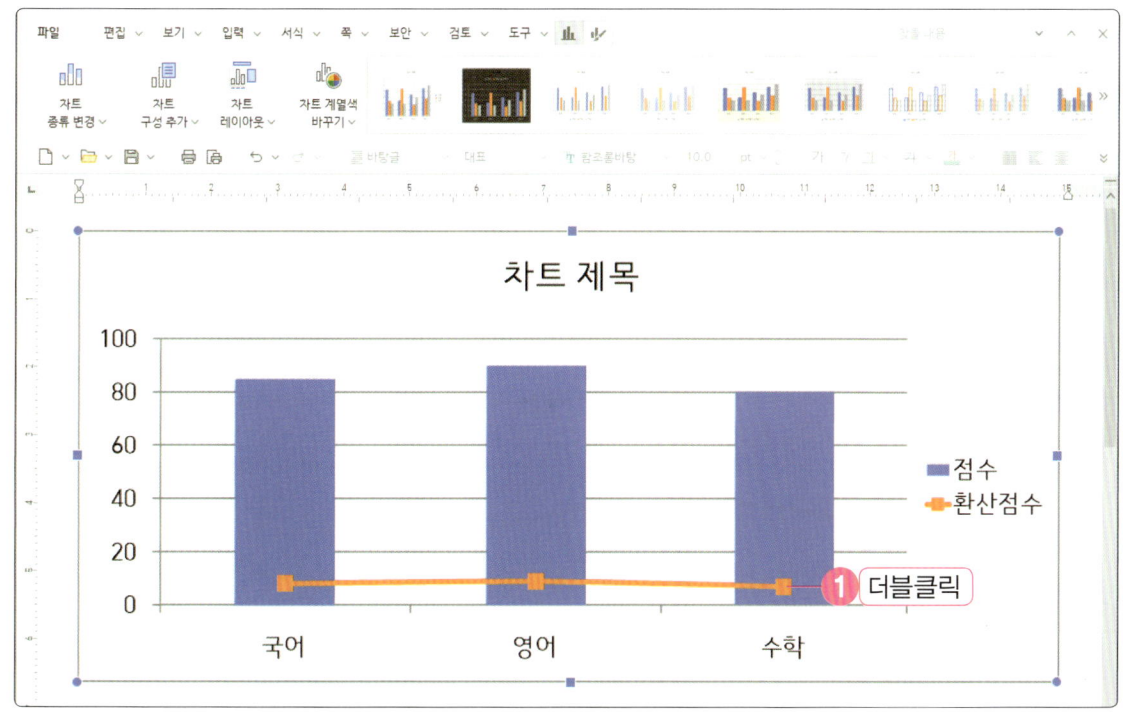

Chapter 14 – 데이터를 입력하여 차트 만들기 **93**

③ 환산점수에 해당하는 [개체 속성] 작업창이 표시되면 [계열 속성]의 데이터 계열 지정을 '보조 축'으로 선택한 후 ×[닫기]를 클릭합니다. 다음과 같이 환산점수 계열의 보조축이 차트 오른쪽으로 표시됩니다.

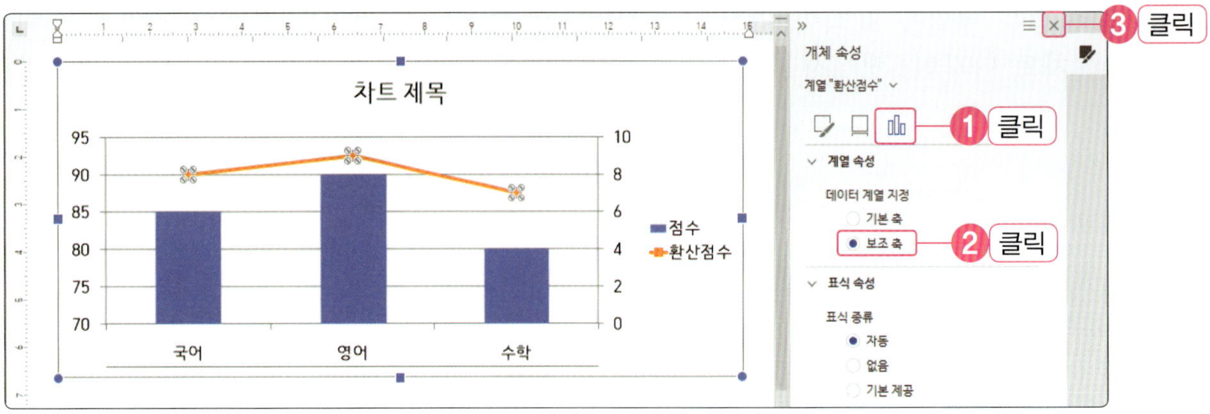

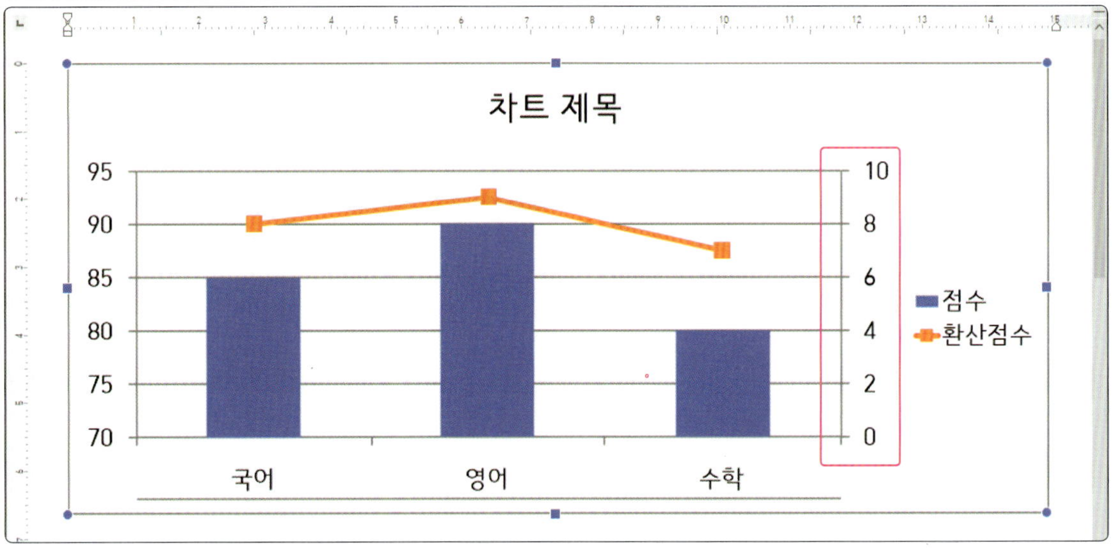

④ 차트에 표시된 점수 및 환산점수 계열의 데이터 레이블 값을 표시하기 위해 [차트 디자인] 탭에서 [차트 구성 추가]-[데이터 레이블]-[표시]를 클릭합니다.

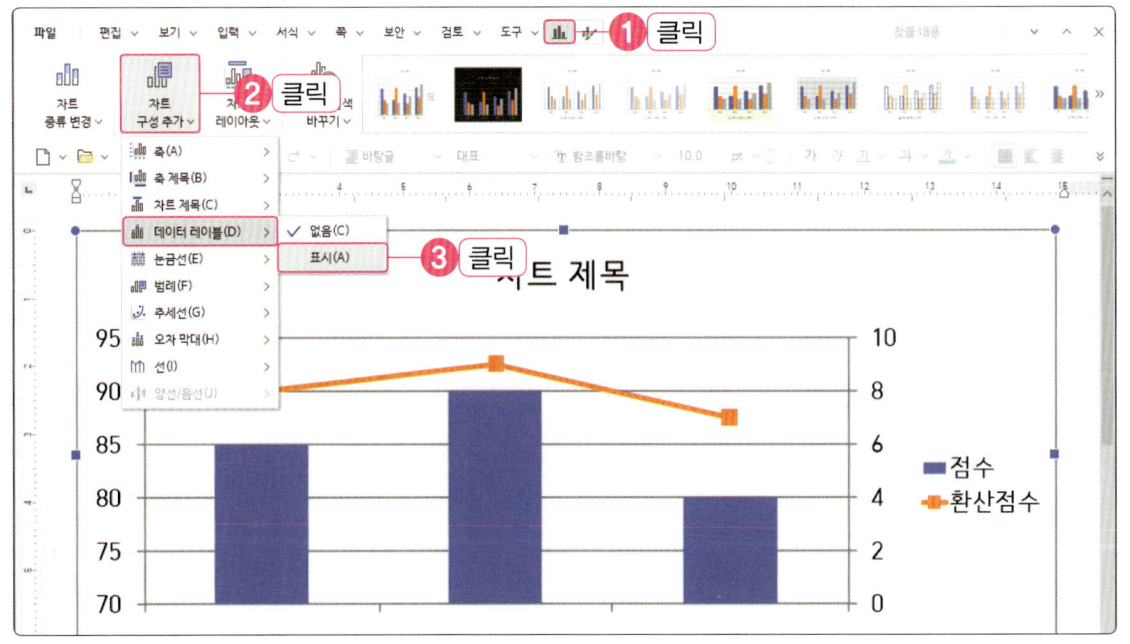

⑤ 점수 및 환산점수 계열의 데이터 레이블 값이 차트 화면에 표시됩니다. 이번에는 차트 영역을 수정하기 위해 차트 영역을 더블클릭합니다.

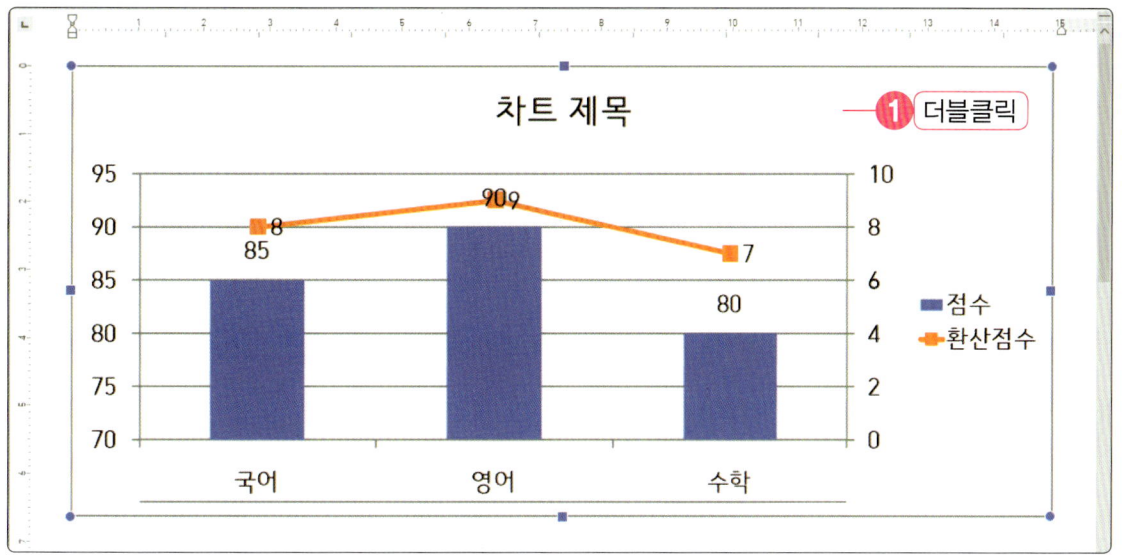

⑥ 차트 영역에 해당하는 [개체 속성] 작업창의 차트 영역이 표시되면 [그리기 속성] 항목의 [채우기]- [단색]을 클릭 후 색(노랑 80% 밝게)을 선택하여 수정합니다.

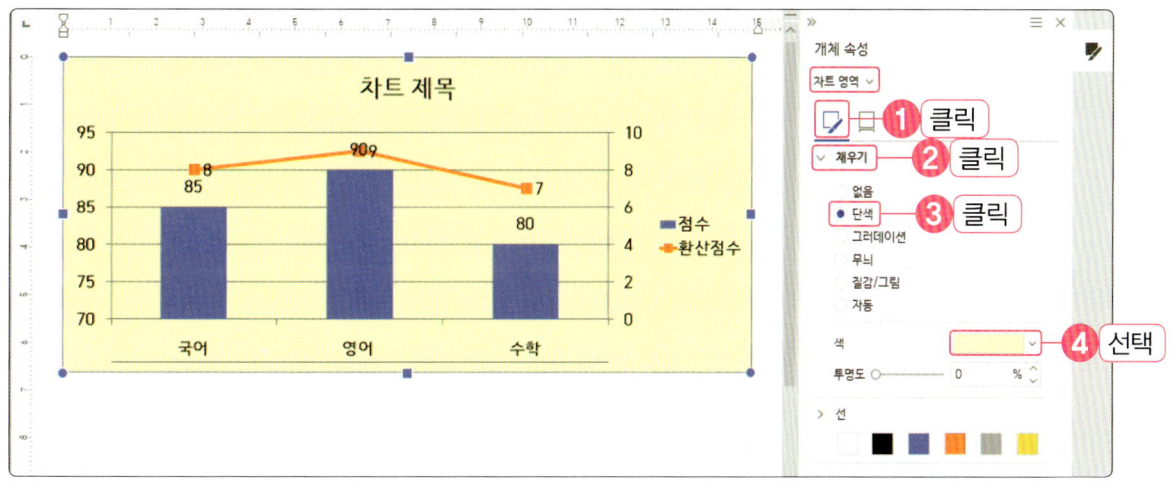

⑦ 그림 영역을 더블클릭한 후 [개체 속성] 작업창의 그림 영역이 표시되면 [그리기 속성] 항목의 [채우기]- [단색]을 클릭 후 색(하양)을 선택하여 수정합니다.

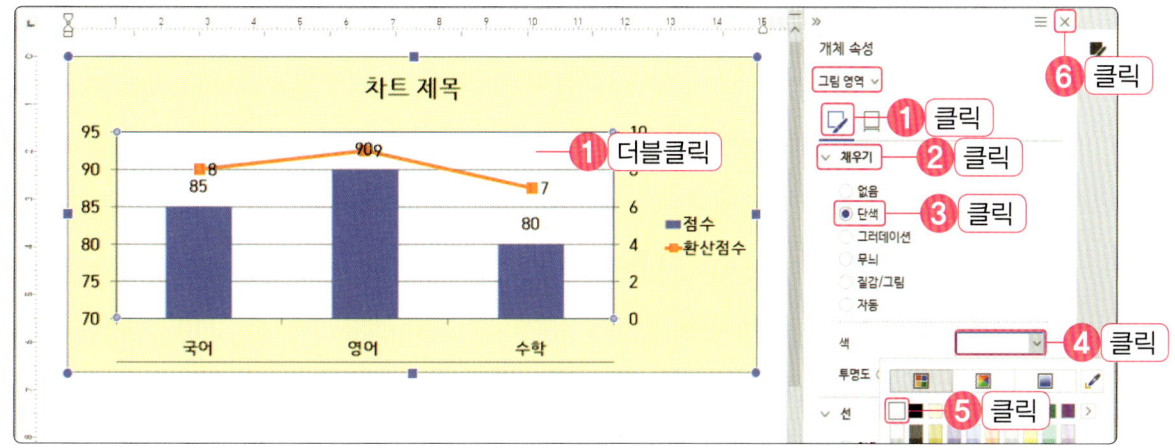

8 그림 영역의 색이 변경됩니다. 차트의 제목을 수정하기 위해 차트 제목에서 바로 가기 메뉴의 [제목 편집]을 클릭합니다.

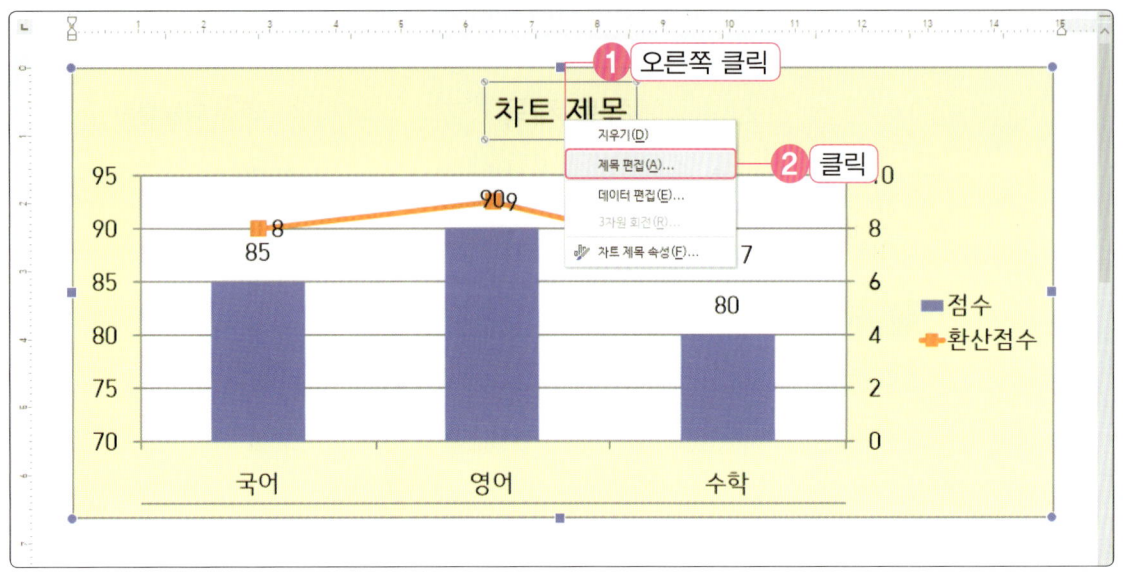

9 [차트 글자 모양] 대화상자가 표시되면 글자 내용(개인 성적 기록)을 입력한 후 [설정] 단추를 클릭합니다. 차트의 제목이 수정되어 표시됩니다.

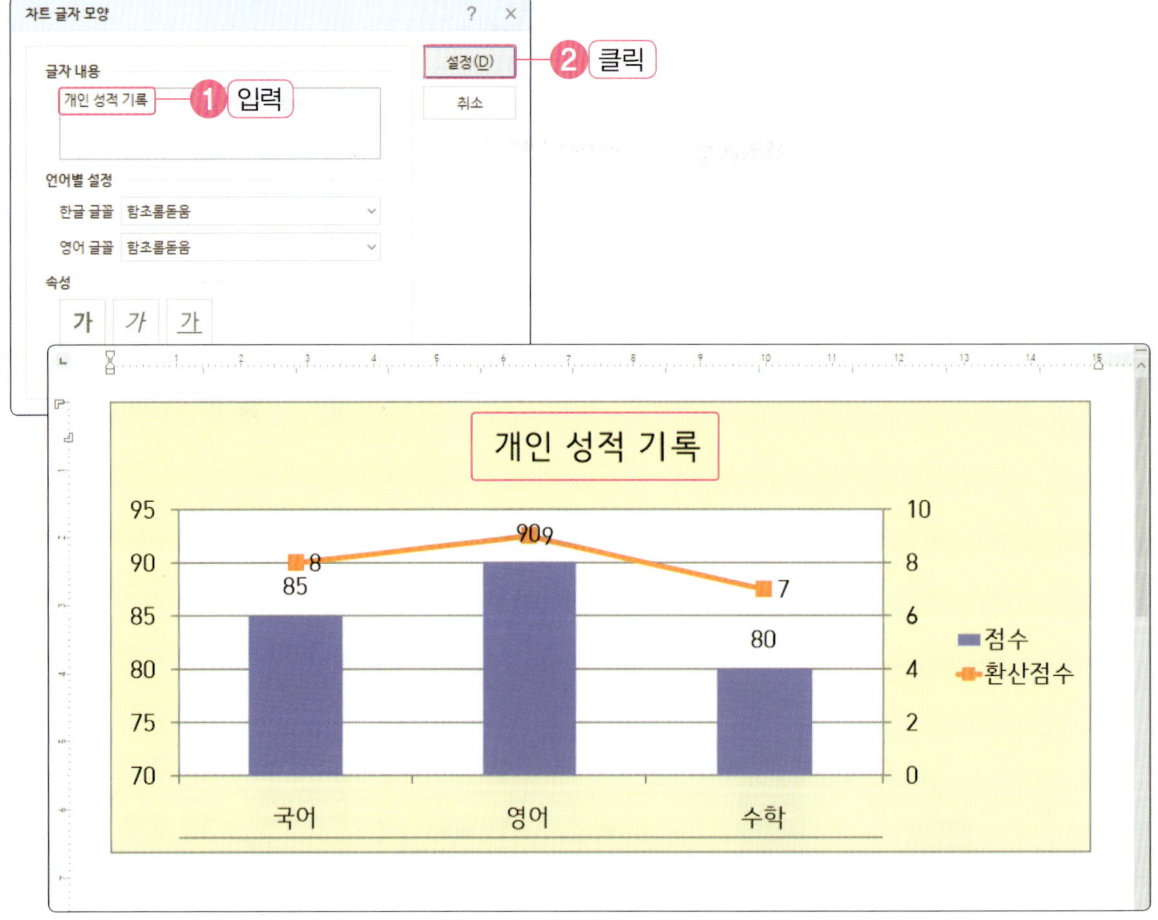

01 한글 프로그램에서 새 문서를 이용하여 다음과 같이 차트를 완성해 보세요.

- **차트 데이터** : 결과화면의 차트 데이터 참고
- **차트 종류** : 방문자수 계열(묶은 세로 막대형)과 스크랩수 계열(표식이 있는 꺾은선형)의 혼합형 차트
- **차트 속성** : 방문자수 및 스크랩수 계열 모두 데이터 레이블 표시
- **차트 영역** : 채우기 - 그러데이션(솜사탕 3) 채우기
- **그림 영역** : 채우기 - 그러데이션(레몬) 채우기
- **차트 크기** : 너비(150), 높이(120), 글자처럼 취급
- **차트 서식** : 제목(맑은 고딕), 크기(12), 진하게(가), 나머지 내용(맑은 고딕), 크기(10)
- **저장** : '블로그성장추이.hwpx'로 저장

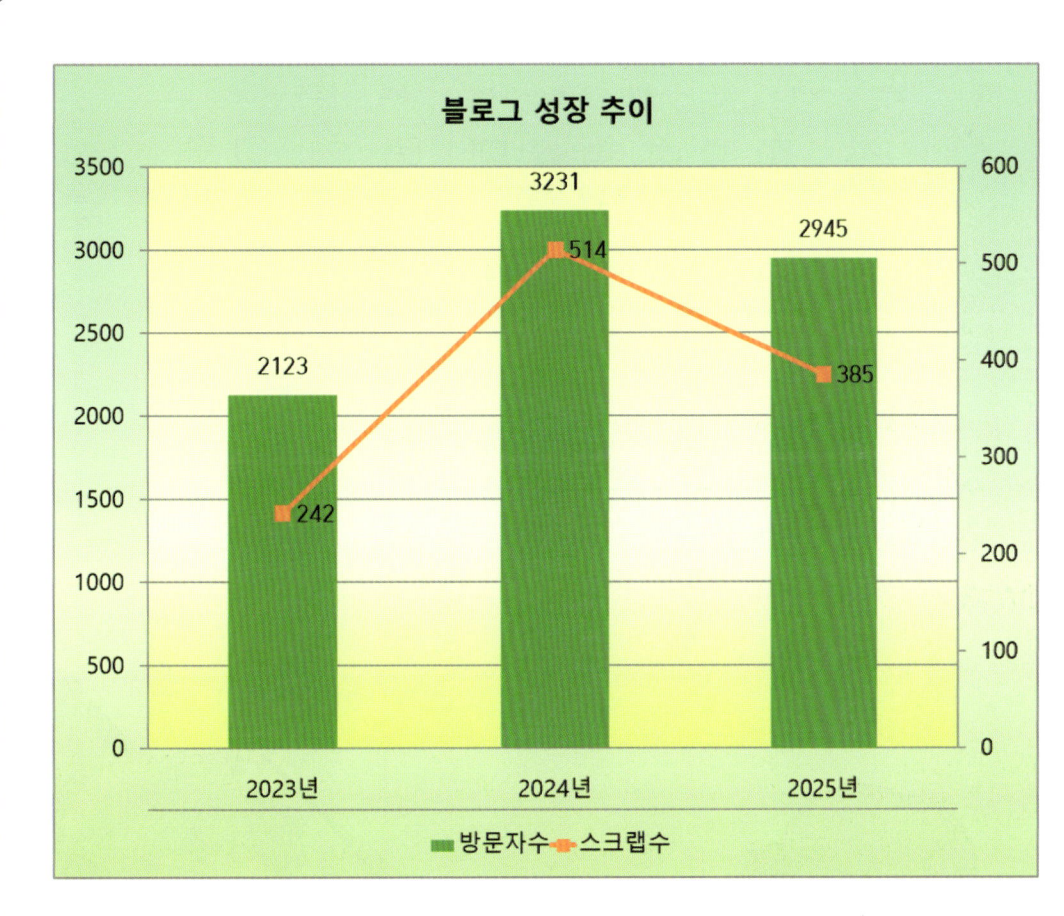

Hint

차트의 크기 변경하기
차트를 선택한 후 [차트 서식] 탭에서 너비(150) 및 높이(120)을 수정한 다음 [글자처럼 취급]을 클릭하여 선택합니다.

Chapter 15 수식 사용하기

- ◆ 수식을 입력하는 방법에 대해 알아봅니다.
- ◆ 복잡한 수식의 입력 방법에 대해 알아봅니다.

한글 2022에서 분수 입력과 같이 수학식을 입력할 때 사용하는 기능이 바로 수식으로 [수식 편집기]를 이용하면 간단한 산술식은 물론 복잡한 수식에 이르기까지 어떤 수학식이라도 손쉽게 작성할 수 있습니다. 그럼 수식의 사용 방법을 알아볼까요?

Preview

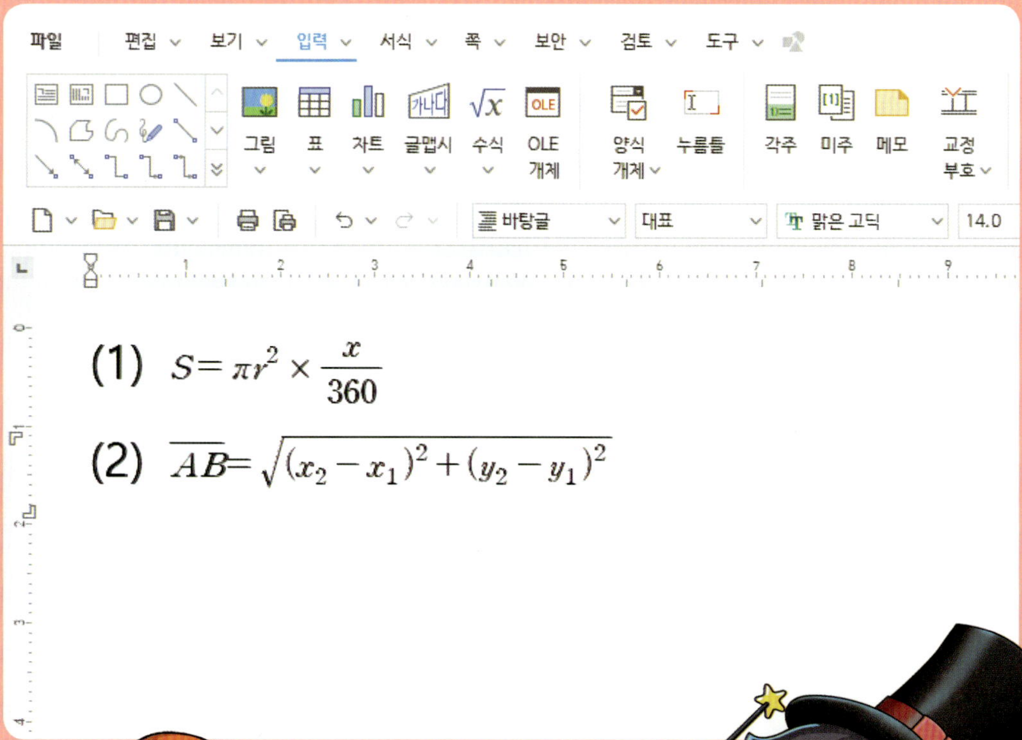

(1) $S = \pi r^2 \times \dfrac{x}{360}$

(2) $\overline{AB} = \sqrt{(x_2 - x_1)^2 + (y_2 - y_1)^2}$

THEME 01 수식 입력하기

1 새 문서에서 글꼴(맑은 고딕) 및 글자 크기(14)를 지정합니다. 그런 다음 '(1)'을 입력한 후 한 칸을 띄우고 [입력] 탭에서 [수식]-[수식 편집기]를 클릭합니다.

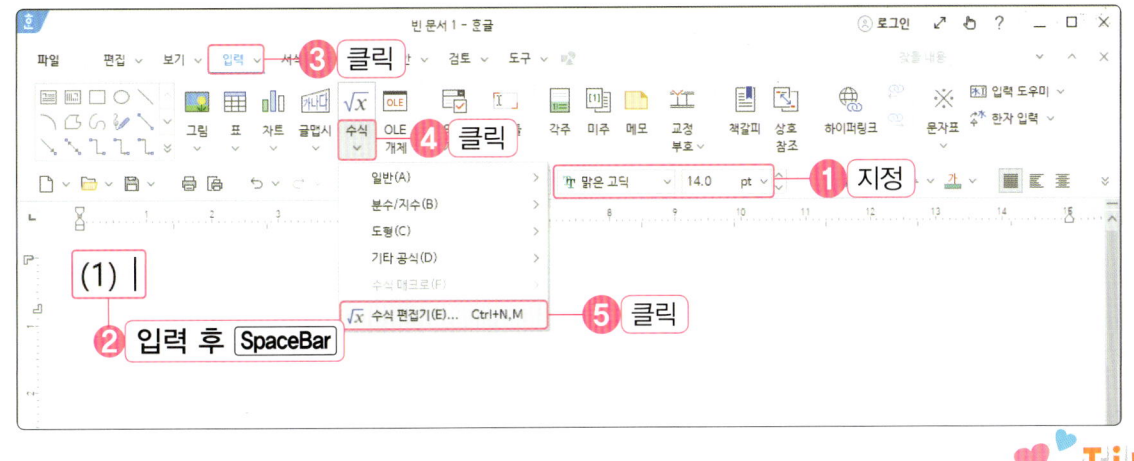

💡 Tip

수식 사용하기

[입력] 탭에서 [수식]-[수식 편집기]를 클릭하거나 [입력]-[개체]-[수식] 메뉴를 클릭, 또는 Ctrl + N, M 을 눌러도 [수식 편집기] 대화상자가 표시되며, 수식을 입력할 수 있습니다.

2 [수식 편집기] 대화상자가 표시되면 'S='을 입력한 후 도구 상자의 λ[그리스 소문자]를 클릭한 다음 π 를 클릭합니다.

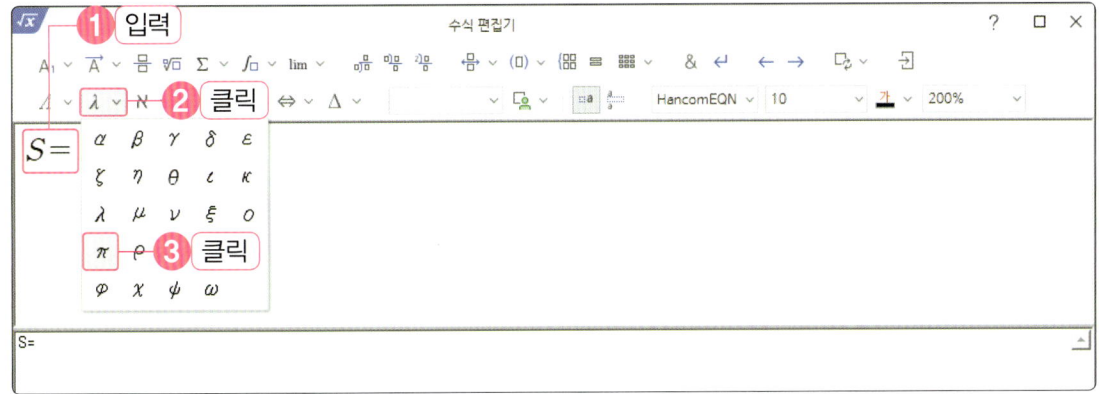

3 'π'가 입력되면 뒤에 'r'을 입력한 후 도구 상자의 A_1[첨자]- A^1[위첨자]를 클릭합니다.

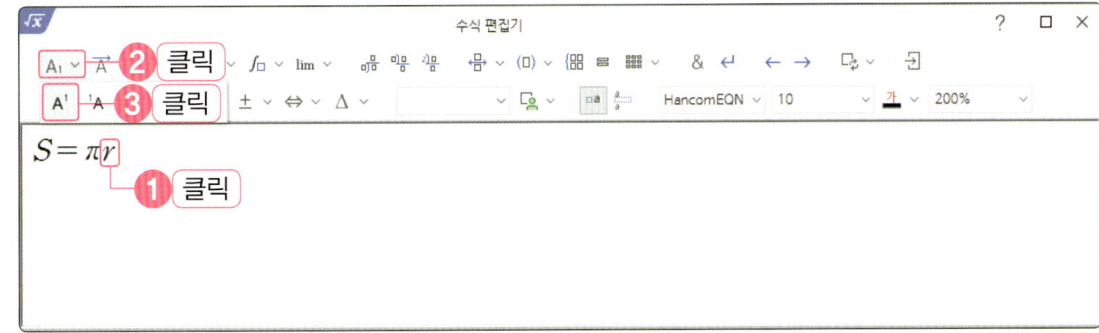

④ 위첨자 위치로 이동되면 '2'를 입력한 후 Tab 을 눌러 다음 칸으로 이동한 다음 도구 상자의 [연산, 논리 기호]를 눌러 ×를 클릭합니다.

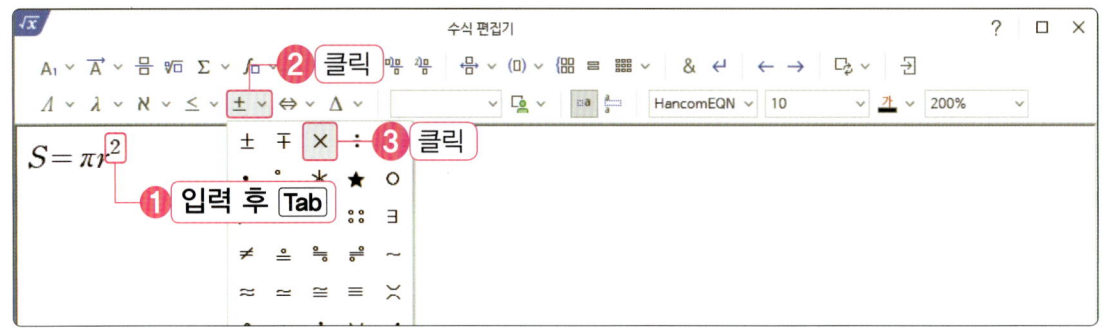

⑤ 분수를 입력하기 위해 도구 상자의 [분수]를 클릭한 후 'x' 입력, Tab 누름, '360' 입력, Tab 누름 순서로 입력합니다. 분수($\frac{x}{360}$)가 입력되면 도구 상자의 [넣기]를 클릭하여 수식 편집기를 종료합니다.

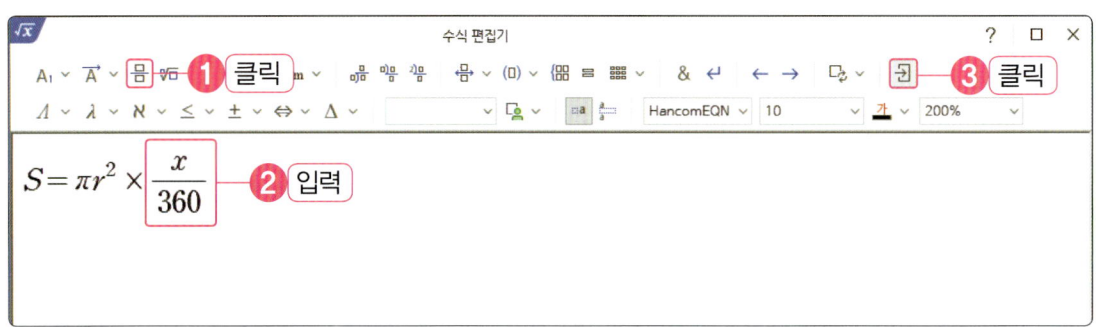

⑥ 한글 문서에 수식 편집기에서 작성한 수식이 표시됩니다.

알아두면 실력튼튼

수식 도구 상자 살펴보기

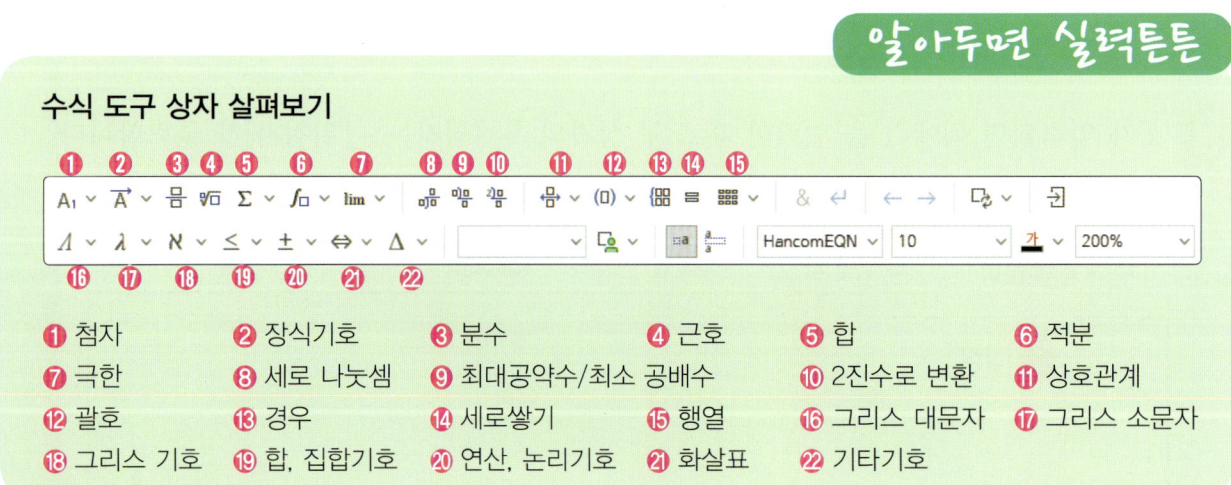

❶ 첨자　　❷ 장식기호　　❸ 분수　　❹ 근호　　❺ 합　　❻ 적분
❼ 극한　　❽ 세로 나눗셈　　❾ 최대공약수/최소 공배수　　❿ 2진수로 변환　　⓫ 상호관계
⓬ 괄호　　⓭ 경우　　⓮ 세로쌓기　　⓯ 행렬　　⓰ 그리스 대문자　　⓱ 그리스 소문자
⓲ 그리스 기호　　⓳ 합, 집합기호　　⓴ 연산, 논리기호　　㉑ 화살표　　㉒ 기타기호

THEME 02 복잡한 수식 입력하기

1 키보드의 Enter를 눌러 다음 문단으로 이동한 후 '(2)'를 입력한 다음 한 칸을 띄우고 [입력] 탭에서 [수식]-[수식 편집기]를 클릭합니다.

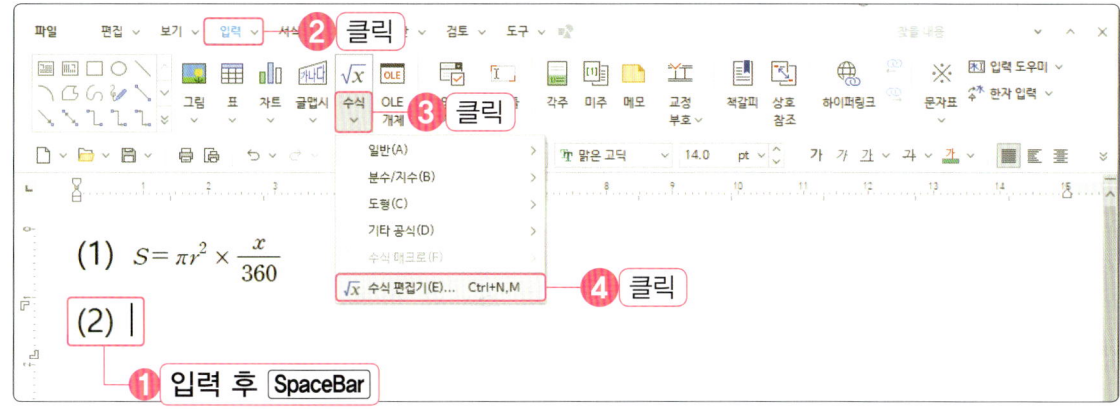

2 [수식 편집기] 대화상자가 표시되면 도구 상자의 [장식기호]를 눌러 ā를 클릭합니다.

3 대문자 'AB'를 입력한 후 Tab을 누릅니다.

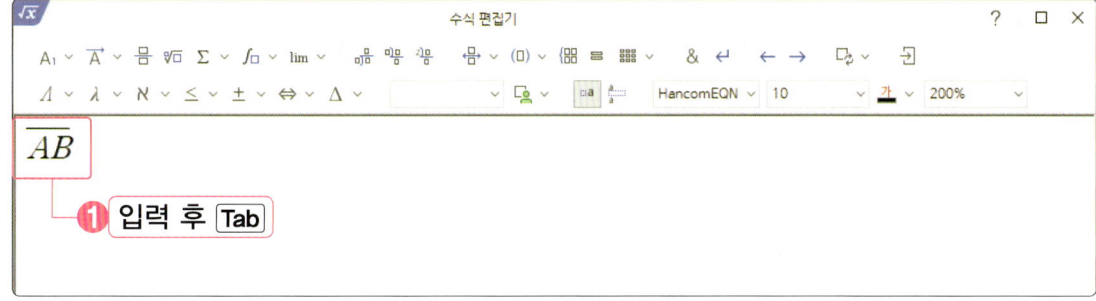

4 '='을 입력한 후 [근호]를 클릭합니다.

⑤ '(x'를 입력한 후 [첨자]-[아래첨자]를 클릭합니다.

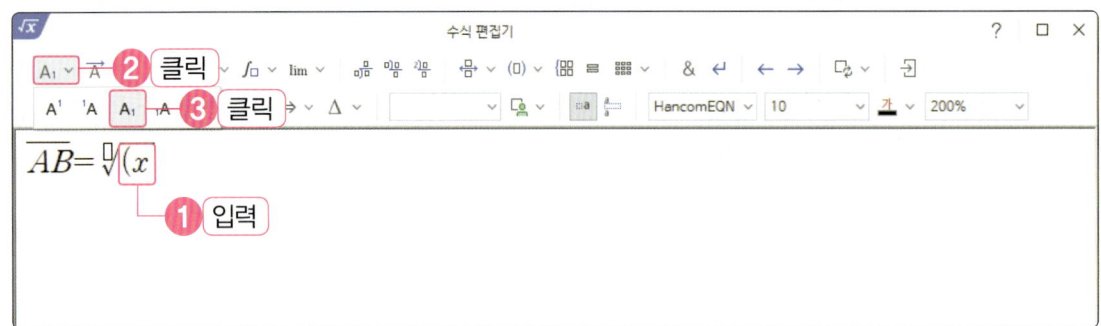

⑥ '2' 입력, Tab 누름, '-x' 입력, [첨자]-[아래첨자] 클릭, '1' 입력, Tab 누름, ')' 입력, [첨자]-[위첨자] 클릭, '2' 입력, Tab 누름 순서로 입력합니다.

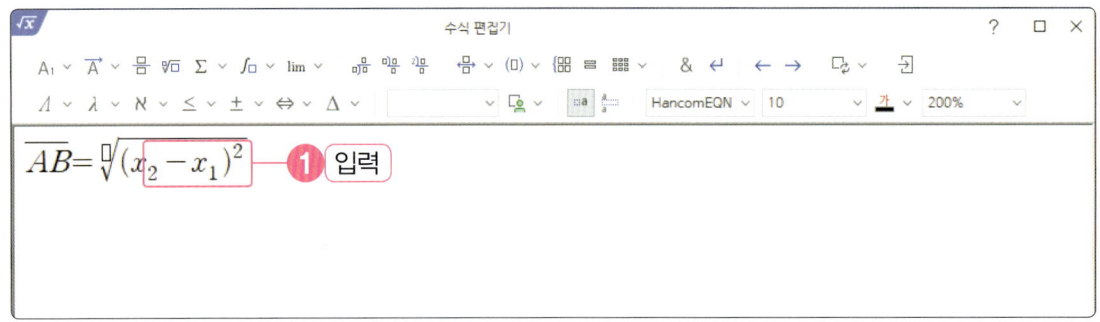

⑦ 같은 방법으로 다음과 같이 수식을 입력한 후 [넣기]를 클릭합니다.

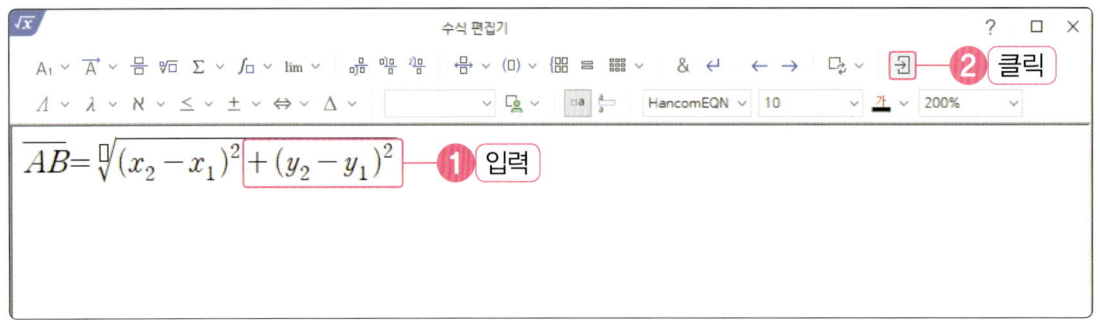

⑧ 문서에 수식 편집기의 수식 내용이 표시됩니다.

(1) $S = \pi r^2 \times \dfrac{x}{360}$

(2) $\overline{AB} = \sqrt{(x_2 - x_1)^2 + (y_2 - y_1)^2}$

수식의 재 편집 방법 알아보기

문서에 입력한 수식을 다시 편집할 경우 수정할 수식을 더블클릭하면 [수식 편집기] 대화상자가 다시 표시되며, 필요한 수식을 수정할 수 있습니다. 그럼, 입력된 수식의 글자 크기 및 글자색 등을 변경하며 재 편집 방법에 대해 알아보겠습니다.

❶ 입력한 수식 중에서 수정할 수식 내용을 더블클릭합니다.

(1) $S = \pi r^2 \times \dfrac{x}{360}$ — ❶ 더블클릭

(2) $\overline{AB} = \sqrt{(x_2 - x_1)^2 + (y_2 - y_1)^2}$

❷ [수식 편집기] 대화상자가 표시되면 글자 크기(15) 및 글자색(파랑)을 지정한 후 [넣기]를 클릭합니다.

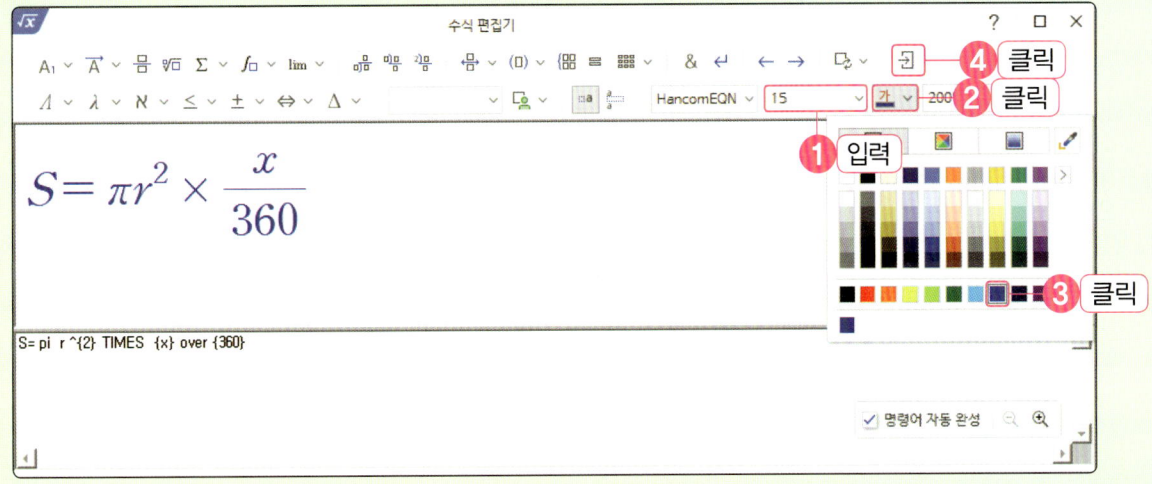

❸ 선택된 수식의 글자 크기 및 색이 수정되어 표시됩니다. 같은 방법으로 나머지 수식을 수정합니다.

(1) $S = \pi r^2 \times \dfrac{x}{360}$

(2) $\overline{AB} = \sqrt{(x_2 - x_1)^2 + (y_2 - y_1)^2}$

Chapter 15 – 수식 사용하기

01 새 문서에 수식을 이용하여 다음과 같이 문서를 완성해 보세요.
- **글꼴 서식** : 글꼴(맑은 고딕), 글자 크기(20, 12), 글자색(결과화면 참고), 제목(진하게)
- **저장** : 본인 이름 폴더에 '수학평가.hwpx' 파일로 저장

수학 평가 문제

(1) 다음 중 선분 AB, BC의 길이와 ∠B의 크기가 주어진 △ABC의 작도에서 가장 마지막에 작도해야 하는 것은?
① $\overline{AB}$를 그린다.
② $\overline{BC}$를 그린다.
③ ∠B를 작도한다.
④ $\overline{AC}$를 그린다.
⑤ ∠C를 작도한다.

(2) 민수는 테이프를 $3\frac{3}{4}$m 가지고 있고, 은혜는 $\frac{10}{4}$m를 가지고 있습니다. 누가 더 많은 테이프를 가지고 있는지 쓰시오.

(3) $n(A \cup B) = n(A) + n(B) - n(A \cap B)$

(4) $3\frac{1}{2} - 2.5 \div 3\frac{3}{4} \times \left\{\left(\frac{3}{5} + 1.4\right) \times 0.6\right\}$

(5) $A = \begin{pmatrix} a & b \\ c & d \end{pmatrix}, ad - bc \neq 0$

(6) $\sum_{k=1}^{n} k^3 = 1^3 + 2^3 + 3^3 + \cdots + n^3 = \left\{\frac{1}{2}n(n+1)\right\}^2$

02 새 문서에 수식을 이용하여 다음과 같이 문서를 완성해 보세요.
- **글꼴 서식** : 글꼴(맑은 고딕), 글자 크기(20, 15), 글자색(결과화면 참고), 제목(진하게)
- **저장** : 본인 이름 폴더에 '기능평가.hwpx' 파일로 저장

기능 평가 문제

01. 다음의 수식을 수식 편집기로 각각 입력하시오.

(1) $F = \dfrac{4\pi^2}{T^2} = 4\pi^2 K \dfrac{m}{r^2}$

(2) $P_A = P \times \dfrac{V_A}{V} = P \times \dfrac{V_A}{V_A + V_B}$

(3) $A = \begin{pmatrix} a & b \\ c & d \end{pmatrix}, ad - bc \neq 0$

(4) $A^{-1} = \dfrac{1}{ad-bc} \begin{pmatrix} d & -b \\ -c & a \end{pmatrix}$

(5) $\begin{pmatrix} a & b & c \\ d & e & f \end{pmatrix} \begin{pmatrix} x \\ y \\ z \end{pmatrix} = \begin{pmatrix} dx + dy + cz \\ dx + ey + fz \end{pmatrix}$

(6) $\begin{pmatrix} 1 & 2 & 3 \\ 2 & 2 & 1 \end{pmatrix} \begin{pmatrix} x \\ -x \\ 1 \end{pmatrix} = \begin{pmatrix} x - 2x + 3 \\ 2x - 2x + 1 \end{pmatrix} = \begin{pmatrix} -x + 3 \\ 1 \end{pmatrix}$

(7) $f'(x) = \mathrm{Lim}_{\triangle \to 0} \dfrac{\triangle y}{\triangle x} = \mathrm{Lim}_{\triangle \to 0} \dfrac{f(x + \triangle x) + f(x)}{\triangle x}$

(8) $S = \mathrm{Lim}_{n \to \infty} Sn = \mathrm{Lim}_{n \to \infty}(a_1 + a_2 + a_3 + \cdots + a_n) = \mathrm{Lim}_{n \to \infty} \sum_{k=1}^{n} a_k$

(9) $a^2 + b^3 = (a+b)^3 - 3ab(a+b), a^3 - b^3 = (a-b)^3 + 3ab(a-b)$

Chapter 16 단원 종합 평가 문제

01 다음 중 표를 이루는 최소 단위로 행과 열이 교차하는 부분은 무엇입니까?
① 탭　　② 칸
③ 열　　④ 셀

02 다음 중 표 메뉴에서 실행할 수 있는 기능이 아닌 것은 무엇입니까?
① 셀 합치기
② 블록 계산식
③ 쪽 테두리/배경
④ 셀 높이를 같게

03 표에서 방향키를 이용하여 표 크기를 조절할 때 Ctrl+↓의 설명으로 옳은 것은 무엇입니까?
① 셀의 크기가 아래쪽으로 커지면서 표 전체 크기도 커집니다.
② 셀의 크기가 아래쪽으로 커지지만 표 전체 크기는 변화가 없습니다.
③ 해당 셀의 크기만 아래쪽으로 커지면서 표의 크기는 변화가 없습니다.
④ 커서가 아래쪽 셀로 이동하며, 셀의 크기는 변화가 없습니다.

04 여러 셀을 하나의 셀로 합칠 때 [표]-[셀 합치기] 메뉴와 같은 기능은 무엇입니까?
① 키보드의 S를 누릅니다.
② 키보드의 M을 누릅니다.
③ 키보드의 H를 누릅니다.
④ 키보드의 G를 누릅니다.

05 다음 중 표 계산에 사용할 수 있는 함수가 아닌 것은 무엇입니까?
① 조건함수(IF)
② 평균함수(AVERAGE)
③ 합계함수(SUM)
④ 최고값함수(MAX)

06 다음 중 차트를 만드는 방법으로 옳지 않은 것은 무엇입니까?
① [입력]-[개체]-[차트] 메뉴를 클릭합니다.
② [서식] 탭에서 [차트]를 클릭합니다.
③ [편집] 탭에서 [차트]를 클릭합니다.
④ 차트에 사용할 표 내용을 드래그하여 블록으로 지정한 후 마우스 오른쪽 단추를 눌러 바로 가기 메뉴의 [차트]를 클릭합니다.

07 키보드를 이용하여 표 전체를 선택하는 방법으로 옳은 것은 무엇입니까?
① F5를 한 번 누릅니다.
② F5를 두 번 누릅니다.
③ F5를 세 번 누릅니다.
④ F5를 한 번 누르고 방향키로 움직입니다.

08 표에서 셀의 크기에 맞게 배경으로 그림을 삽입할 경우 F5를 눌러 셀을 선택한 후 사용하는 메뉴로 옳은 것은 무엇입니까?
① [표 레이아웃]-[셀 테두리/배경]-[각 셀마다 적용]
② [표 레이아웃]-[셀 속성]
③ [표 레이아웃]-[표 마당]
④ [표 레이아웃]-[자동 채우기]

09 다음 중 차트의 구성 요소가 아닌 것은 무엇입니까?
① 범례
② 데이터 계열
③ 쪽 번호
④ 데이터 레이블

■ 정답은 158 페이지에 있습니다.

10 다음 중 수식을 입력하는 방법으로 옳지 않은 것은 무엇입니까?

① [입력]-[개체]-[수식] 메뉴를 클릭합니다.
② [편집] 탭에서 [수식]-[수식 편집기]를 클릭합니다.
③ 키보드의 Ctrl + N , M 을 누릅니다.
④ [입력] 탭에서 [수식]-[수식 편집기]를 클릭합니다.

11 다음 중 차트의 설명으로 옳지 않은 것은 무엇입니까?

① 차트의 순서를 변경할 수 있습니다.
② 차트의 종류를 변경할 수 있습니다.
③ 차트의 데이터 계열을 추가할 수 있습니다.
④ 범례의 위치는 변경할 수 없습니다.

12 새 문서에 표와 차트를 이용하여 다음과 같이 문서를 완성해 보세요.
- 표 만들기 : 글꼴(맑은 고딕), 글자 크기(20, 14), 제목(진하게), 가운데 정렬, 나머지 임의로 설정
- 차트 만들기 : 결과화면을 참고하여 작성하며, 글꼴 서식 및 배경색 등 임의로 설정
- 저장하기 : 본인의 이름 폴더에 '인구변화.hwpx'로 저장

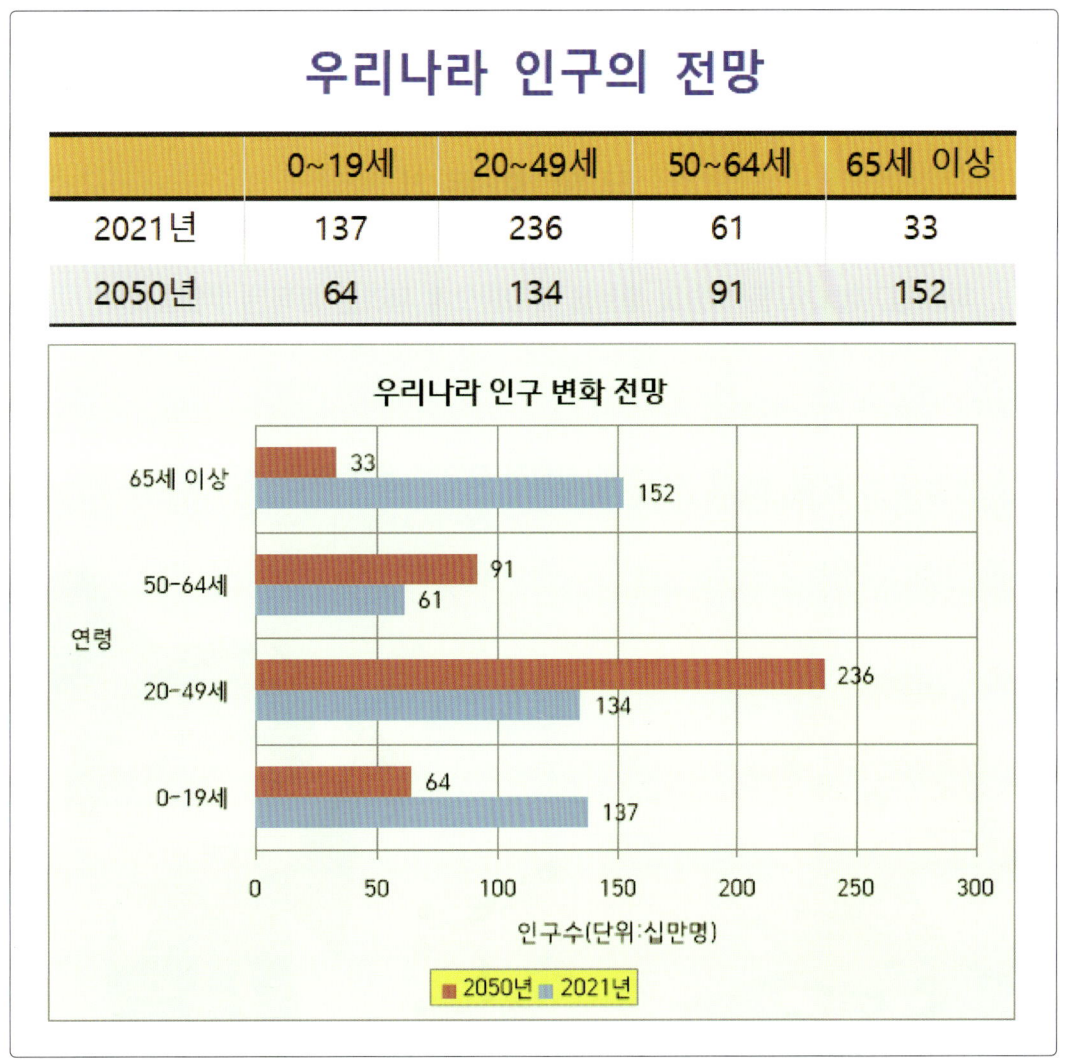

Chapter 17 스타일 사용하기

◆ 스타일을 만드는 방법에 대해 알아봅니다.
◆ 스타일을 적용하는 방법에 대해 알아봅니다.

스타일이란 글자 모양 및 문단 모양, 문단 번호/글머리 표 등의 설정을 하나의 이름으로 지정하여 원하는 단어 또는 문단을 한꺼번에 바꾸어 주는 기능을 의미합니다. 그럼, 이번 시간에는 스타일을 만들어 특정 문단에 만들어 놓은 스타일을 지정하는 방법에 대해 알아볼까요?

Preview

THEME 01 스타일 만들기

1 '문제.hwpx' 파일을 열고 [서식]-[스타일] 메뉴를 클릭합니다.

> **스타일 사용하기**
> [서식]-[스타일] 메뉴를 클릭하거나 키보드의 F6을 눌러도 [스타일] 대화상자를 표시하며, 스타일을 지정할 수 있습니다.

2 [스타일] 대화상자가 표시되면 새로운 스타일을 추가하기 위해 ➕[스타일 추가하기] 단추를 클릭합니다.

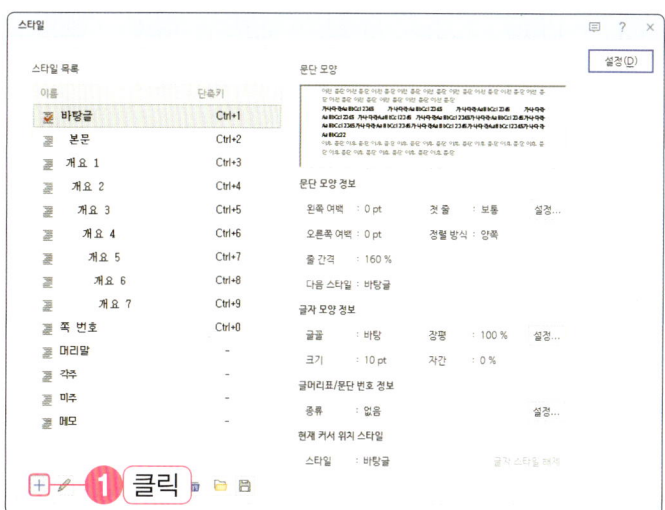

3 [스타일 추가하기] 대화상자가 표시되면 스타일 이름(문제)을 입력한 후 스타일 종류(문단)를 선택한 다음 [글자 모양] 단추를 클릭합니다.

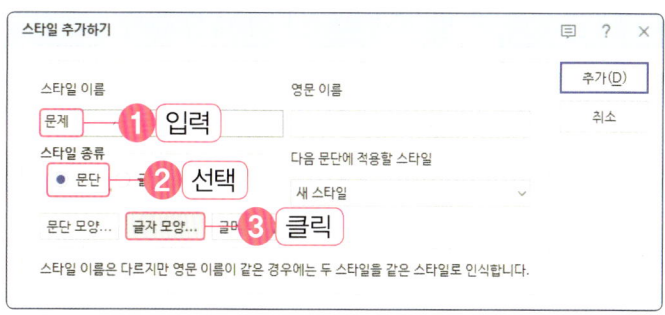

알아두면 실력튼튼

[스타일] 대화상자 살펴보기

- ❶ 스타일 추가하기
- ❷ 스타일 편집하기
- ❸ 스타일 지우기
- ❹ 현재 모양으로 바꾸기
- ❺ 한 칸 위로 이동하기
- ❻ 한 칸 아래로 이동하기
- ❼ 스타일마당
- ❽ 스타일 가져오기
- ❾ 스타일 내보내기

Chapter 17 - 스타일 사용하기 **109**

④ [글자 모양] 대화상자가 표시되면 [기본] 탭에서 기준 크기(13), 글꼴(HY헤드라인M), 장평(95), 자간(-5), 진하게(가), 글자색(파랑) 등을 지정한 후 [설정] 단추를 클릭합니다.

⑤ [스타일 추가하기] 대화상자가 다시 표시되면 [글머리표/문단 번호] 단추를 클릭합니다.

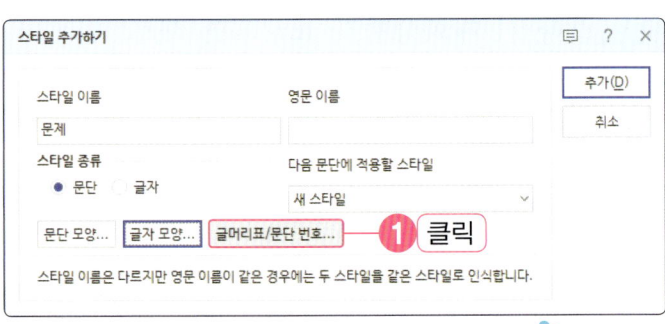

> **스타일 종류 알아보기**
> - **문단** : 글자 모양 및 문단 모양, 문단 번호/글머리표 등을 이용하여 스타일을 만들 수 있습니다.
> - **글자** : 글자 모양을 이용하여 스타일을 만들 수 있습니다.

⑥ [글머리표 및 문단번호] 대화상자가 표시되면 [문단 번호] 탭에서 문단 번호 모양(≔)을 클릭한 후 [설정] 단추를 클릭합니다.

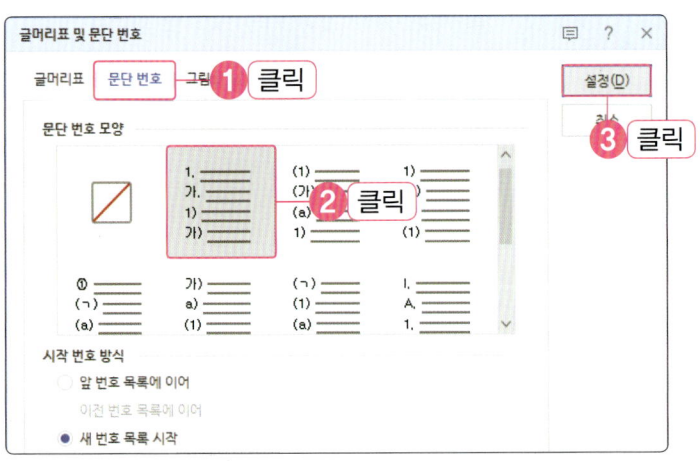

⑦ [스타일 추가하기] 대화상자의 [추가] 단추를 클릭합니다.

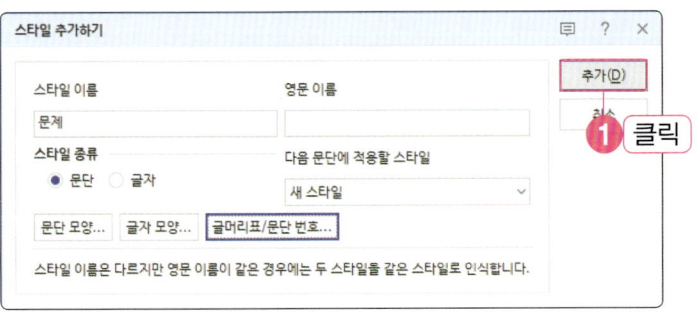

⑧ [스타일] 대화상자에 [문제] 스타일이 추가된 것을 확인할 수 있습니다.

같은 방법으로 글꼴(굴림), 기준 크기 (13), 글자색(파랑) 등으로 [보기] 스타일을 추가한 후 ×[닫기] 단추를 클릭합니다.

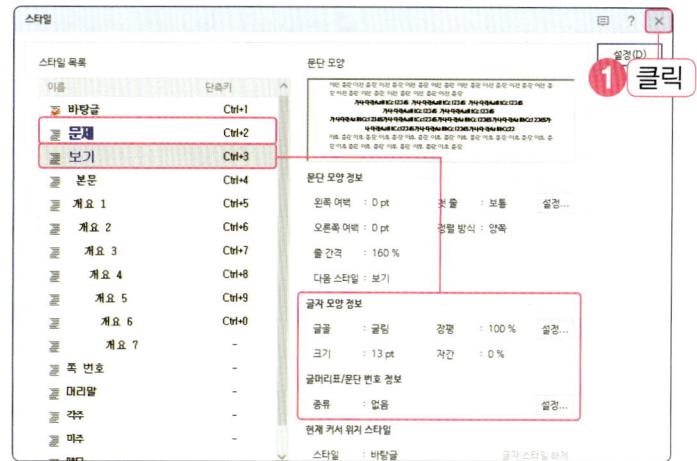

Tip

[보기] 스타일 만들기

❶ [스타일] 대화상자에서 [스타일 추가하기]를 클릭합니다.

❷ [스타일 추가하기] 대화상자에서 스타일 이름(보기)을 입력한 후 스타일 종류(문단)를 선택한 다음 [글자 모양] 단추를 클릭합니다.

❸ [글자 모양] 대화상자에서 기준 크기(13), 글꼴(굴림), 글자색(파랑) 등을 지정한 후 [설정] 단추를 클릭합니다.

❹ [스타일 추가하기] 대화상자에서 [추가] 단추를 클릭합니다.

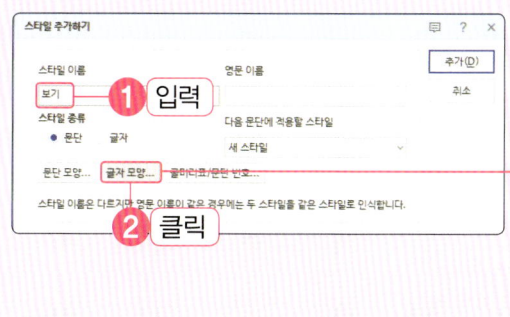 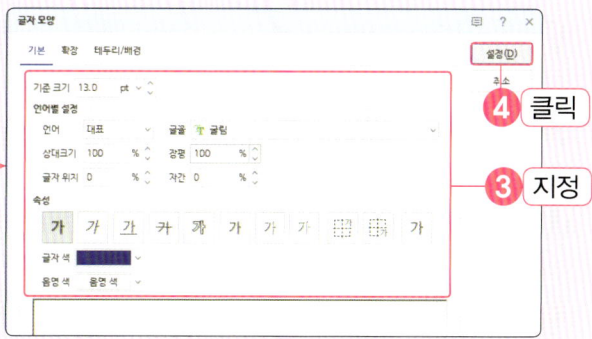

알아두면 실력튼튼

스타일 순서 변경 및 단축키 이용하기

스타일 목록에 스타일 이름을 한 칸 위로/아래로 이동하기(↑/↓)를 이용하여 스타일 목록에서 스타일의 순서를 변경할 수 있으며, 문서 내에서 스타일 이름 옆에 표시된 단축키를 이용하여 해당 스타일을 바로 지정할 수 있습니다.

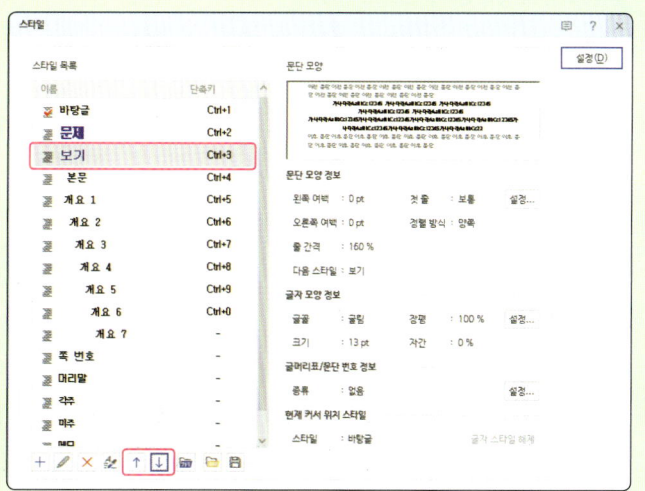

Chapter 17 - 스타일 사용하기 **111**

THEME 02 스타일 적용하기

1 문서의 첫 번째 문제 부분을 드래그하여 블록으로 지정한 후 [서식] 탭에서 [문제]를 선택합니다.

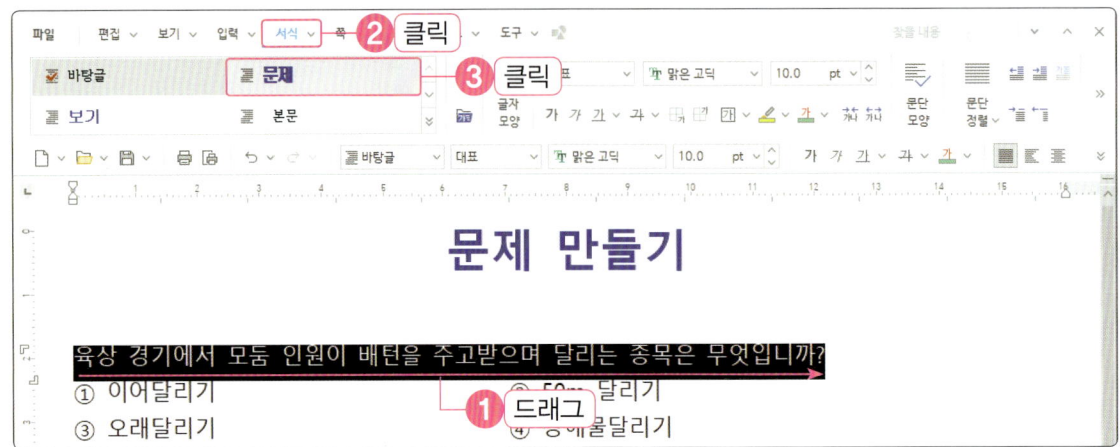

2 블록 지정된 문단에 [문제] 스타일이 지정됩니다. 같은 방법으로 다음과 같이 문제 영역을 [문제] 스타일로 지정합니다.

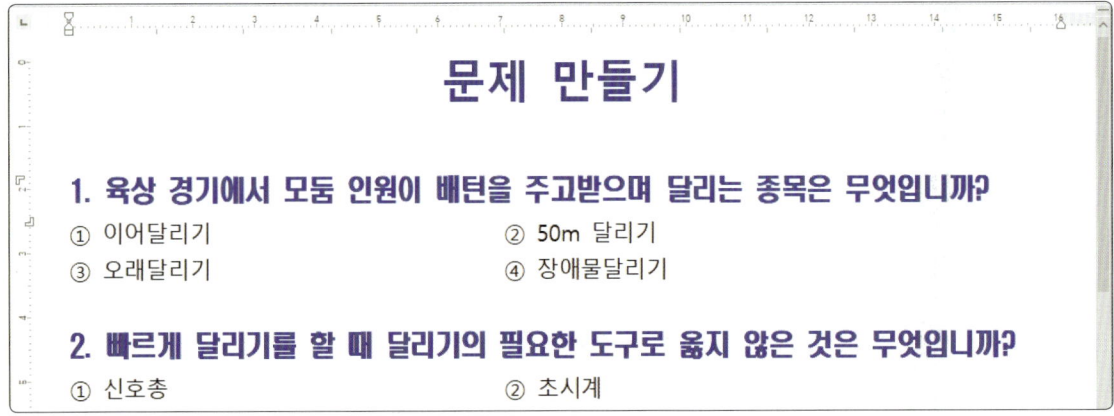

3 보기에 해당하는 내용을 드래그하여 블록으로 지정한 후 [서식] 탭에서 [보기]를 선택합니다.

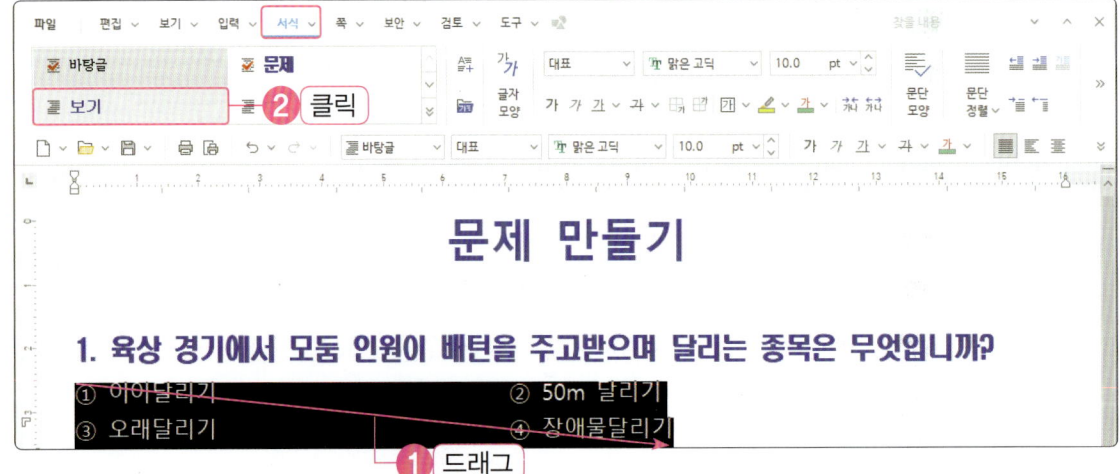

④ 블록 지정된 영역에 [보기] 스타일이 지정됩니다. 같은 방법으로 다음과 같이 아래쪽 보기 영역에도 [보기] 스타일을 지정합니다.

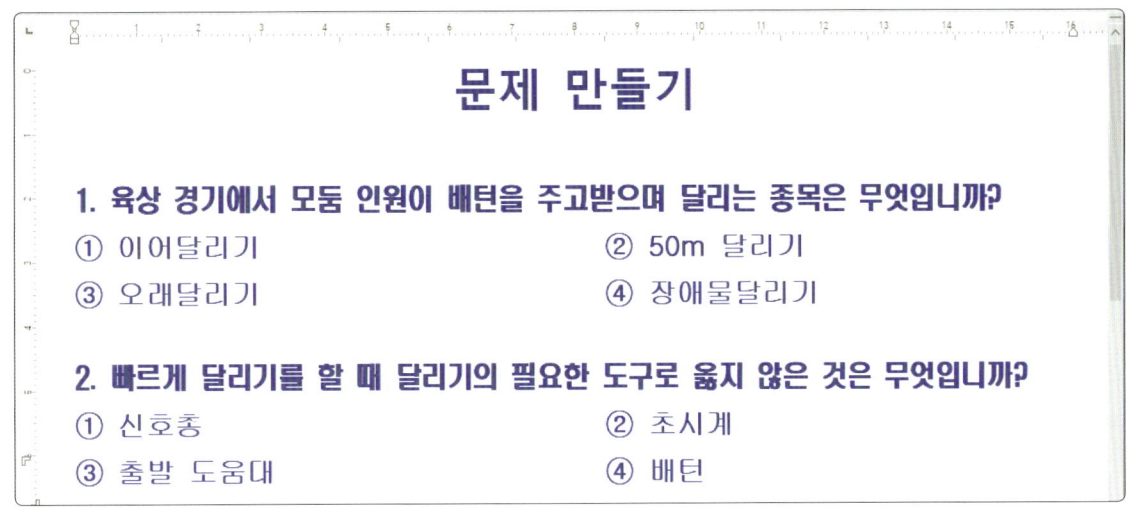

알아두면 실력튼튼

스타일 편집하기

스타일이 만들어진 상태에서 기존의 스타일을 수정할 경우 사용하는 기능으로 [스타일] 대화상자에서 편집할 스타일을 선택한 후 ✎[스타일 편집하기]를 클릭하면 [스타일 편집하기] 대화상자가 표시됩니다.

스타일 삭제하기

필요 없는 스타일을 삭제하는 기능으로 [스타일] 대화상자에서 삭제할 스타일을 선택한 후 ×[스타일 지우기]를 클릭하면 스타일을 삭제할 수 있습니다. 만약, 선택한 스타일이 문서에서 사용된 경우 대체할 스타일을 지정할 수 있는 대화상자가 표시되며, 대체할 스타일을 지정한 후 [설정] 단추를 클릭해야 합니다.

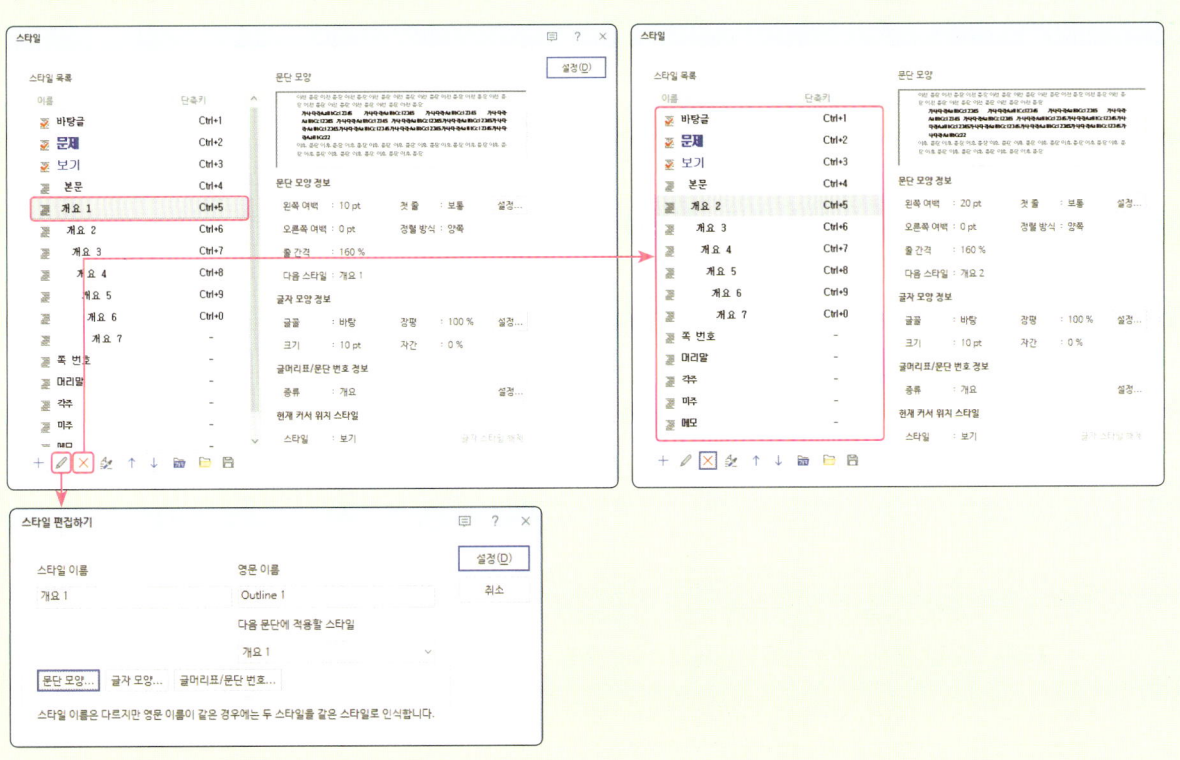

01 '단종문화재' 파일을 열고 스타일을 이용하여 다음과 같이 문서를 완성해 보세요.

❶ 스타일(내용)
- **글자 모양** : 글꼴(맑은 고딕), 기준 크기(12), 장평(95), 자간(-5)
- **문단 모양** : 첫 줄(들여쓰기 : 10pt)

❷ 스타일(소제목1)
- **글자 모양** : 글꼴(HY헤드라인M), 기준 크기(15), 글자색(파랑)
- **문단 모양** : 간격(문단 위 : 5pt, 문단 아래 : 5pt)
- **문단 번호/글머리표** : 그림 글머리표(결과화면 참고)

❸ 스타일(소제목2)
- **글자 모양** : 글꼴(맑은 고딕), 기준 크기(12)
- **문단 모양** : 여백(왼쪽 : 10pt), 간격(문단 아래 : 5pt)
- **문단 번호/글머리표** : 문단 번호(결과화면 참고)

❹ 스타일(소제목2)을 지정한 후 문단 번호의 [한 수준 감소]를 지정, 문단 여백(왼쪽 : 30pt) 수정

영월의 향기 단종문화재

❶ 장릉사적 제196호이자 세계문화유선인 단종문화제는 조선의 6대 임금인 단종의 고혼과 충신들의 넋을 축제로 승화시킨 강원도 영월군의 대표적인 향토문화재입니다. 단종문화재는 2007년부터 매년 4월 마지막 주 금요일부터 3일간 실시되며, 이번 행사는 아래와 같이 열기게 되어 알려드립니다.

❷ ■ **단종문화재 대표 행사**

❸ (1) 칡줄다리기

❹ (가) 주민의 화합과 안녕, 풍년 농사를 위한 전통 행사

(나) 동강을 중심으로 동서 양편이 칡줄을 잡고 줄다리기

❸ (2) 가장행렬

❹ (가) 단종어가, 정순왕후, 사육신 등의 모습 재현

(나) 관내 학생들과 주민들이 조선 복식을 입고 재현

❷ ■ **동강 둔치 주요 행사**

1일차 : 정순왕후 선발대회, 민속예술경연대회, 어르신 장기대회, 민생구휼잔치
2일차 : 북정사자놀이, 전통 혼례 시연, 칡줄다리기, 유등 띄우기
3일차 : 화합 행사, 전국 배드민턴대회, 국장 연출

Chapter 18 문서마당 문서 사용하기

학습 목표
- ◆ 문서마당을 사용하는 방법에 대해 알아봅니다.
- ◆ 온라인 문서 서식의 다운로드 방법에 대해 알아봅니다.

문서마당은 생활에 필요한 문서 서식을 제공하여 간단한 입력으로 완성물을 만들 수 있도록 제공하는 문서 꾸러미로 다양한 종류의 서식 문서를 제공합니다. 또한 한컴 애셋에서는 온라인으로 문서 서식을 다운로드 받아 사용할 수 있도록 도와줍니다. 그럼 사용법을 알아볼까요?

Preview

bucket list
1. 수영배우기
2. 친구와 천문대 별자리 구경하기
3. 가족모두가 함께하는 생일파티
4. 아빠와 영화 관람하기
5. 할아버지 집에서 두부 만들어보기
6. 가족 모두와 캠핑가기
7. 친구들과 노래방 가기
8. 친구들과 놀이동산 놀이기구타기
9. 스케이트 배우기
10. 아빠와 쭈꾸미 낚시하기

bucket list
1. 반에서 10등 안에 들어보기
2. 수학 100점 맞기
3. 무용 상급반 올라가기
4. 컴퓨터 자격증 따기
5. 집앞 떡볶이집 3단계 도전하기
6. BTS 콘서트 관람하기
7. 북한산 정상까지 올라가기
8. 하루동안 잠안자고 밤세워보기
9. 줄넘기 100개 성공하기
10. 가족 사진찍기

THEME 01 문서마당 사용하기

1 한글 2022에서 [파일] 메뉴의 [문서마당]을 클릭합니다.

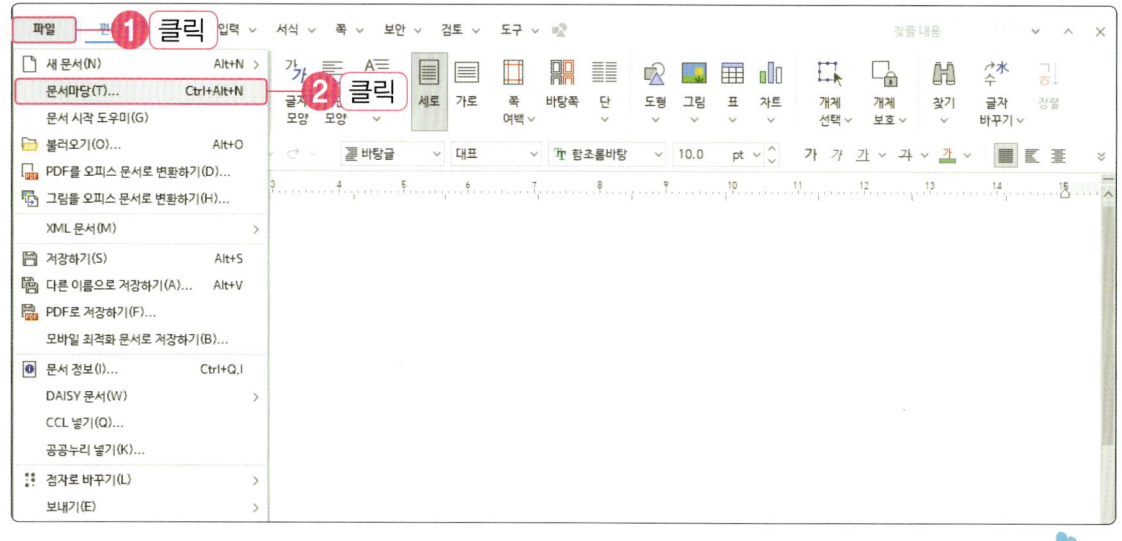

💛Tip
문서마당 실행하기
[파일]-[문서마당] 메뉴를 클릭하거나 키보드의 Ctrl+Alt+N을 누르면 문서마당을 실행할 수 있습니다.

2 [문서마당] 대화상자가 표시되면 [문서마당 꾸러미] 탭에서 [기본 문서] 항목의 [버킷리스트]를 선택한 후 [열기] 단추를 클릭합니다.

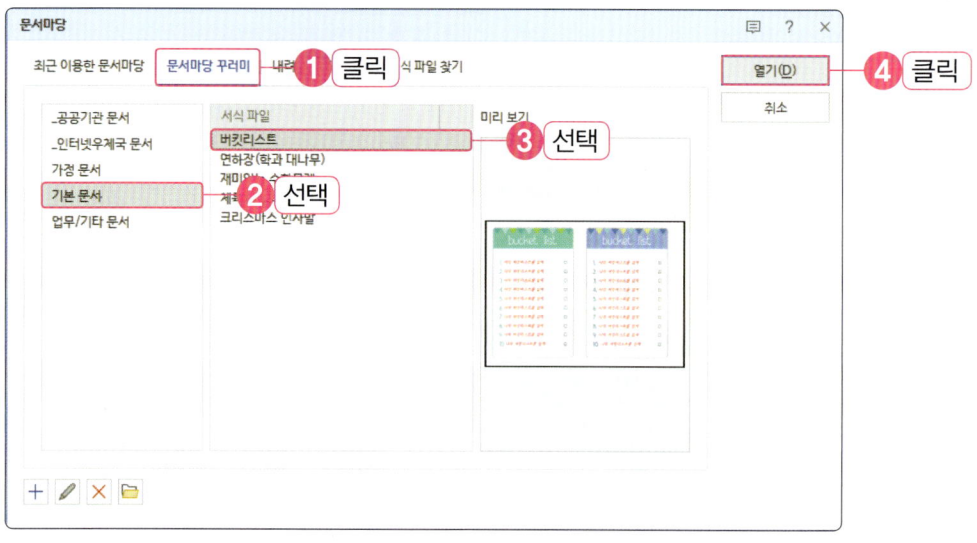

💛Tip
문서마당이란?
문서마당이란 생활에 편의를 위해 특정 업무에 자주 사용하는 문서 서식을 미리 만들어 간단한 텍스트의 수정 및 그림 삽입 등으로 바로 사용할 수 있도록 제공하는 문서 꾸러미입니다.

③ 문서가 열리면 텍스트 부분을 클릭한 후 내용을 수정합니다.

Chapter 18 – 문서마당 문서 사용하기 117

④ 내용을 입력한 셀만 드래그하여 블록을 지정한 후 서식 도구상자를 이용하여 글꼴(HY헤드라인M) 및 글자 크기(15) 들을 지정한 다음 [미리 보기]를 클릭합니다.

⑤ [미리보기] 화면에 문서마당의 서식을 이용한 버킷 리스트 내용이 표시됩니다. [닫기]를 클릭하면 미리보기 화면을 종료할 수 있습니다.

THEME 02 온라인 문서 서식 다운로드하기

1. 온라인을 통해 서식문서를 다운로드 받기 위해 [파일] 메뉴의 [문서 시작 도우미]를 클릭합니다.

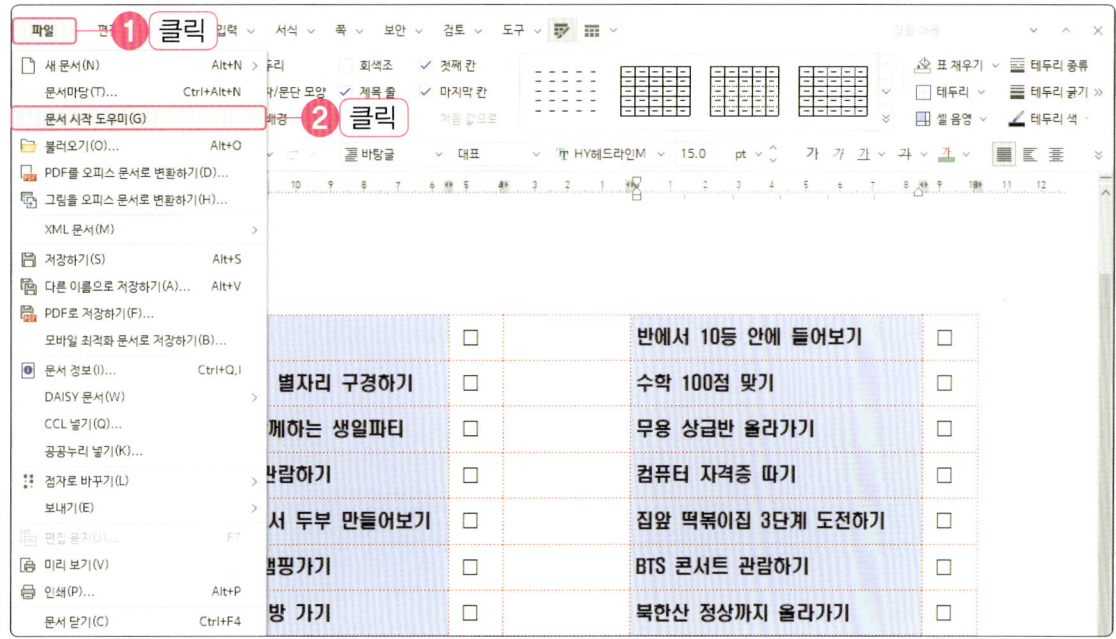

2. [문서 시작 도우미] 창이 표시되면 [온라인 콘텐츠]를 클릭합니다.

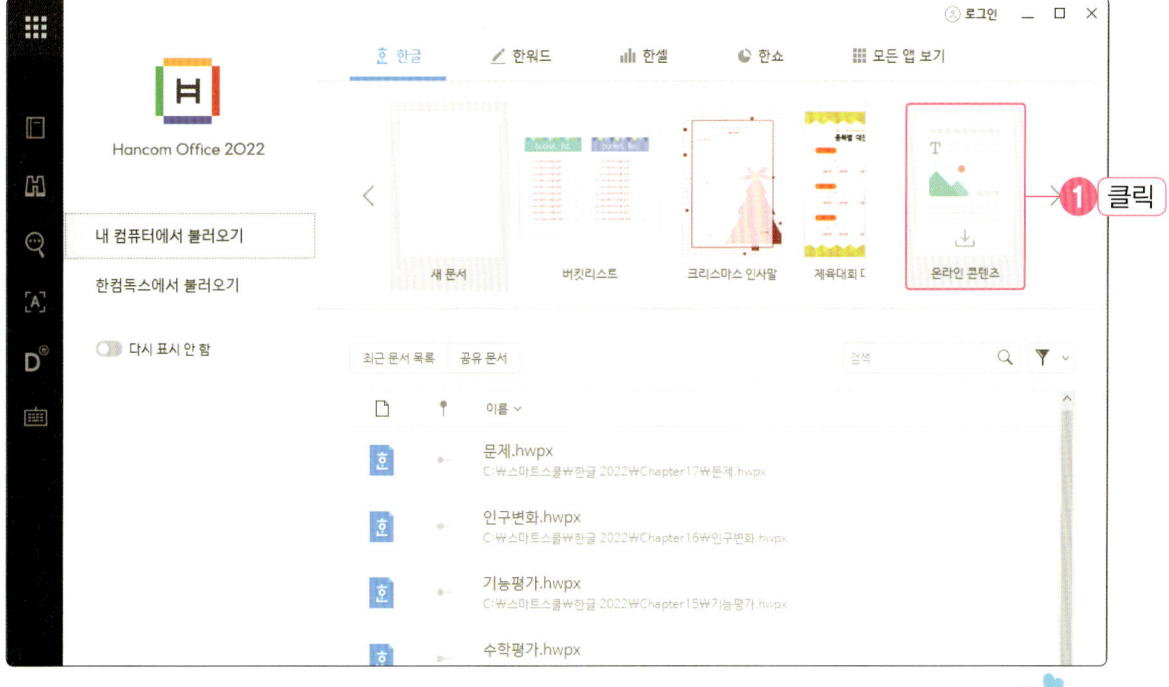

온라인 서식 문서 내려받기
온라인 서식 문서 내려받기 환경에서는 한글 서식 및 클립아트, 그리기 조각, 글꼴 등을 다운로드 받아 한글 2022에 추가할 수 있습니다.

❸ 온라인 콘텐츠 목록이 표시되면 '열공중' 문서 서식으로 마우스 포인터를 이용한 후 [내려받기]를 클릭합니다.

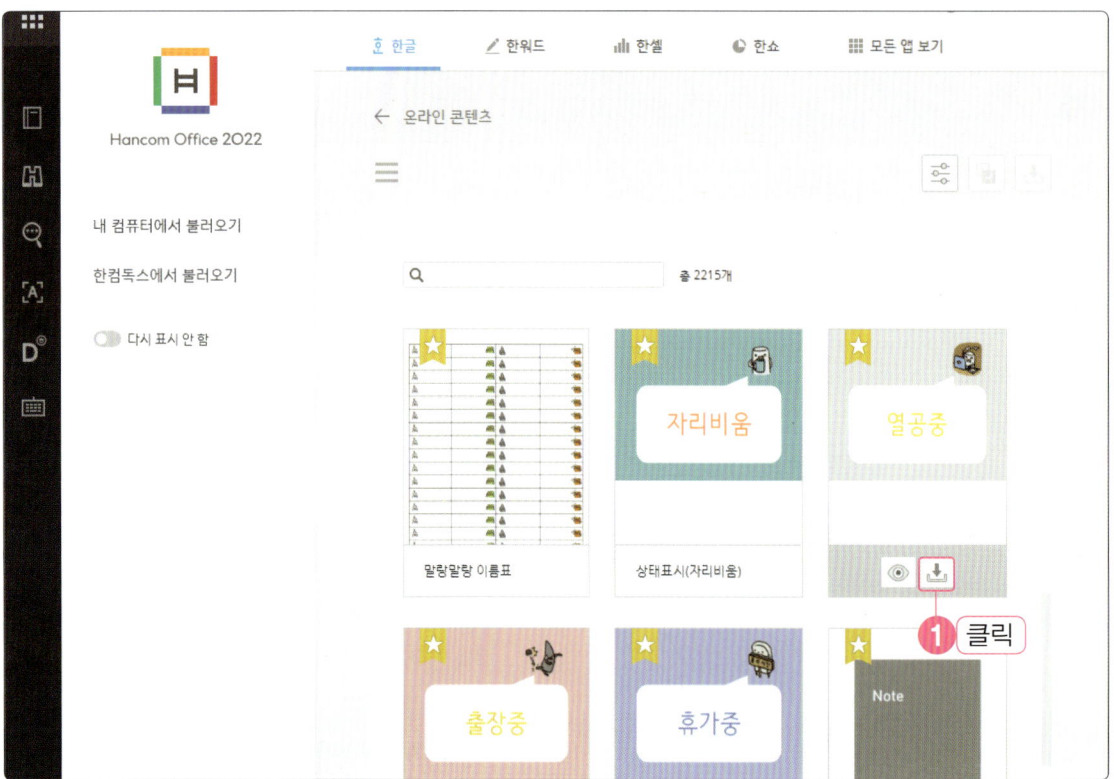

❹ 선택한 '열공중' 문서 서식이 화면에 표시되면 내용을 수정한 후 원하는 서식으로 수정하여 사용할 수 있습니다.

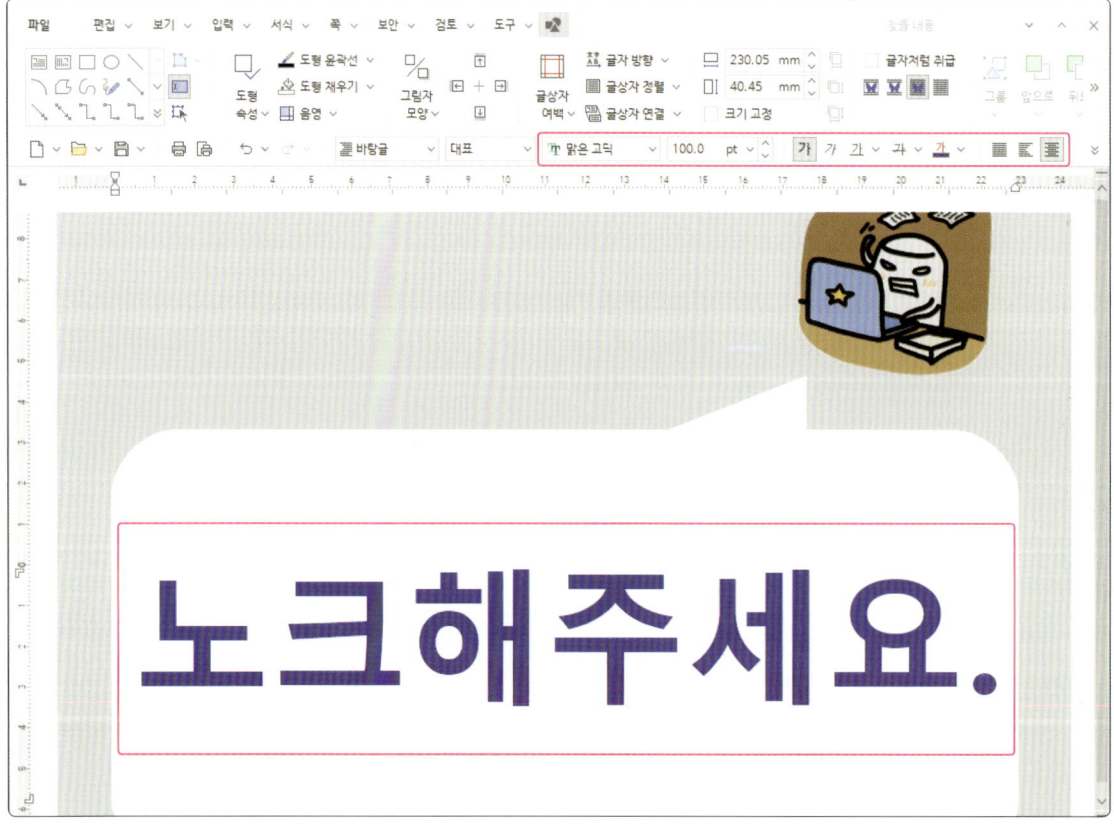

01 한글 2022에서 온라인 서식 문서(원고지)를 다운로드 받아 독후 감상문을 작성한 후 '독후감상문.hwpx'로 저장해 보세요.

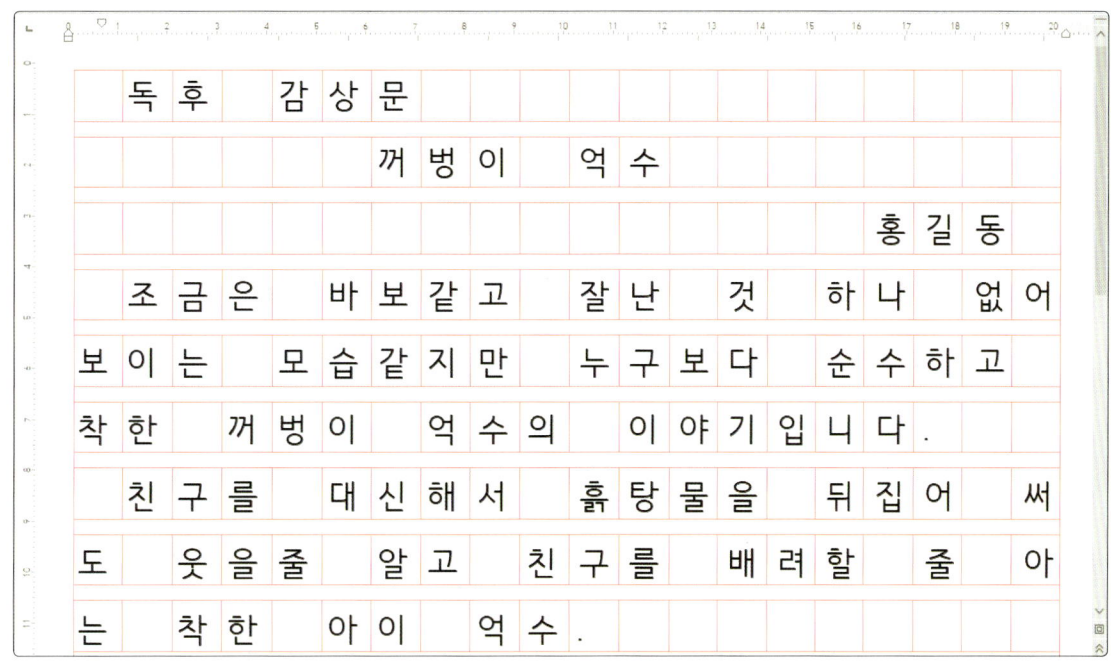

02 한글 2022에서 온라인 서식 문서(대진표)를 다운로드 받아 대진표를 작성한 후 '대진표.hwpx'로 저장해 보세요.

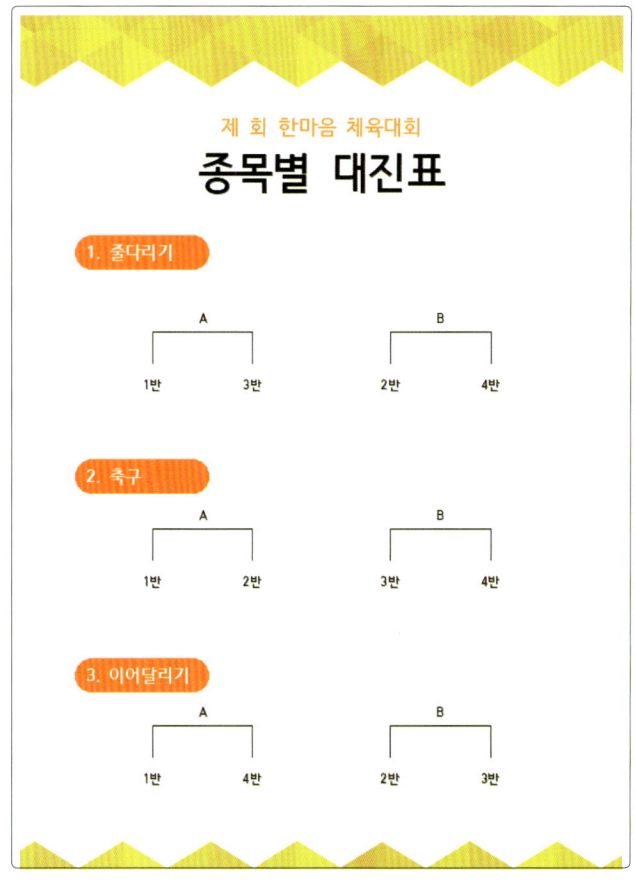

Chapter 19 맞춤법 검사 및 주석 사용하기

학습 목표
- ◆ 맞춤법 검사를 수행하는 방법에 대해 알아봅니다.
- ◆ 각주와 미주의 사용 방법에 대해 알아봅니다.

사전에 맞춤법이 맞지 않는 단어나 문장이 있었다면 사전이 아니겠죠? 그래서 이번에는 맞춤법이 제대로 되어 있는지 검사하는 맞춤법 검사를 알아보겠습니다. 또한 문서의 특정 단어에 보충 설명을 입력하는 각주와 미주의 사용법에 대해서도 알아볼까요?

Preview

수면제
수선화 뿌리 같은 것에 쑥 우려낸 물을 섞으면 살아있는 '죽음의 약'이라고 부르는 아주 강력한 수면제가 된다. 수선화 이름은 라틴어로 '아스포델루스1)'라는 이름으로 원산지는 지중해 지역이다. 이것은 절대로 학생들끼리 먹이거나 장난을 치면 안된다.

폴리주스 마법의 약
다른 모습으로 변신할 수 있는 마법의 약. 진흙처럼 생기고 걸쭉하며 풀잠자리, 거머리, 보름초, 마디풀, 바이콘2)의 뿔가루 그리고 제일 중요한 변신하고 싶은 사람의 몸의 일부를 이용해서 제조한다.

1) 고대에서부터 전해오는 약초의 일부
2) 마법 역사에 전해오는 동물의 한 종류

THEME 01 맞춤법 검사하기

1 새 문서에 다음과 같이 내용을 입력한 후 글꼴 서식을 수정합니다.
  ① **제목** : 글꼴(HY헤드라인M), 글자 크기(15pt), 글자색(보라, 파랑)
  ② **내용** : 글꼴(맑은 고딕), 글자 크기(13)

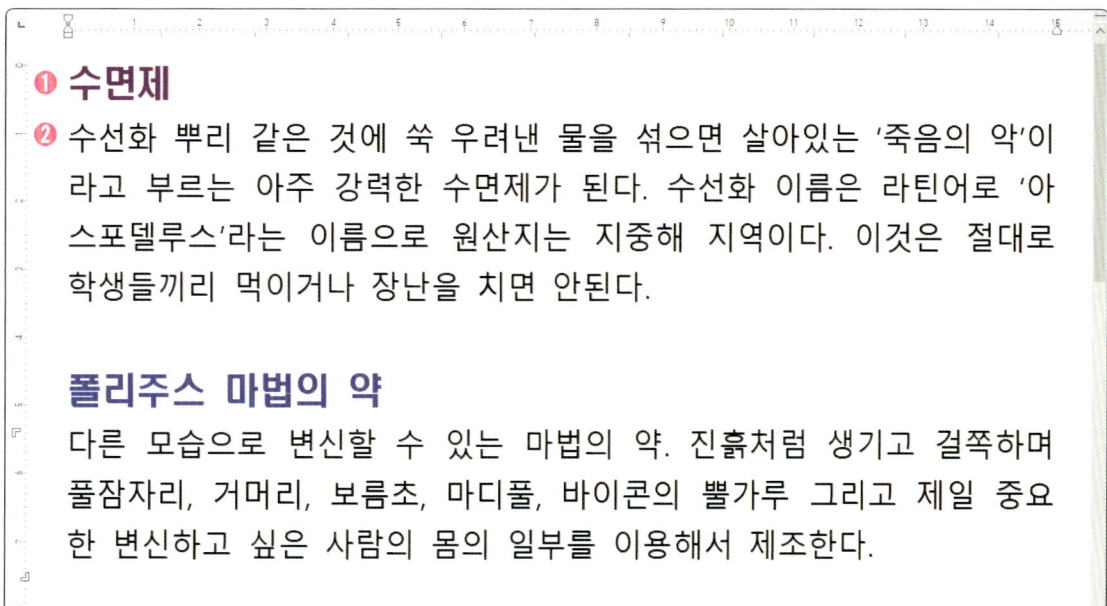

2 문서의 처음 제목(수면제) 앞에 커서를 위치한 후 [도구]-[맞춤법] 메뉴를 클릭합니다.

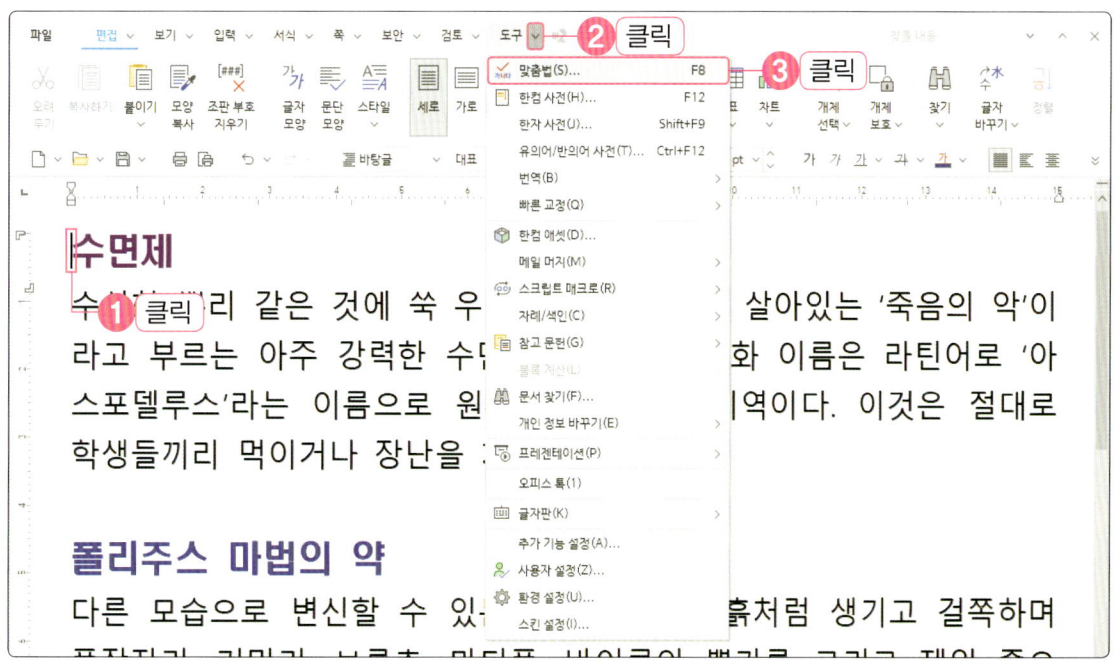

맞춤법 검사하기
[도구]-[맞춤법] 메뉴를 클릭하거나 키보드의 F8 을 누르면 [맞춤법 검사/교정] 대화상자를 표시할 수 있습니다.

Chapter 19 - 맞춤법 검사 및 주석 사용하기 **123**

3 [맞춤법 검사/교정] 대화상자가 표시되면 커서의 위치부터 끝까지 맞춤법 검사를 위해 [시작] 단추를 클릭합니다.

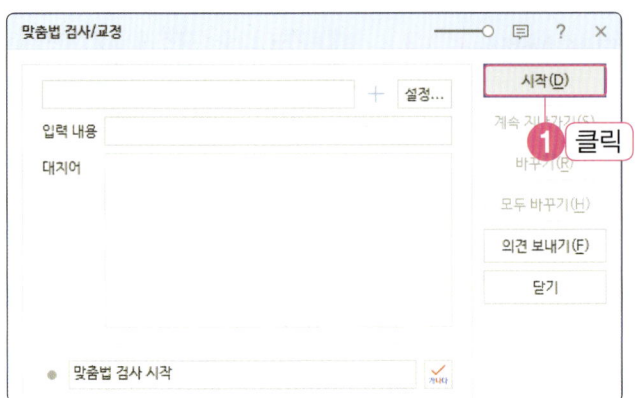

> **Tip**
> 맞춤법 검사는 커서의 위치부터 아래로 검사하며, 맞춤법 검사 후 처음 위치부터 다시 시작할 것인지 묻는 대화상자를 표시합니다.

4 컴퓨터 사전의 내용과 비교하여 맞춤법 검사 내용을 표시하며, 원래의 내용이 맞는 경우 [지나감], 잘못된 단어의 추천 말 내용을 참조하여 정확한 단어를 선택한 후 [바꾸기] 또는 [모두 바꾸기] 단추를 클릭합니다.

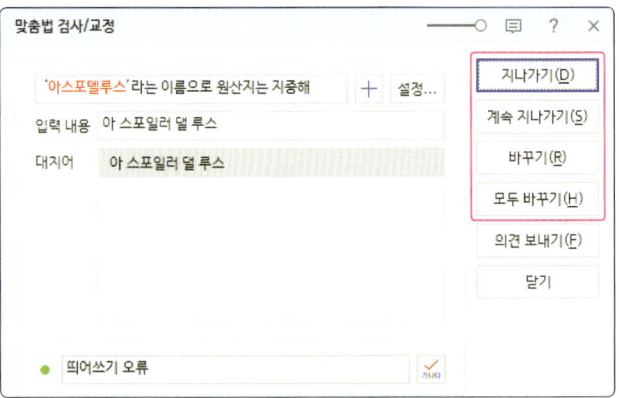

5 맞춤법 검사/교정이 모두 완료되면 [취소] 단추를 클릭합니다.

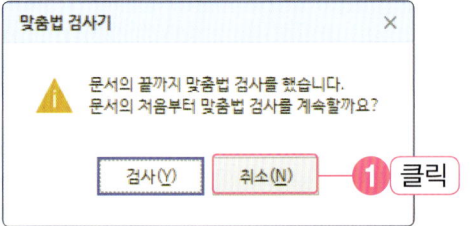

> **Tip**
> [검사] 단추를 클릭하면 문서의 처음 위치부터 다시 맞춤법 검사를 시작합니다.

알아두면 실력튼튼

맞춤법 도우미 설정 작동 및 작동 해제하기

[도구]-[환경 설정] 메뉴를 클릭하면 [환경 설정] 대화상자의 [편집] 탭에서 [맞춤법 도우미 작동]의 선택 또는 선택 해제하여 맞춤법 검사를 작동 또는 작동 해제할 수 있습니다.

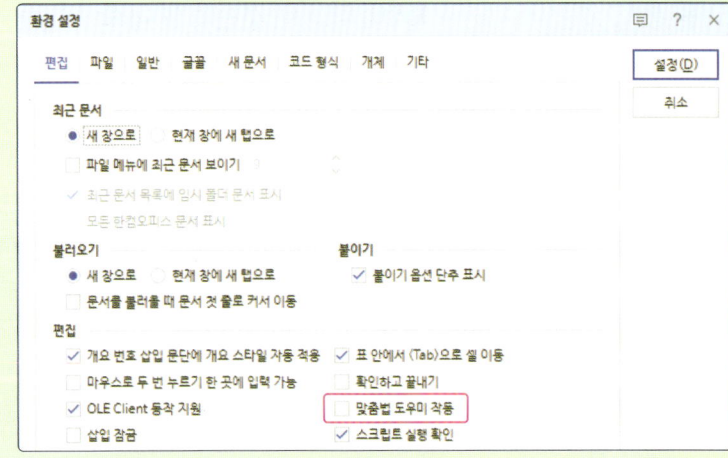

THEME 02 주석(각주) 달기

1 각주를 넣기 위해 문서 내용의 '아스포델루스' 단어 뒤에 커서를 위치한 후 [입력] 탭에서 [각주]를 클릭합니다.

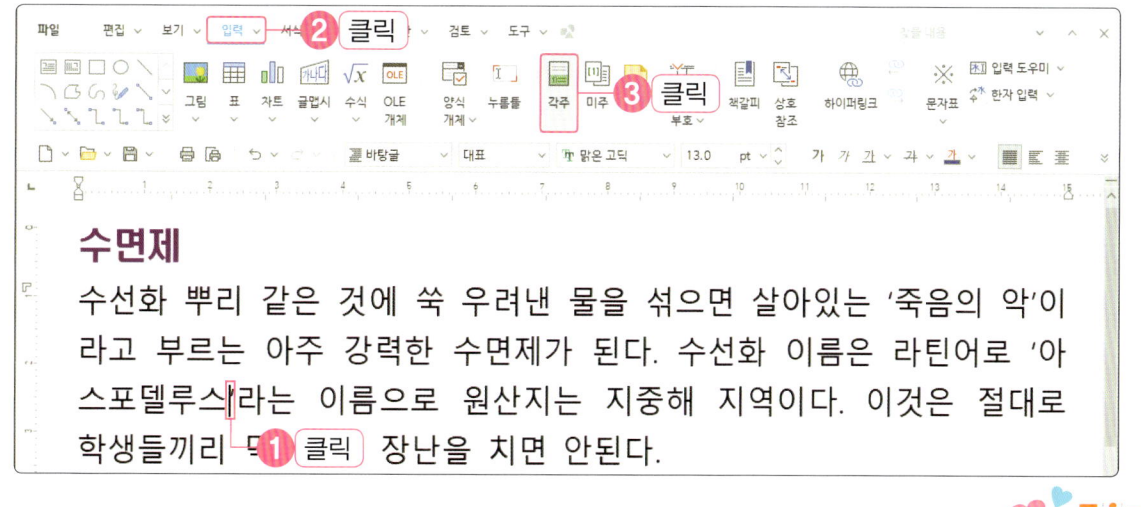

Tip

각주 실행하기
[입력]-[주석]-[각주] 메뉴를 클릭하거나 키보드의 Ctrl+N, N을 눌러도 각주 편집 화면이 표시됩니다.

2 각주 편집 화면이 표시되면 단어의 보충 설명을 입력한 후 글꼴(맑은 고딕) 및 글자 크기 (12) 등을 수정한 다음 [주석] 탭에서 [닫기]를 클릭합니다.

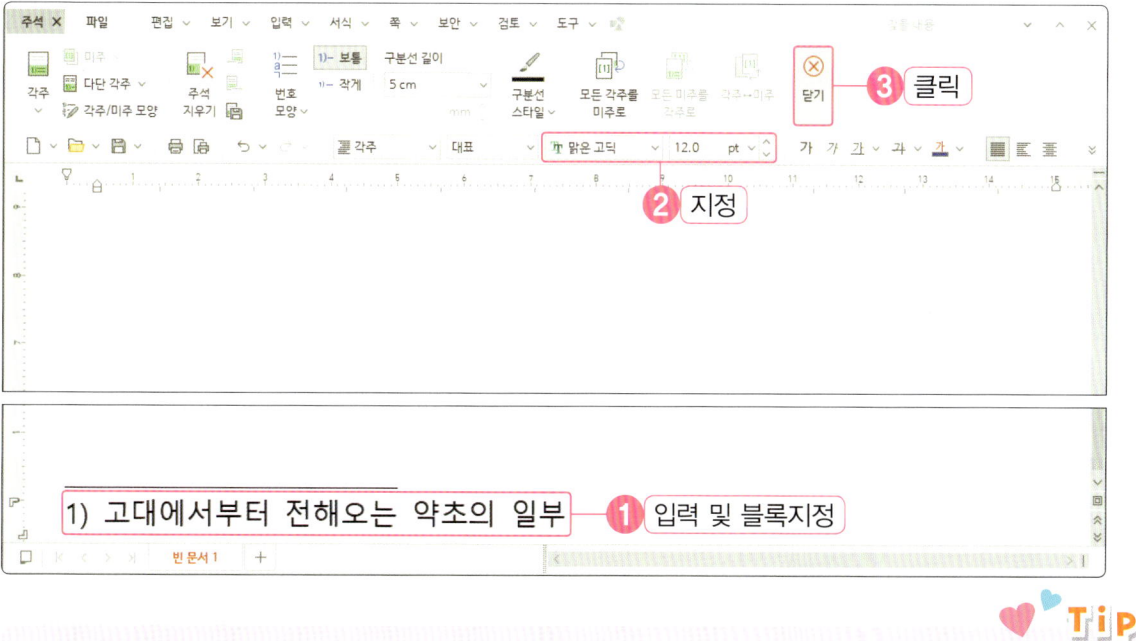

Tip

각주와 미주 알아보기
각주란 해당 페이지의 하단에 표시되는 보충 설명을 의미하며, 미주란 보충 설명을 마지막 페이지에 한꺼번에 모아서 표시합니다.

❸ 같은 방법으로 '바이콘' 단어의 주석을 입력한 후 서식(맑은 고딕, 12pt)을 수정합니다.

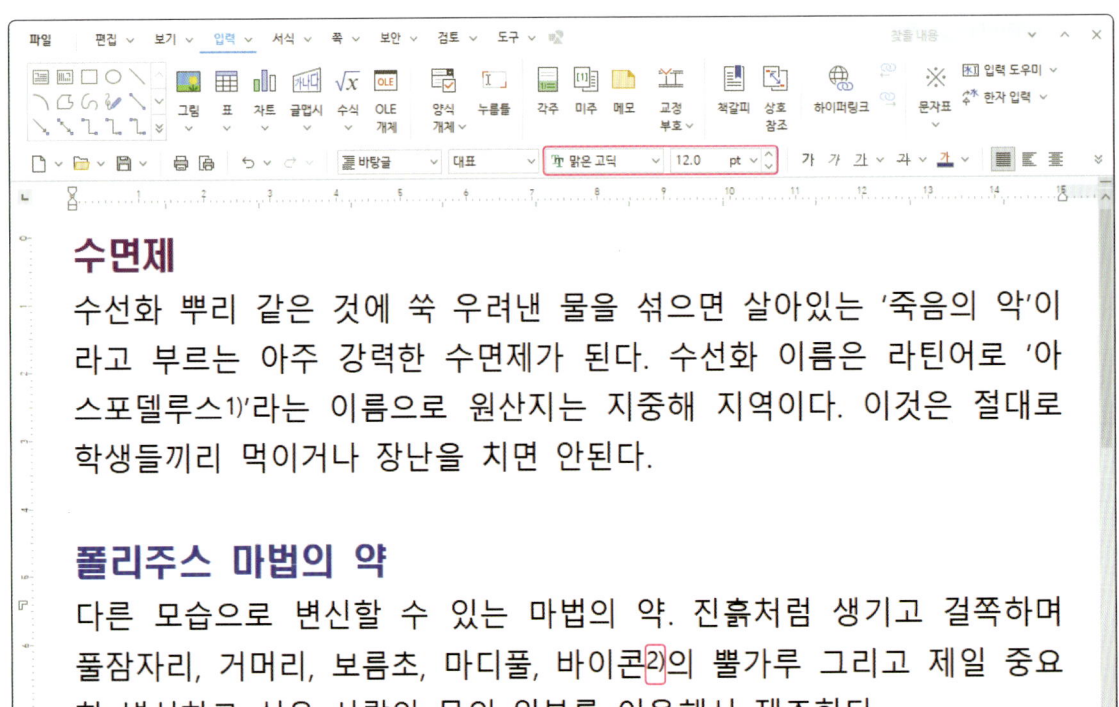

주석(각주, 미주) 지우기
[주석] 탭에서 [주석 지우기]를 클릭하면 주석을 모두 삭제할 수 있습니다.

❹ 완성된 '바이콘'의 주석을 수정하기 위해 '바이콘' 단어 뒤에 표시된 주석 번호 '2)'를 더블클릭합니다.

❺ 각주 편집 화면이 표시되면 해당 각주의 내용(말의 → 동물의)을 수정한 후 [주석] 탭에서 구분선 길이(단 너비) 및 선 색(빨강), 선 모양(점선) 등을 수정한 다음 [닫기]를 클릭합니다.

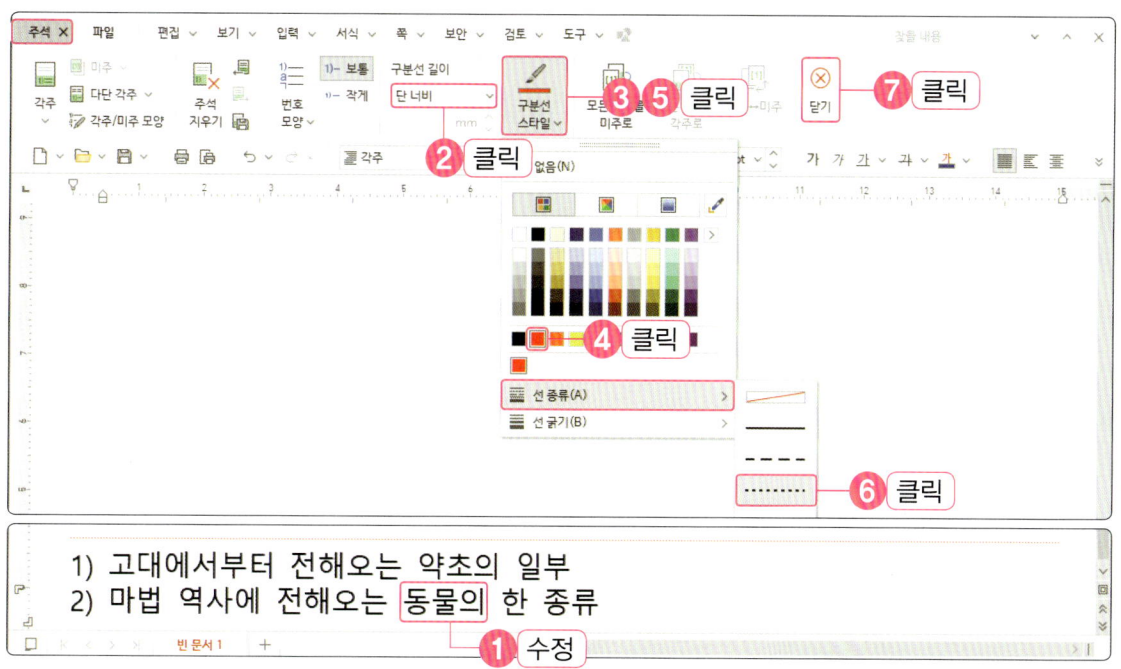

알아두면 실력튼튼

덧말 넣기

덧말은 본문의 내용에 넣기 어려운 자료의 출처와 같은 보충 설명을 본말(단어)의 위 또는 아래쪽에 작게 넣는 방법을 의미하며, 덧말 넣기의 사용법은 다음과 같습니다.

❶ 덧말을 표시할 단어(수면제)를 드래그한 후 [입력]-[덧말 넣기] 메뉴를 클릭합니다.

❷ [덧말 넣기] 대화상자가 표시되면 본말(수면제)의 확인 및 덧말 내용(불면증약)을 입력한 후 덧말 위치(위)를 설정한 다음 [넣기] 단추를 클릭합니다.

❸ '수면제' 단어위 위쪽에 덧말이 표시됩니다.

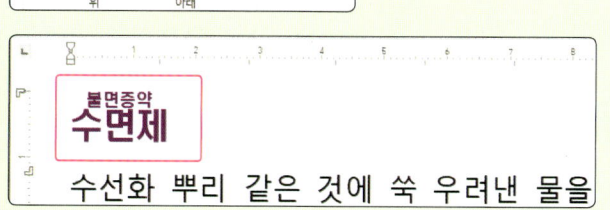

01 새 문서에 다음과 같이 문서를 작성한 후 맞춤법 검사 및 각주를 설정해 보세요.

❶ **제목** : 글꼴(HY수평선B), 글자 크기(20pt), 글자색(검은 군청)
❷ **내용** : 글꼴(맑은 고딕), 글자 크기(16pt)
❸ **맞춤법 검사** : 맞춤법 검사를 실행한 후 오탈자 검사
❹ **각주** : 글꼴(HY헤드라인M), 글자 크기(14pt), 번호 모양(가, 나, …), 구분선 길이(단 너비), 선 색(파랑), 선 굵기(1mm)
❺ **저장** : 본인의 이름 폴더에 '신들의 탄생.hwpx' 이름으로 저장

---

❶ **카오스로부터 신들의 탄생**

❷ 카오스에서 어둠의 신 에레보스①와 밤의 여신 뉙스②가 태어났다. 이때까지는 온 세상이 어둠뿐이었다.
어둠(에레보스)과 밤(뉙스)이 교합하기를 거듭하더니 이 둘 사이에 낮의 신 헤메라③와 대기의 여신 아이테르④가 태어났다. 이로써 모든 천체가 운행할 우주의 드넓은 어둠과 밤의 세계가 생겨났다.

❹ ① Erebus, 땅속의 칠흑 같은 어둠
② Nyx, 밤하늘의 맑은 어둠
③ Hemera, 낮
④ Alther, 맑은 대기

Chapter 20 책갈피 및 하이퍼링크 사용하기

학습목표
- ◆ 책갈피를 설정하는 방법에 대해 알아봅니다.
- ◆ 하이퍼링크를 사용하는 방법에 대해 알아봅니다.

우리가 두꺼운 책을 읽을 때 읽고 있는 부분을 표시하기 위해 책갈피를 쓰는 것처럼 문서에도 책갈피를 설정할 수 있습니다. 이렇게 책갈피를 지정하면 문서 내용에서 하이퍼링크로 연결하여 해당 페이지를 빨리 찾을 수도 있답니다. 그럼 책갈피 및 하이퍼링크의 사용법을 알아볼까요?

Preview

THEME 01 책갈피 표시하기

1. 한글 2022에서 '혈액형점.hwpx' 파일을 불러옵니다.

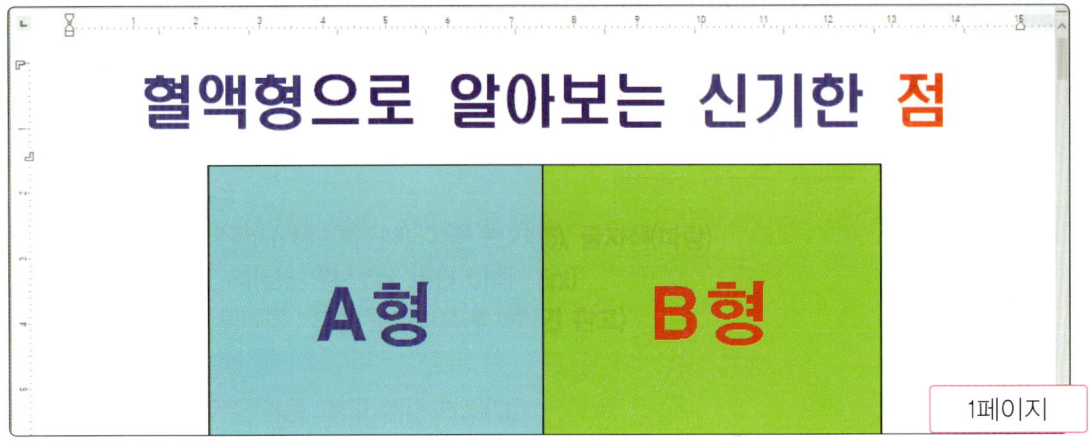

1페이지

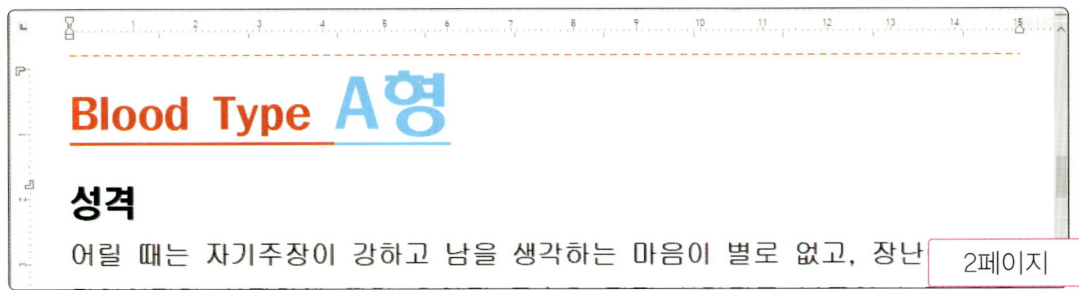

2페이지

3페이지

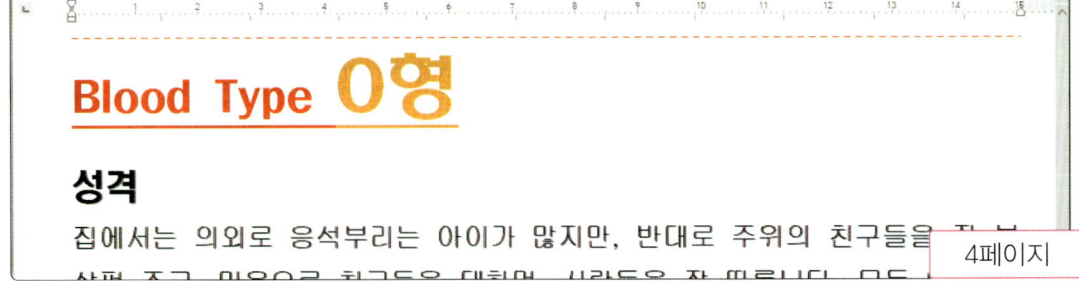

4페이지

5페이지

② 2페이지의 첫 번째 제목(Blood Type A형) 앞에 커서를 위치한 후 [입력]-[책갈피] 메뉴를 클릭합니다.

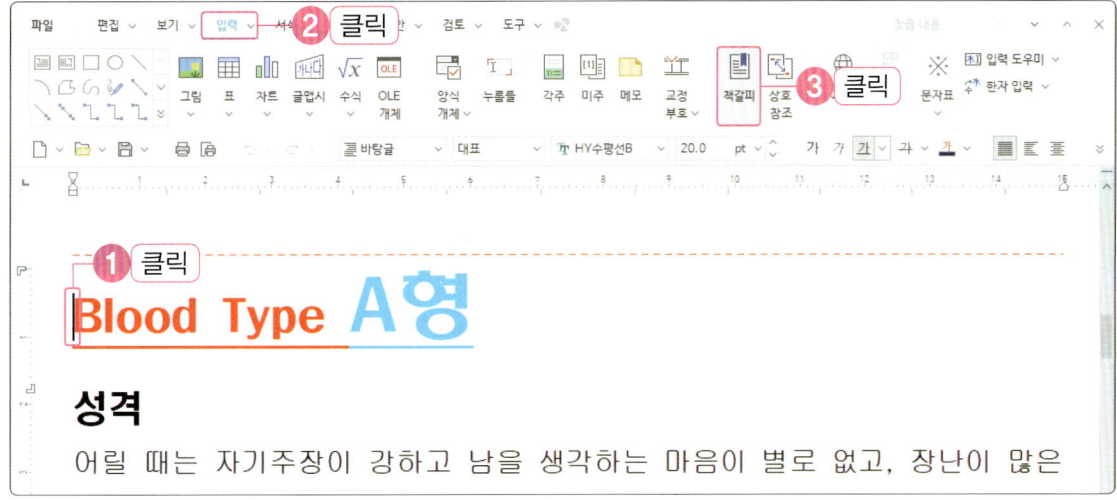

③ [책갈피] 대화상자가 표시되면 책갈피 이름을 확인한 후 [넣기] 단추를 클릭합니다. 같은 방법으로 모든 혈액형 타입 제목에 책갈피를 넣어줍니다.

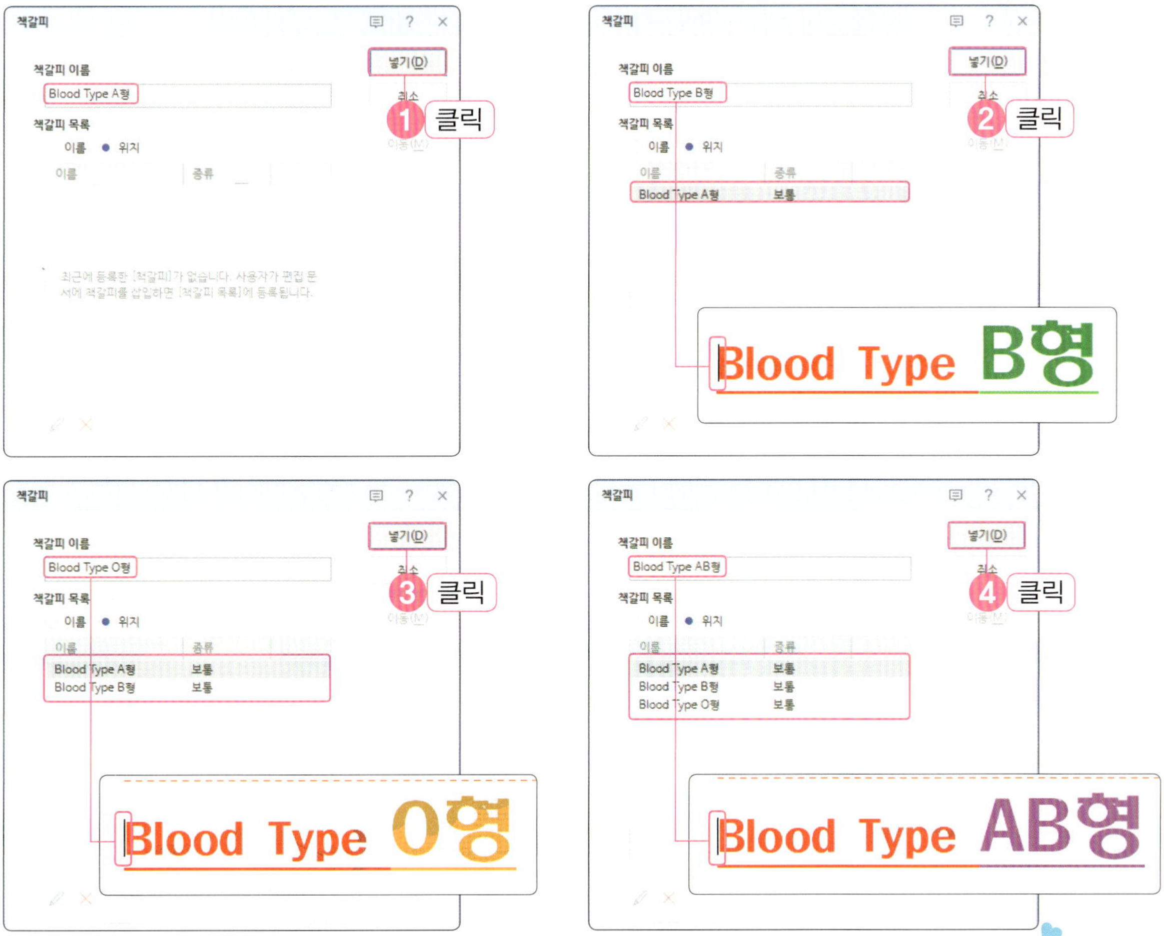

[책갈피] 대화상자 알아보기
- **[책갈피 이름 바꾸기]** : 선택한 책갈피의 이름을 바꿀 수 있습니다.
- **[삭제]** : 선택한 책갈피를 삭제할 수 있습니다.

Chapter 20 - 책갈피 및 하이퍼링크 사용하기

THEME 02 하이퍼링크로 연결하기

1 1페이지에 있는 'A형' 내용을 드래그하여 블록으로 지정한 후 [입력] 탭에서 [하이퍼링크]를 클릭합니다.

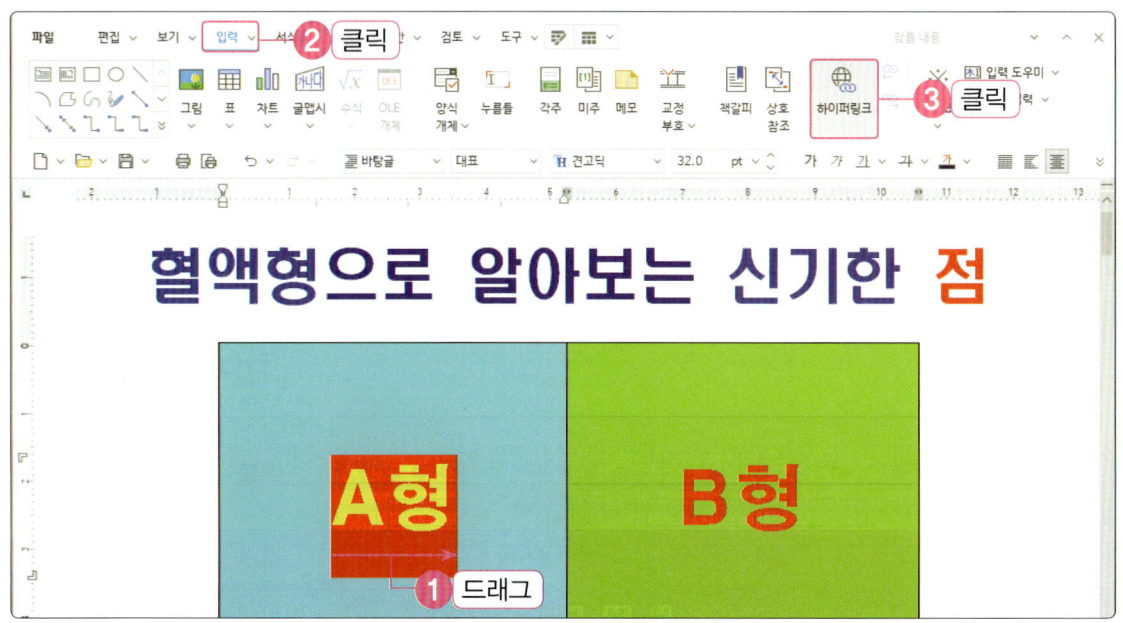

2 [하이퍼링크] 대화상자가 표시되면 표시할 문자열(A형)을 확인한 후 연결 대상(Blood Type A형)을 선택한 다음 [넣기] 단추를 클릭합니다.

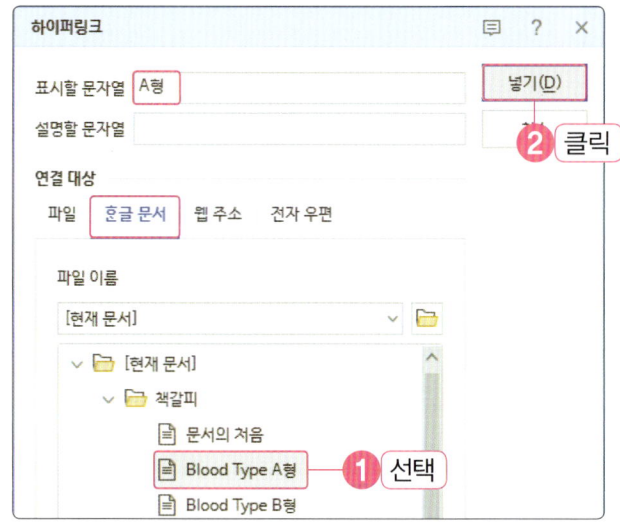

3 'A형' 단어에 하이퍼링크가 지정되어 글자색(파랑) 및 밑줄이 표시됩니다.

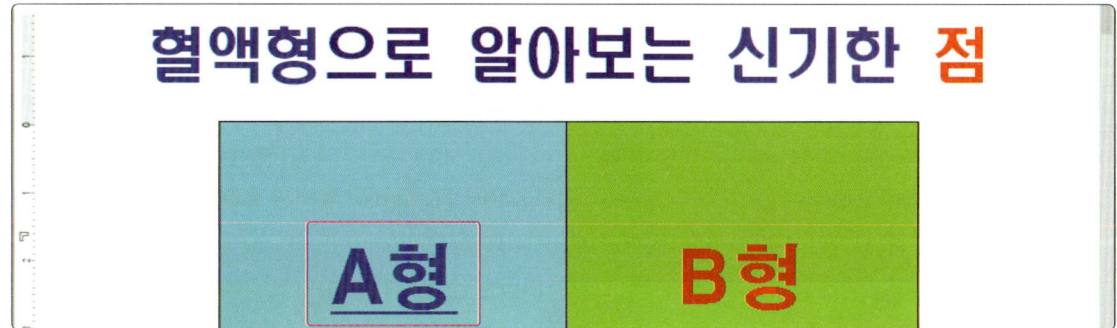

④ 같은 방법으로 다른 제목에도 하이퍼링크를 지정합니다.

⑤ 1페이지의 혈액형 제목에 위치하여 마우스 포인터 모양이 손 모양으로 변할 때 클릭하면 하이퍼링크로 연결된 책갈피로 이동되는 것을 확인할 수 있습니다.

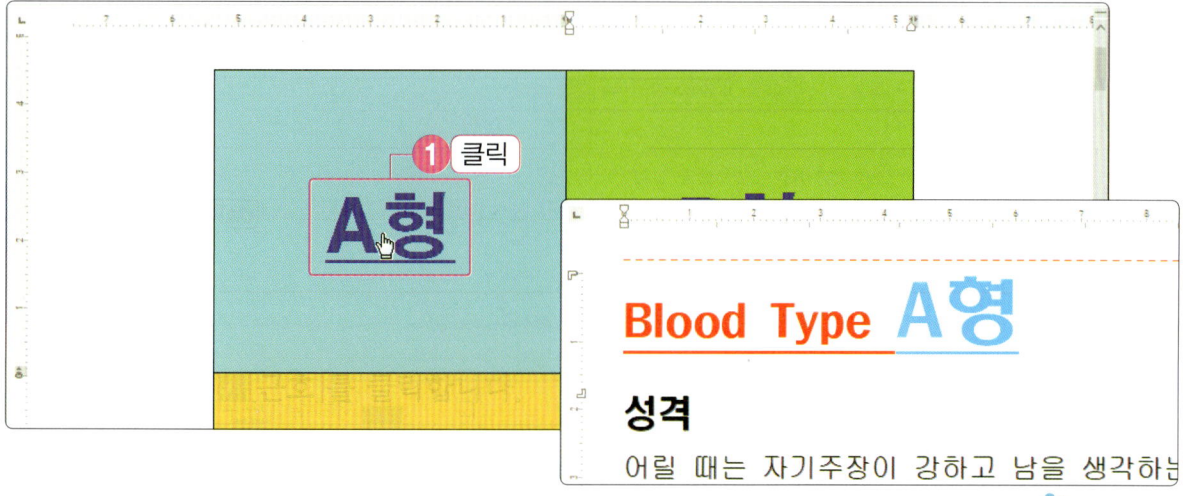

그림을 통한 하이퍼링크 연결하기
그림 개체에 하이퍼링크를 연결한 경우 키보드의 Ctrl 을 눌러야 마우스 포인터 모양이 🖑 모양으로 바뀌며 클릭하여 연결할 수 있습니다.

이메일 주소 하이퍼링크 연결하기

이메일 주소와 연결할 단어(이메일 접수)를 입력한 후 블록 지정한 다음 [입력]–[하이퍼링크] 메뉴를 클릭합니다. [하이퍼링크] 대화상자의 연결 대상(전자 우편) 및 전자 우편 주소를 입력한 후 [넣기] 단추를 클릭합니다.

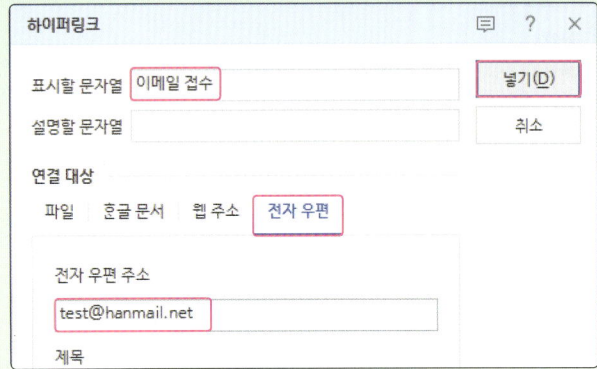

웹 주소 하이퍼링크 연결하기

인터넷 홈페이지와 연결할 단어(다음 홈페이지)를 입력한 후 블록 지정한 다음 [입력]–[하이퍼링크] 메뉴를 클릭합니다. [하이퍼링크] 대화상자의 연결 종류(웹 주소)의 지정 및 연결 대상(www.daum.net)을 입력한 다음 [넣기] 단추를 클릭합니다. (※중요 : 개체를 이용하여 연결할 경우 키보드의 Ctrl을 눌러야 연결할 수 있습니다.)

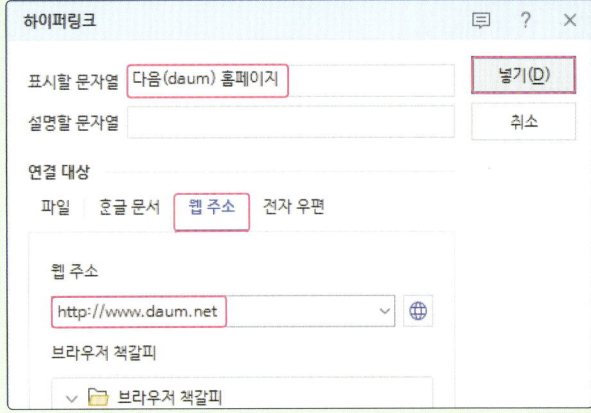

문서 파일과 연결하기

문서에서 연결할 단어(참고문서)를 입력한 후 블록 지정한 다음 [입력]–[하이퍼링크] 메뉴를 클릭합니다. [하이퍼링크] 대화상자의 연결 대상(파일)를 지정한 후 연결할 문서 파일의 경로를 지정한 다음 [넣기] 단추를 클릭합니다.

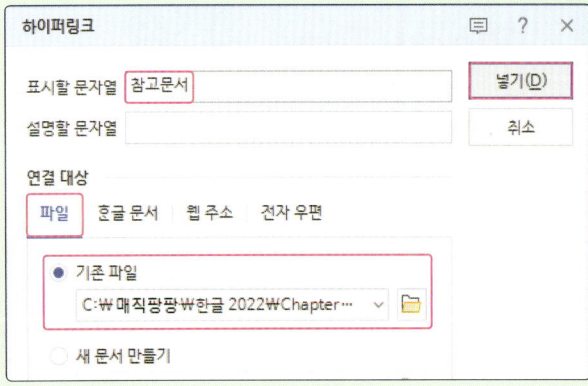

Jump! Jump!

01 '추천사이트' 파일을 열고 다음과 같이 문서에 하이퍼링크를 지정해 보세요.

❶ **하이퍼링크(웹 주소)** : 텍스트 내용의 괄호 안에 있는 주소를 참고하여 하이퍼링크로 연결
❷ **하이퍼링크(즐겨찾기)** : 인터넷 검색엔진 네이버(naver.com), 다음(daum.net), 줌(zum.com) 등을 검색엔진에 등록한 후 하이퍼링크를 이용하여 즐겨찾기 주소와 연결
❸ **하이퍼링크(웹 주소)** : 어린이 기상교실(www.kma.go.kr/kids/index.jsp) 사이트와 하이퍼링크로 연결
❹ **하이퍼링크(웹 주소)** : 국립민속박물관(http://www.nfm.go.kr) 사이트와 하이퍼링크로 연결

어린이 추천 사이트

❶ ① 쥬니어 네이버(jr.naver.com)
② 깨비키즈(www.kebikids.com)
③ 경찰박물관(https://www.policemuseum.go.kr)
④ 온라인학습 에듀넷(www.edunet.net)
⑤ 렉스 초등학교(본인의 초등학교 홈페이지 주소)

❷

❸  ❹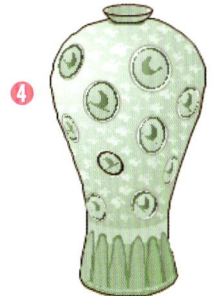

Hint

그림을 통한 하이퍼링크 연결하기
그림 개체에 하이퍼링크를 연결한 경우 키보드의 Ctrl을 눌러야 마우스 포인터 모양이 👆 모양으로 바뀌며 클릭하여 연결할 수 있습니다.

Chapter 21. 단 설정으로 가족 신문 만들기

학습목표
- ◆ 다단 설정 방법에 대해 알아봅니다.
- ◆ 문단의 첫 글자 장식 방법에 대해 알아봅니다.

다단이란 한 페이지를 여러 개의 단으로 나누어 신문처럼 많은 내용을 담고 있어도 정돈되어 보이는 효과를 주는 방법입니다. 그럼 이번 시간에는 신문 또는 시험지, 단어장 등을 만들때 많이 사용하는 다단 설정과 문단의 첫 글자 장식의 사용법에 대해 알아볼까요?

Preview

136 한글 2022

THEME 01 단 설정하기

1. '가족신문.hwpx' 파일을 열고 다단 설정을 위해 '우리아빠는' ~ '꿈이랍니다.' 내용까지 드래그하여 블록으로 지정한 후 [편집] 탭에서 [단]-[다단 설정]을 클릭합니다.

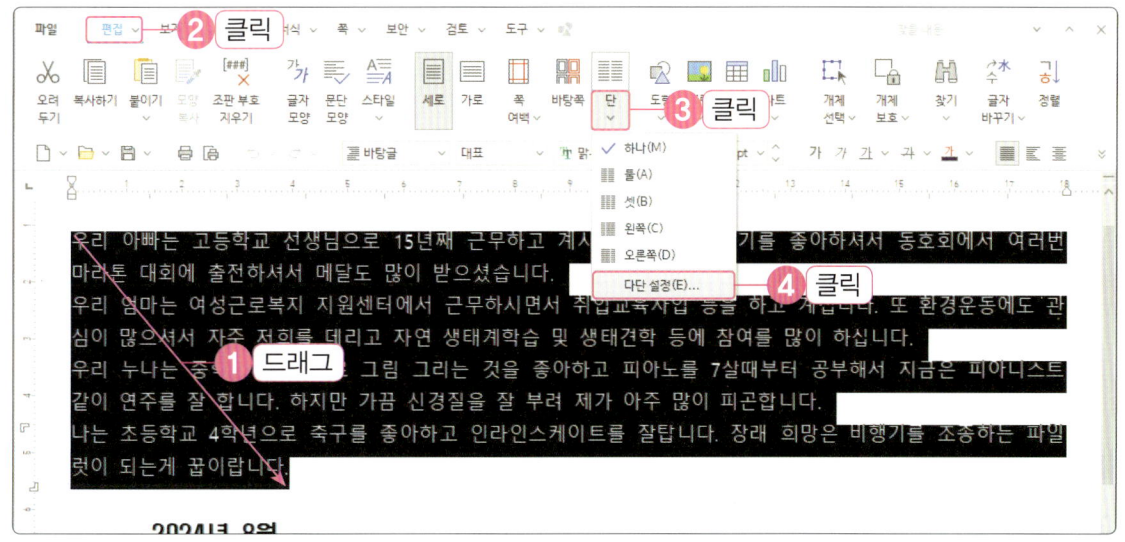

2. [단 설정] 대화상자가 표시되면 단 개수(2)를 지정한 후 [구분선 넣기]를 클릭하여 선택한 다음 종류(실선), 굵기(0.12mm), 색(검정) 등을 지정하고 [설정] 단추를 클릭합니다.

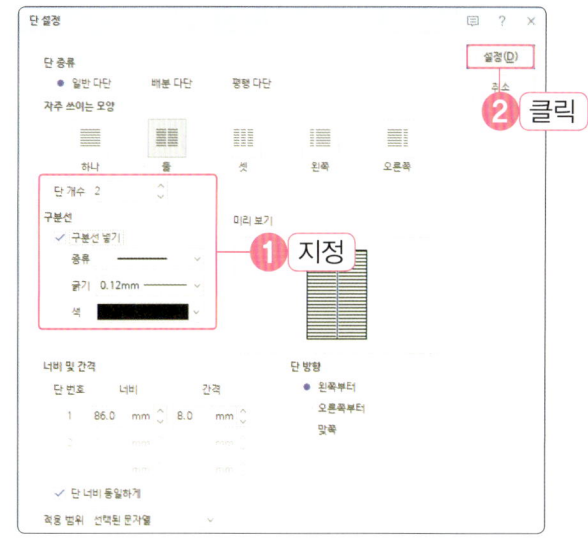

3. 블록으로 지정한 문장이 2단 편집으로 수정되어 표시됩니다.

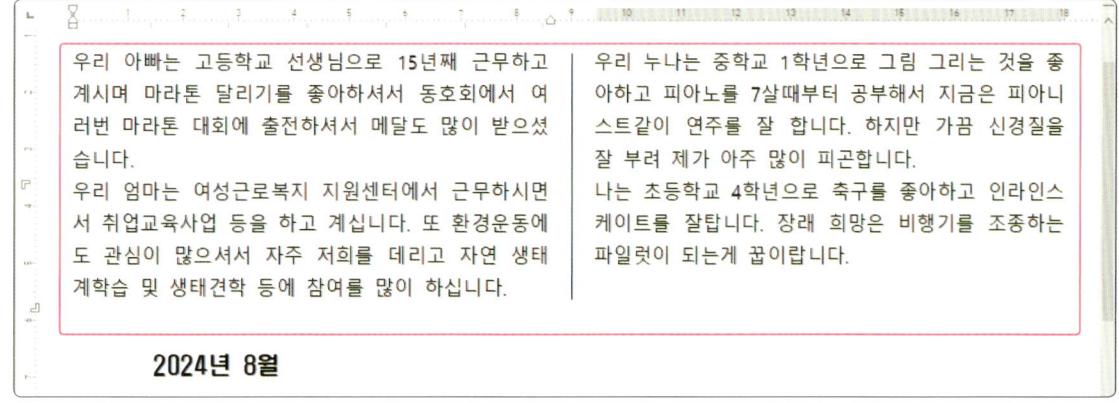

④ 같은 방법으로 나머지 내용인 '2024년 8월'부터 마지막 내용까지 드래그하여 블록으로 지정한 후 [편집] 탭에서 [단]-[다단 설정]을 클릭합니다.

⑤ [단 설정] 대화상자가 표시되면 단 개수(3)를 지정한 후 [구분선 넣기]를 클릭하여 선택한 다음 종류(점선), 굵기(0.12mm), 색(검정) 등을 지정하고 [설정] 단추를 클릭합니다.

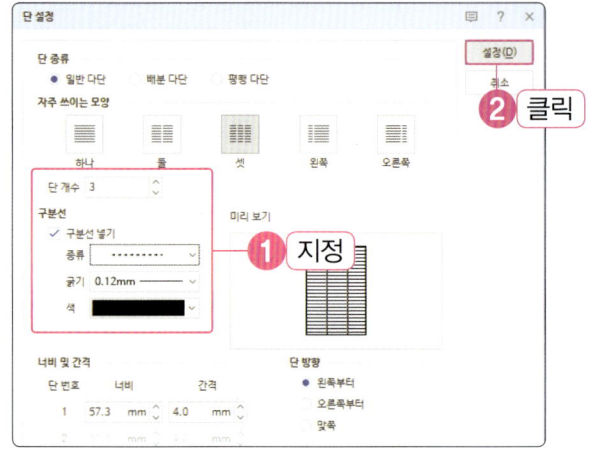

⑥ 블록으로 지정한 문장이 3단 편집으로 수정되어 표시됩니다.

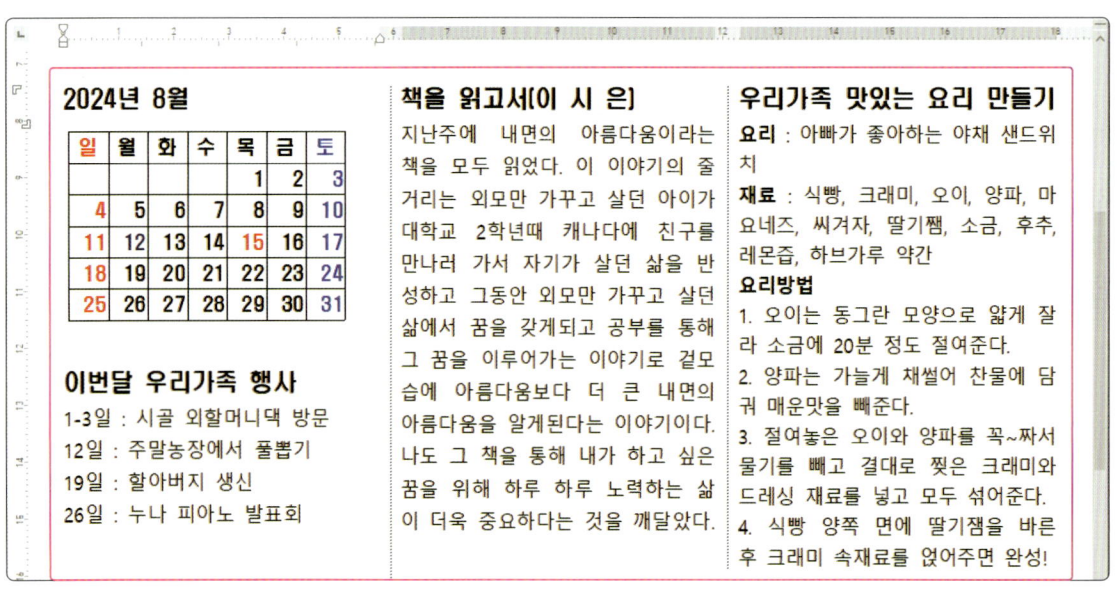

알아두면 실력튼튼

단 설정을 취소하기

단 설정의 취소는 취소할 다단으로 설정된 내용을 모두 드래그한 다음 [쪽]-[다단 설정] 메뉴를 클릭한 후 [단 설정] 대화상자에서 단 개수(1)를 수정하고 [설정] 단추를 클릭하면 단 설정이 취소됩니다.

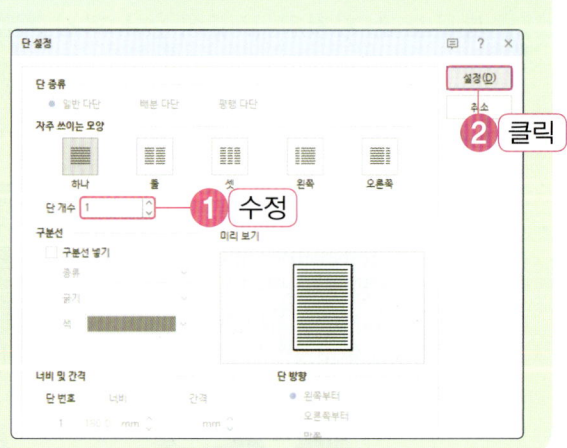

THEME 02 글상자 삽입 및 문단 첫 글자 장식하기

1 글상자를 삽입하여 제목을 꾸미기 위해 문서의 가장 처음 위치의 빈 공간에 커서를 위치한 후 [입력] 탭에서 [가로 글상자]를 클릭합니다.

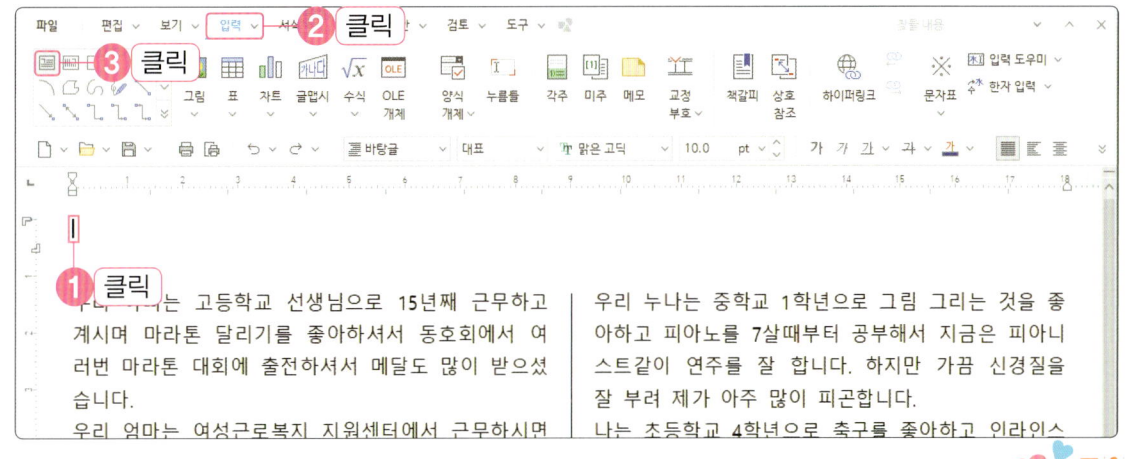

> **Tip**
>
> **글상자 삽입하기**
> [입력]-[글상자] 메뉴를 클릭하거나 [편집] 탭에서 [도형]-[가로 글상자]를 클릭, 또는 Ctrl+N, B를 눌러도 글상자를 삽입할 수 있습니다.

2 마우스 포인터 모양이 + 모양으로 바뀌면 다음과 같이 드래그하여 글상자를 문서에 삽입합니다.

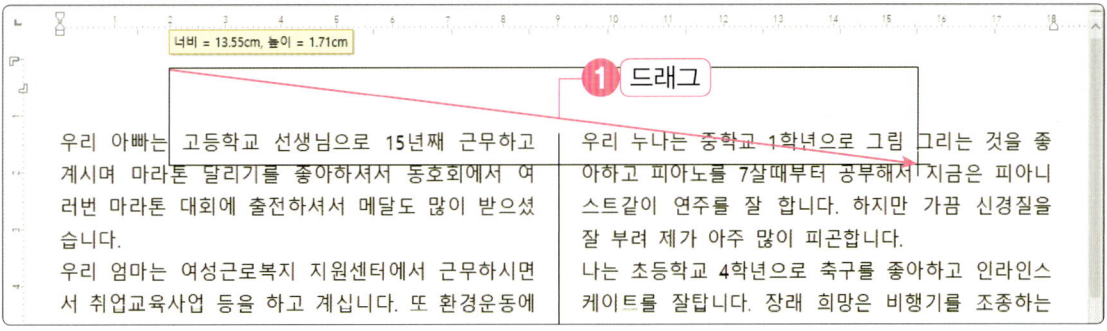

3 글상자 안에 마우스를 클릭한 후 내용(우리 가족 소개)을 입력한 다음 글꼴(HY수평선B), 글자 크기(20), 가운데 정렬(≡) 등을 지정합니다.

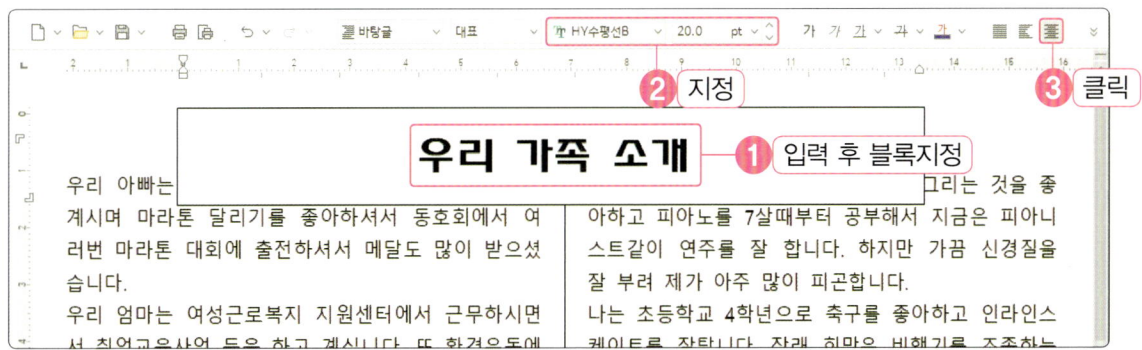

④ 글상자 개체를 선택한 후 [도형] 탭에서 [글자처럼 취급]을 클릭하여 체크한 다음 너비(130) 및 높이(17)를 수정하고 [그림자 모양]-[오른쪽 아래]를 클릭합니다.

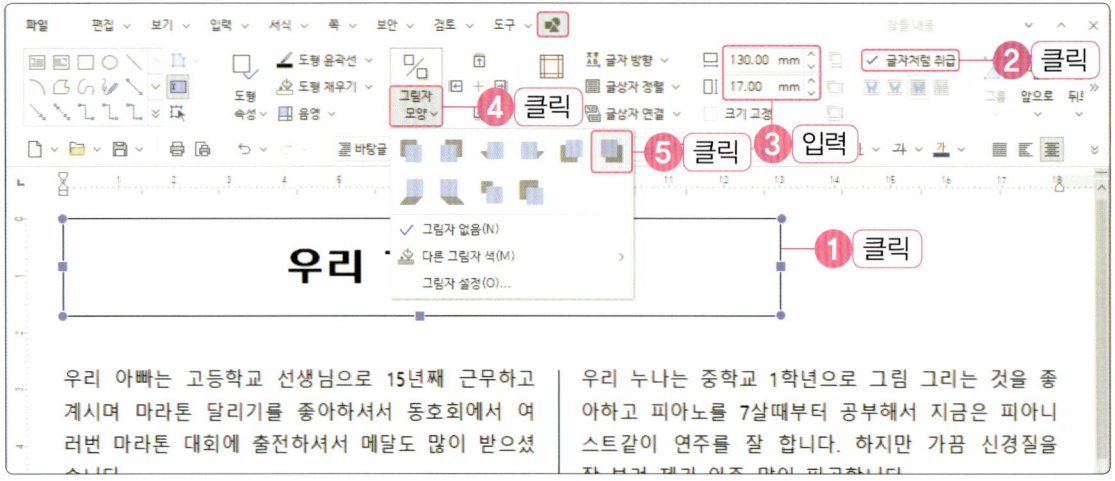

⑤ 글상자 개체를 문서의 가운데에 위치 하도록 설정하기 위해 글상자 뒤쪽 여백 위치에 커서를 위치한 후 서식 도구 상자에서 [가운데 정렬]을 클릭합니다.

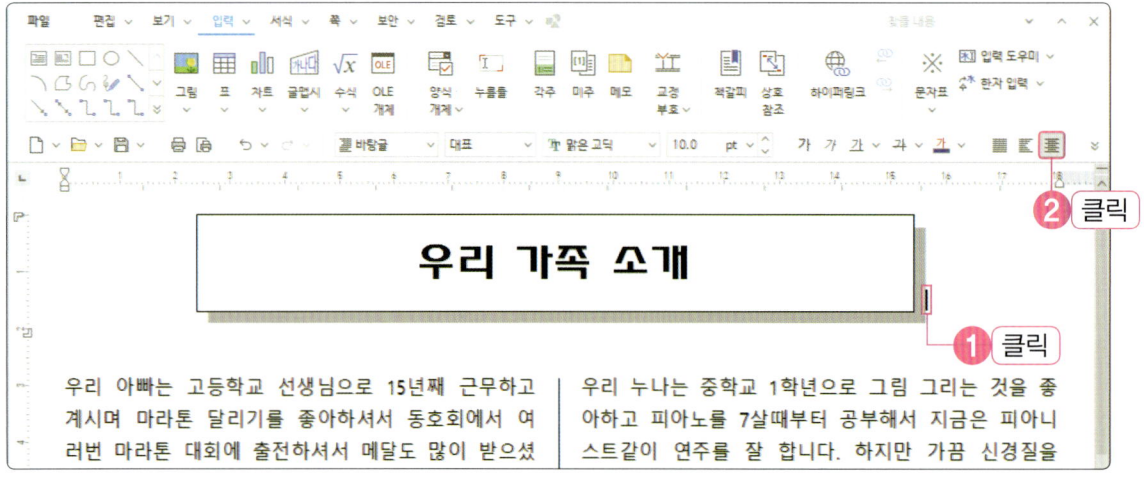

⑥ 문단의 첫 글자를 장식하기 위해 내용 중 첫 번째 문단의 '우리' 단어 앞에 커서를 위치한 후 [서식] 탭에서 [문단 첫 글자 장식]을 클릭합니다.

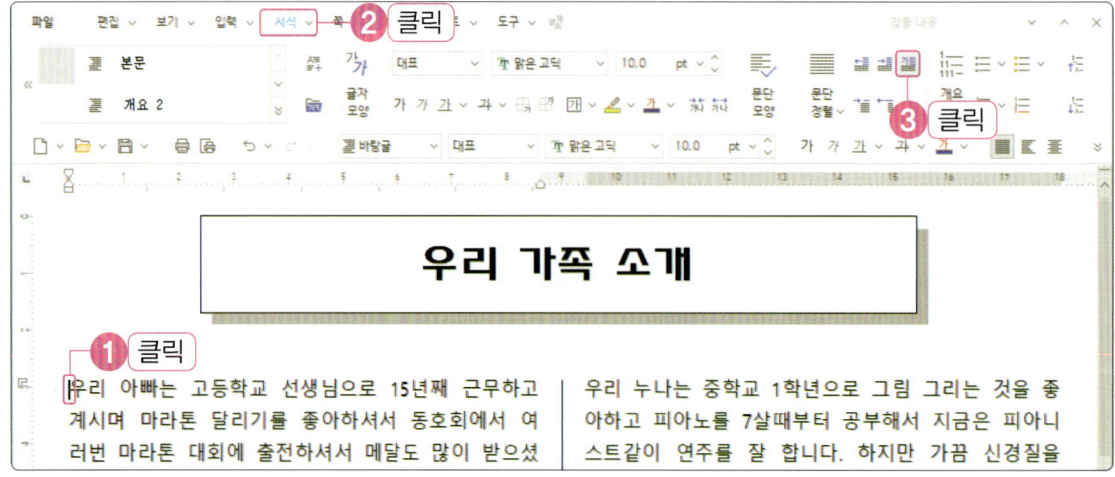

7 [문단 첫 글자 장식] 대화상자가 표시되면 모양(█[3줄(3)])을 클릭한 후 글꼴(HY견고딕) 및 선 종류(실선), 선 굵기(0.1), 선 색(주황), 면 색(노랑) 등을 지정한 다음 [설정] 단추를 클릭합니다.

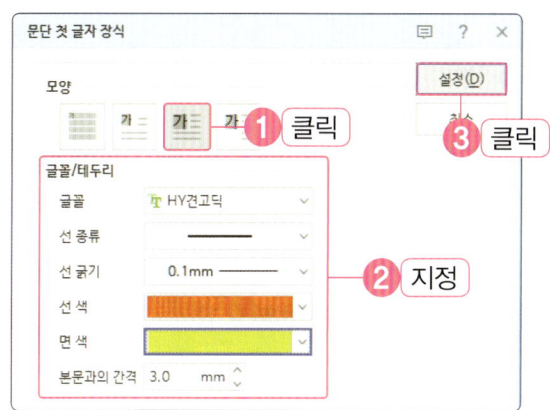

8 커서가 위치한 문단의 첫 글자가 [문단 첫 글자 장식] 대화상자의 설정에 의해 수정된 것을 확인할 수 있습니다.

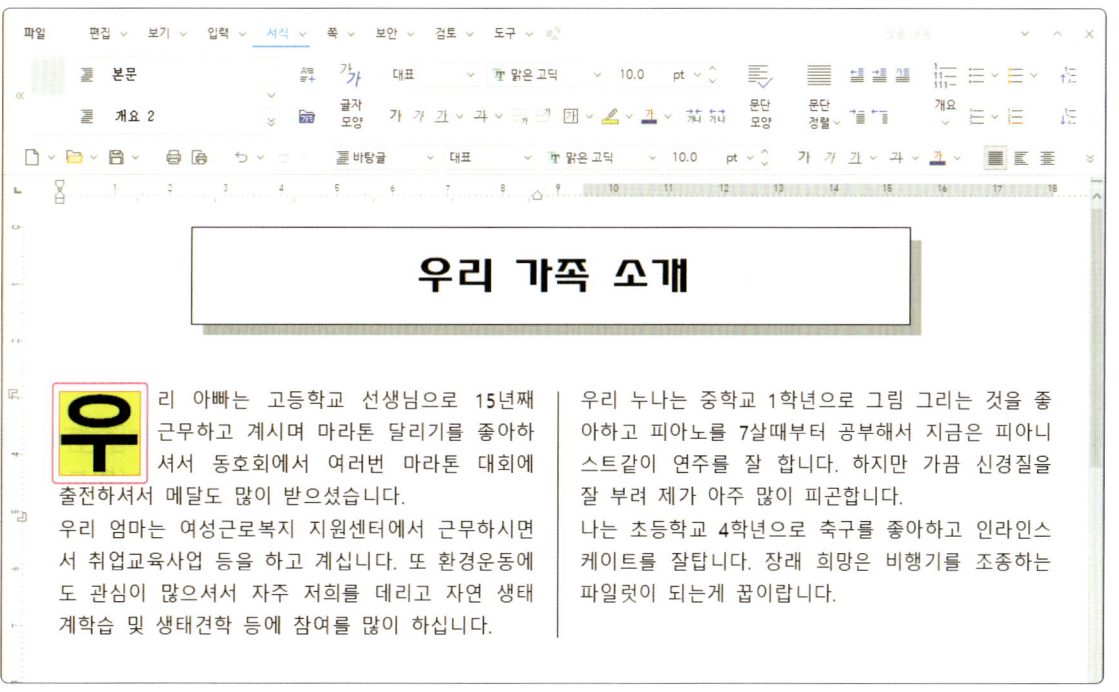

알아두면 실력튼튼

문단 첫 글자 장식 취소하기

문단 첫 글자 장식이 지정된 문단 위치에 커서를 위치한 후 [서식]-[문단 첫 글자 장식] 메뉴를 클릭한 다음 [문단 첫 글자 장식] 대화상자에서 모양(█[없음])을 클릭하고 [설정] 단추를 클릭하면 문단 첫 글자 장식이 취소됩니다.

01 '평등' 파일을 열고 다음과 같이를 문서를 수정해 보세요.
- **글상자** : 글꼴(맑은 고딕), 글자 크기(20), 진하게(가), 나머지 결과화면을 참고하여 임의로 설정
- **다단 및 문단 첫 글자 장식** : 결과화면을 참고하여 임의로 설정

차별없는 대한민국

양성평등

남자와 여자의 신체적인 차이를 인정하며, 인격적으로 차별 없이 평등하게 존중하는 것을 양성평등 이라고 합니다. 남자와 여자의 신체적인 차이로 힘의 세기 등 여러 가지 차이가 있을 수 있지만 아무리 차이가 있다고 하더라도 같은 사람임에는 틀림없습니다. 우리 모두 존중받아야만 하는 소중한 존재라는 것을 잊지 말고 생활하는 것이 중요합니다. 양성평등 사회를 만들기 위해 남녀를 차별하는 법과 제도를 고치고 남녀가 서로 이해하고 존중해 주어야 합니다. 집안일 분담과 양성평등에 대한 의식이 바뀌고 우리 모두가 필요한 소중한 사람이라고 생각해야 하겠습니다.

평등한 가족

평등한 가정의 모습이란 남성은 직장일, 여성은 집안일이라는 성역할의 고정관념을 벗어버리고 가정의 모든 일을 함께 책임지고 서로 돕는 모습을 말합니다. 경제적인 면에서도 엄마와 아빠가 힘을 모아 일을하여 저축하고, 집안일도 엄마에게만 미룰 것이 아니라 가족모두가 일을 나누어 함께 하는 것입니다. 엄마가 청소를 하시면 아빠가 밥을 지어 주시고 설거지는 우리가 하는 등 분담하는 것이 평등하고 조화로운 모습이라 할 수 있습니다. 가정은 우리가 만드는 작은 사회로, 가족이 서로 힘을 합해 함께 가꾸어 가야하는 것입니다.

평등권

평등권은 자유권과 더불어 중요시되어 온 본질적인 기본권으로 불합리한 차별을 받지 않도록 하는 권리를 의미합니다. 근대 이전의 대부분의 사회는 불평등한 계급 사회였습니다. 피지배 계급은 납세와 병역 등의 무거운 의무를 지녔으며 일부는 노예와 같은 불합리한 처지에 놓여 있었습니다. 이에 평민 계급은 모든 인간이 동등하게 태어났다고 주장하며 불평등한 계급 사회를 타파하고자 시민 혁명을 일으키게 되었으며, 혁명 이후에는 점진적으로 평등한 사회로 발전하게 되었습니다.
평등권은 대한민국 헌법의 기본 원리 중의 하나로 인간의 존엄성을 실현하기 위한 본질적인 기본권입니다.

Chapter 22 메일 머지 사용하기

학습 목표
◆ 메일 머지를 만드는 방법에 대해 알아봅니다.
◆ 메일 머지를 실행하는 방법에 대해 알아봅니다.

메일 머지는 이름, 주소 등의 일부 내용만 다르고 나머지 내용은 공통으로 사용, 초대장과 같은 문서를 작성할 때 편리한 기능입니다. 메일 머지를 사용하기 위해서는 공통된 내용의 본문 파일과 변경되는 내용의 데이터 파일이 필요합니다. 그럼 메일 머지의 사용 방법에 대해 알아볼까요?

Preview

THEME 01 메일 머지 표시달기

1 '초대장.hwpx' 파일을 열고 초대장의 이름이 표시될 부분에 커서를 위치한 후 [도구]-[메일 머지]-[메일 머지 표시 달기] 메뉴를 클릭합니다.

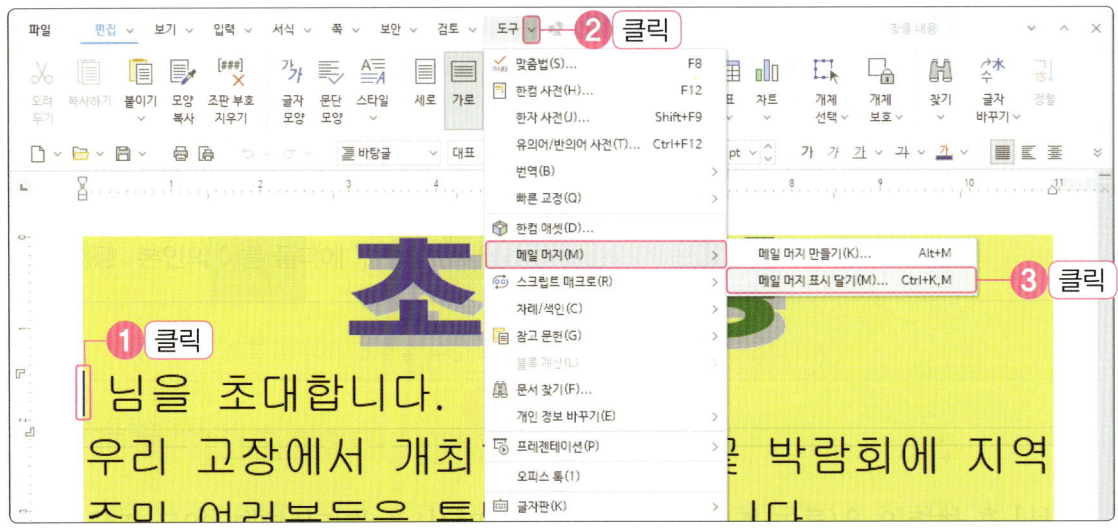

2 [메일 머지 표시 달기] 대화상자가 표시되면 [필드 만들기] 탭에서 필드 번호(1)를 입력한 후 [넣기] 단추를 클릭합니다.

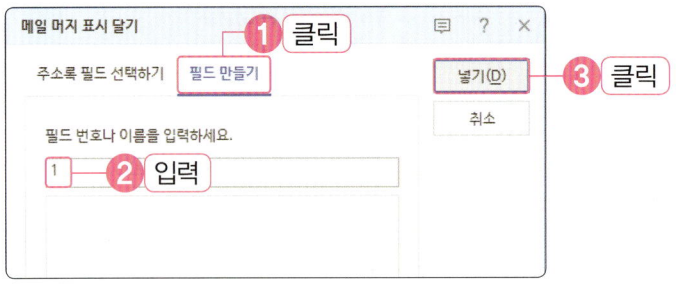

3 커서가 위치한 부분에 필드 번호가 표시됩니다.

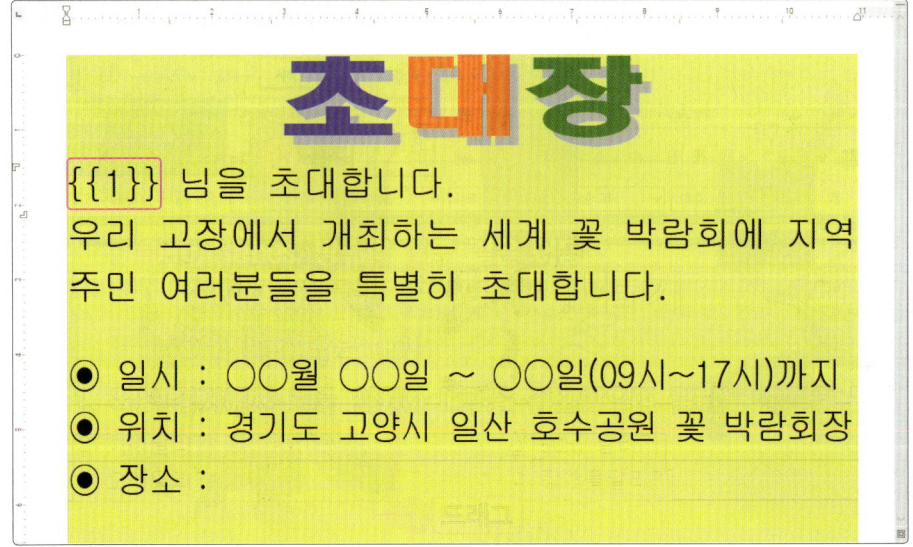

④ 같은 방법으로 '장소 : ' 단어 뒤에 [도구]-[메일 머지]-[메일 머지 표시 달기] 메뉴를 클릭한 후 필드 번호(2)를 입력한 다음 [넣기] 단추를 클릭하여 필드 번호를 표시합니다.

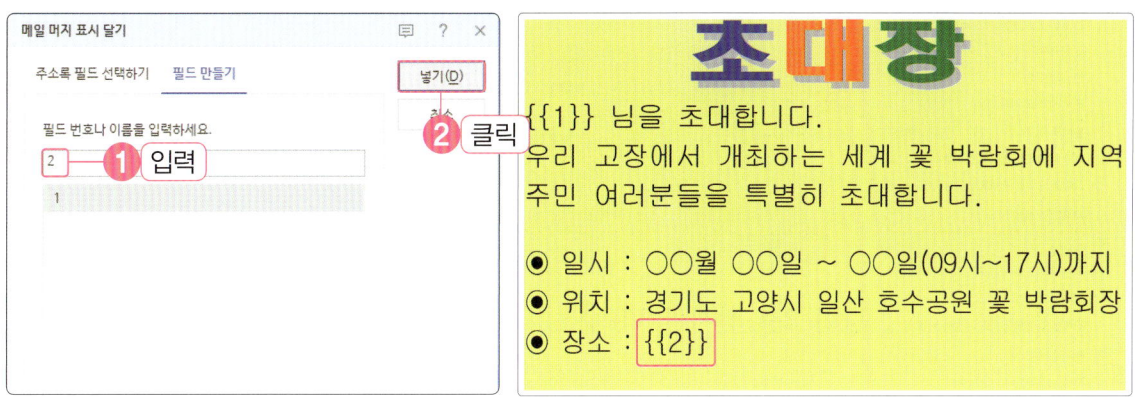

⑤ 서식 도구 상자의 [새 문서]에서 목록 단추(˅)를 클릭한 후 [새 탭]을 클릭합니다.

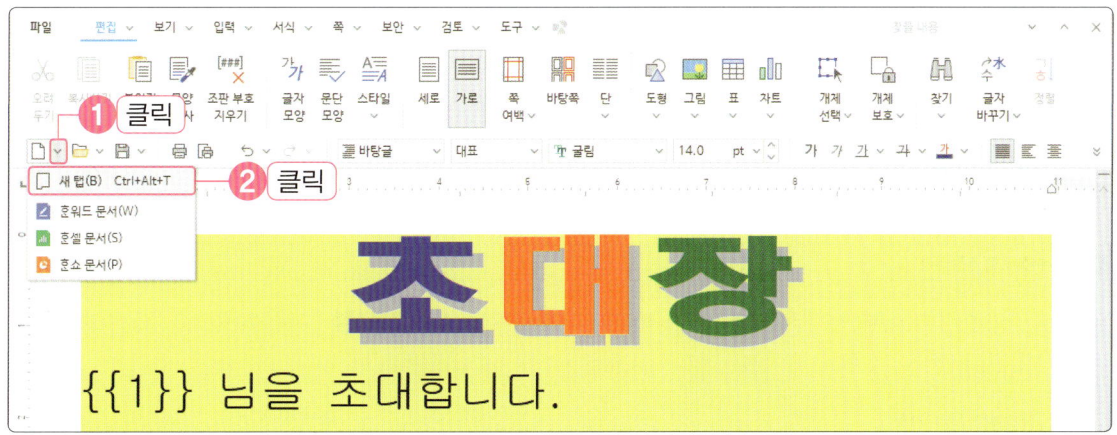

⑥ 새로운 탭에 새 문서가 표시되면 첫 줄에 메일 머지에 사용할 항목(필드)의 개수(2)를 입력한 후 다음 줄부터 한 줄에 한 항목씩 내용을 입력합니다.

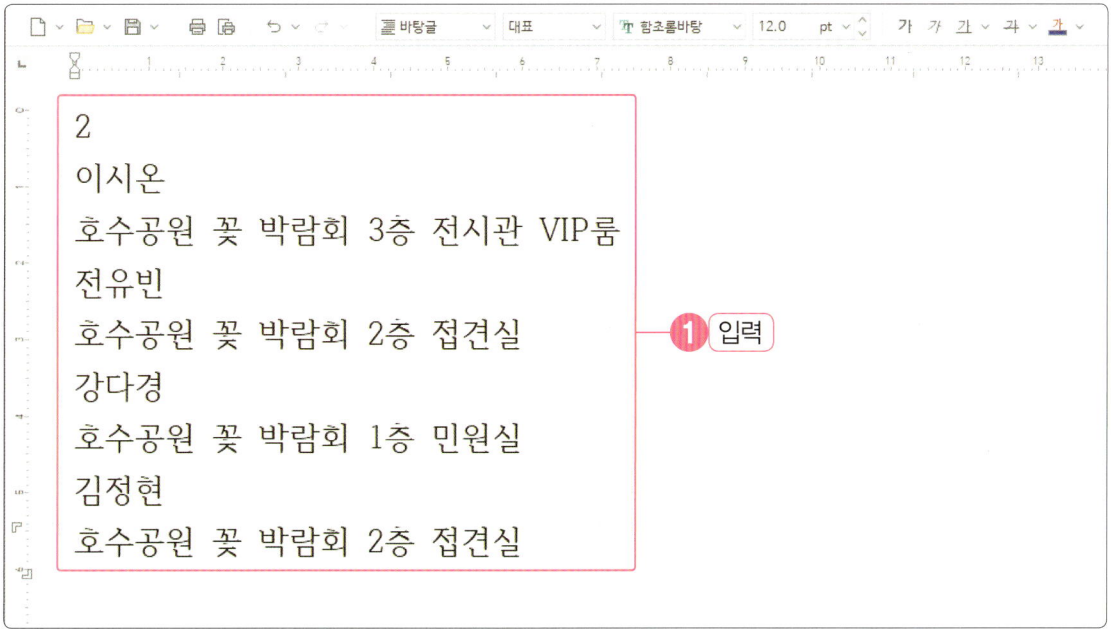

⑦ 완성된 데이터 파일을 저장하기 위해 [파일]-[저장하기] 메뉴를 클릭합니다.

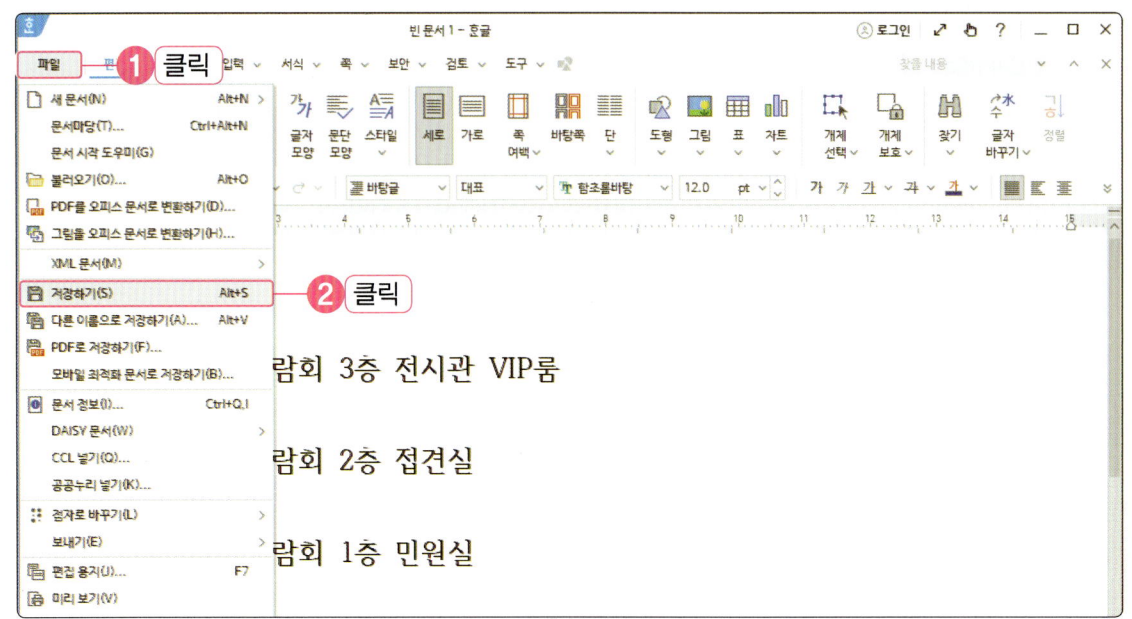

⑧ [다른 이름으로 저장하기] 대화상자가 표시되면 저장 위치(Chapter22)의 지정 및 파일 이름(주민데이터)을 입력한 후 [저장] 단추를 클릭합니다.

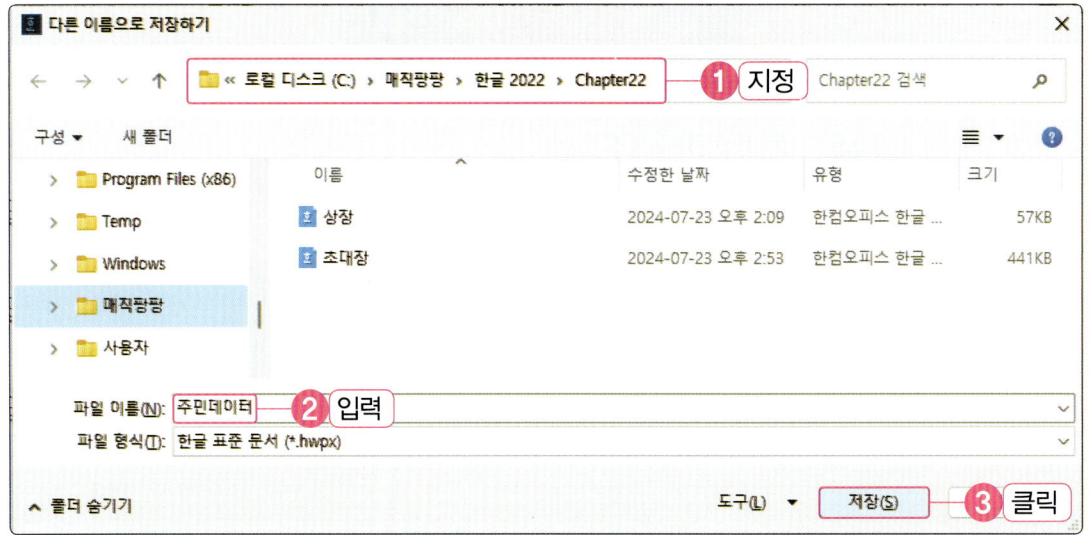

알아두면 실력튼튼

메일 머지를 위한 파일 살펴보기

메일 머지를 하기 위해서는 내용이 입력된 본문 파일과 본문에서 바뀌는 데이터만 목록으로 표시한 데이터 파일이 필요합니다.

- **본문 파일** : 공통된 내용이 담긴 파일로 이름이나 주소 등의 바뀌는 부분에 표시를 달아야 합니다.
- **데이터 파일** : 본문 파일의 메일 머지 표시 위치에 들어갈 데이터 내용이 입력됩니다.

THEME 02 메일 머지 실행하기

1 화면 아래쪽 시트 탭에서 [초대장]을 클릭하여 본문으로 이동한 후 [도구]-[메일 머지]-[메일 머지 만들기] 메뉴를 클릭합니다.

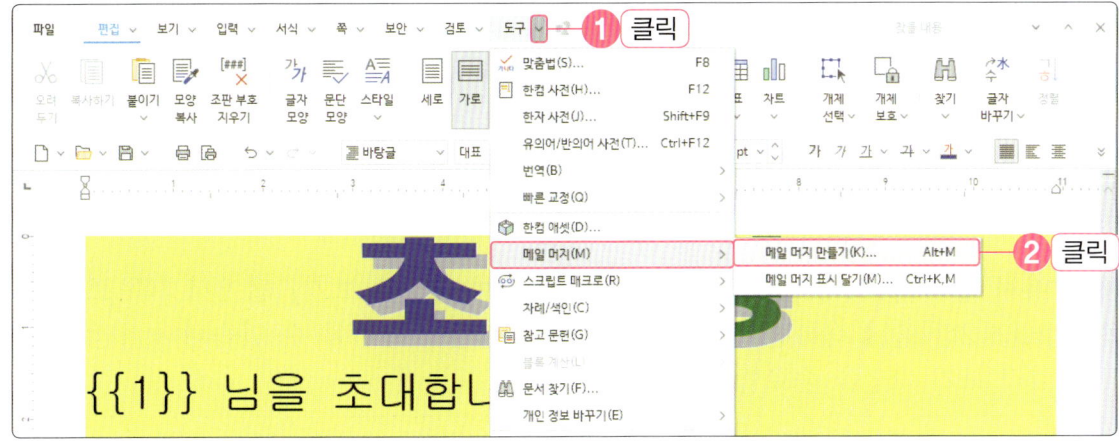

2 [메일 머지 만들기] 대화상자가 표시되면 [한글 파일]을 선택한 후 📁[파일 선택] 단추를 클릭합니다.

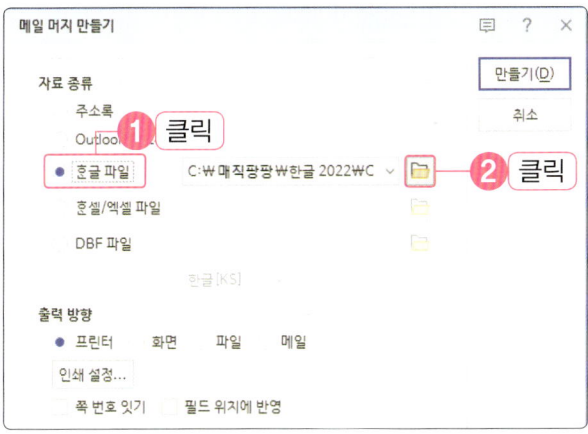

3 [한글 파일 불러오기] 대화상자가 표시되면 찾는 위치(Chaper22)를 지정한 후 파일 이름(주민데이터)을 선택한 다음 [열기] 단추를 클릭합니다.

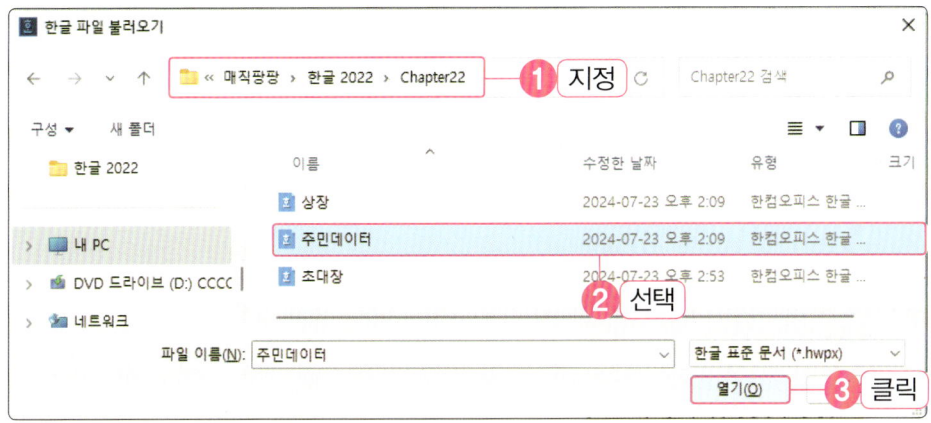

Chapter 22 - 메일 머지 사용하기

④ [메일 머지 만들기] 대화상자가 다시 표시되면 출력 방향(화면)을 선택한 후 [확인] 단추를 클릭합니다.

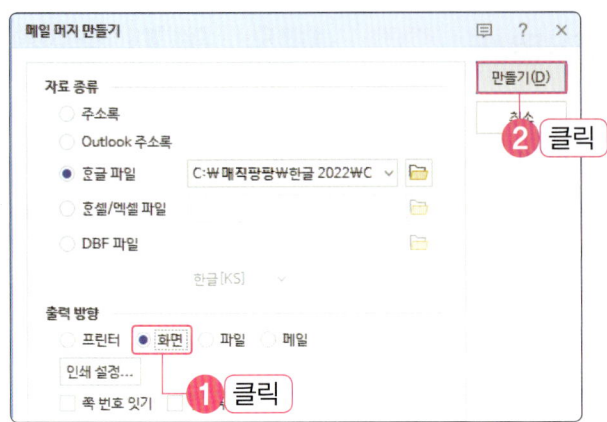

⑤ 메일 머지 결과가 미리 보기 화면으로 표시되며, [미리 보기] 탭에서 [쪽 보기]-[여러 쪽]-[2줄×2칸]을 클릭하면 4페이지 분량을 한꺼번에 확인할 수 있습니다. [닫기]를 클릭하면 미리 보기 화면을 종료할 수 있습니다.

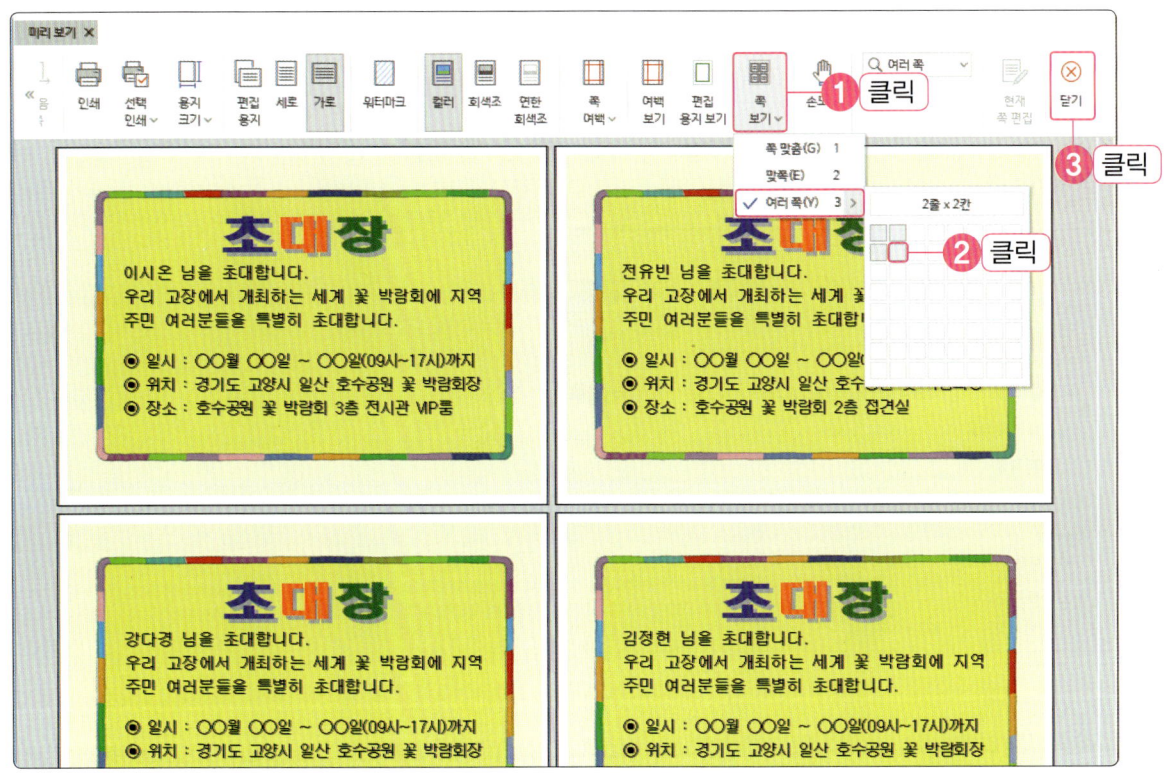

알아두면 실력튼튼

메일 머지의 출력 방향 알아보기

- **프린터** : 메일 머지 결과를 종이에 인쇄합니다.
- **화면** : 메일 머지 결과를 미리 보기 화면으로 표시합니다.
- **파일** : 메일 머지 결과를 한글 문서 파일로 저장합니다.
- **메일** : 메일 머지 결과를 메일의 본문이나 파일 첨부 형태로 보냅니다. 단, 주소 필드에 전자 우편 주소 항목(필드) 번호를 반드시 지정해야 합니다.

01 '상장' 파일을 열고 메일 머지 기능을 통해 상장을 만들어 보세요.

- **메일 머지 표시 달기** : '상장.hwpx' 파일을 열고 '이름 :' 단어 뒤에 메일 머지 표시 달기
- **데이터 파일** : 결과화면의 이름을 참고하여 명단을 작성한 후 '모범생.hwpx'로 저장
- **메일 머지 만들기(1)** : 출력 방향(화면)을 지정하고 결과 확인
- **메일 머지 만들기(2)** : 출력 방향(파일)을 지정하고 본인의 이름 폴더에 '전체상장.hwpx'로 저장

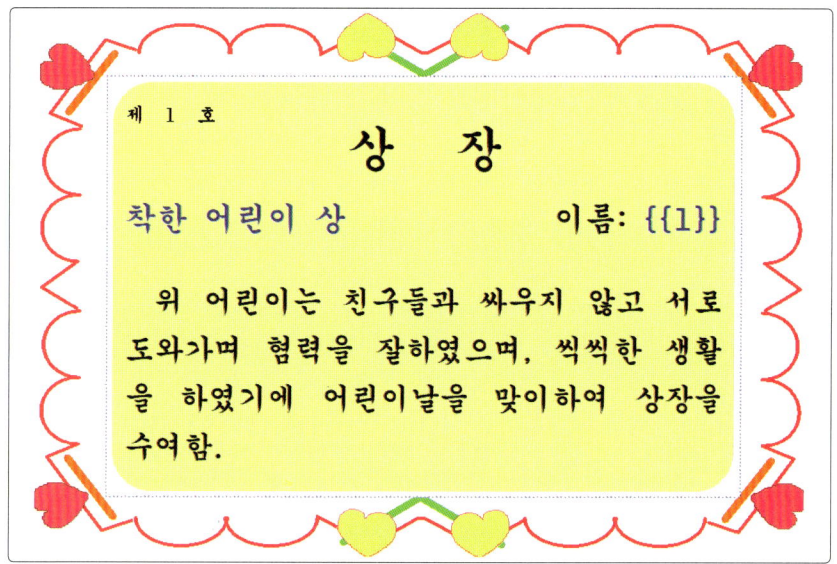

Chapter 22 – 메일 머지 사용하기   **149**

Chapter 23 프레젠테이션 문서 만들기

◆ 글맵시의 사용 방법에 대해 알아봅니다.
◆ 프레젠테이션 발표 방법에 대해 알아봅니다.

프레젠테이션은 많은 청중들이 있는 곳에서 컴퓨터를 이용하여 큰 화면으로 발표할 때 사용하는 기능으로 한글 2022에서는 슬라이드의 배경 및 화면 전환 등을 설정하여 완성합니다. 그럼 글맵시를 이용하여 제목을 만들고 프레젠테이션 발표하는 방법에 대해 알아볼까요?

Preview

과제 : 교내 토론회 자료

스마트폰 사용 제한에 관한 토론

학교 내에서 스마트폰을 사용하는 것은 학습의 집중력을 방해하고 타인의 학습 분위기도 망칠 수 있어 사용 자체를 규제하는 것은 옳은 방법이라고 생각합니다. 하지만 학교에 소지하고 있는 것 자체를 규제하는 것은 옳지 않다고 생각합니다. 그 이유는 다음과 같습니다.

스마트폰을 가져올 수 없도록 규제하는 사용제한법의 반대 이유
1. 수업을 마친 후 학원 수업 등으로 인한 부모님 및 학원 기사님 등과의 통화
2. 학교 내에서 뿐만 아닌 위급한 상황에서의 빠른 대처에 필요성
3. 스마트폰을 이용한 스트레스 해소(음악 감상 등)
4. 수업 내용에 필요한 보충 정보 검색

THEME 01 글맵시 만들기

1 '토론.hwpx' 파일을 열고 글맵시를 실행하기 위해 [입력] 탭에서 [글맵시]- 가나다[채우기 – 파란색 그러데이션, 진회색 그림자, 직사각형 모양]을 클릭합니다.

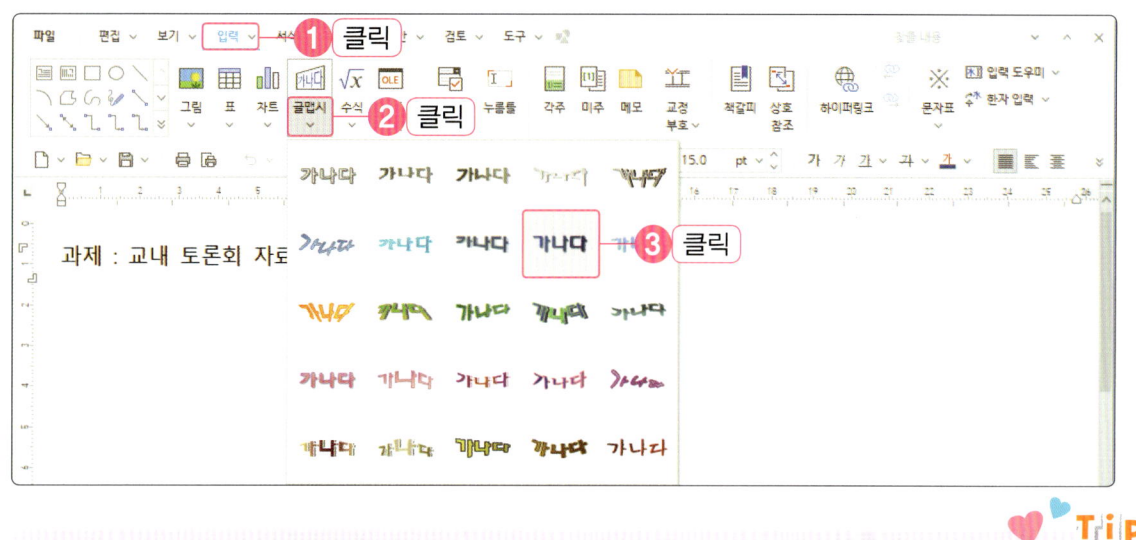

💗 Tip
글맵시 사용하기
[입력]–[개체]–[글맵시] 메뉴를 클릭하거나 [입력] 탭에서 원하는 글맵시 모양을 선택한 후 [글맵시 만들기] 대화상자에서 내용 입력 및 글꼴, 글맵시 모양 등을 수정하여 만들 수 있습니다.

2 [글맵시 만들기] 대화상자가 표시되면 내용(스마트폰 사용 제한에 관한 토론)을 입력한 후 글맵시 모양(⬢)을 지정한 다음 [설정] 단추를 클릭합니다.

💗 Tip
글맵시 사용하기
[글맵시 만들기] 대화상자에서는 내용 입력 및 글꼴, 글맵시 모양 등을 설정할 수 있습니다.

Chapter 23 – 프레젠테이션 문서 만들기

❸ 글맵시 내용이 표시되면 [글맵시] 탭에서 너비(200) 및 높이(35)를 수정한 후 [글맵시 채우기]-[주황]을 선택합니다.

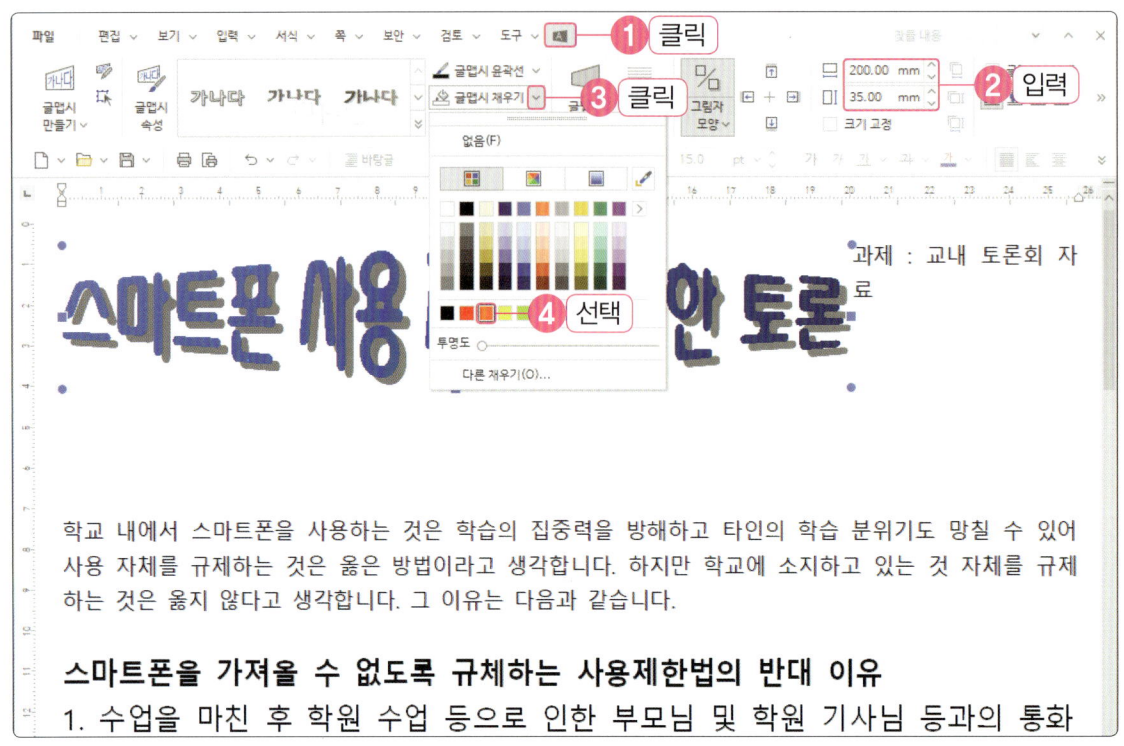

❹ 글맵시 개체를 드래그하여 가운데에 위치 하도록 위치를 수정합니다.

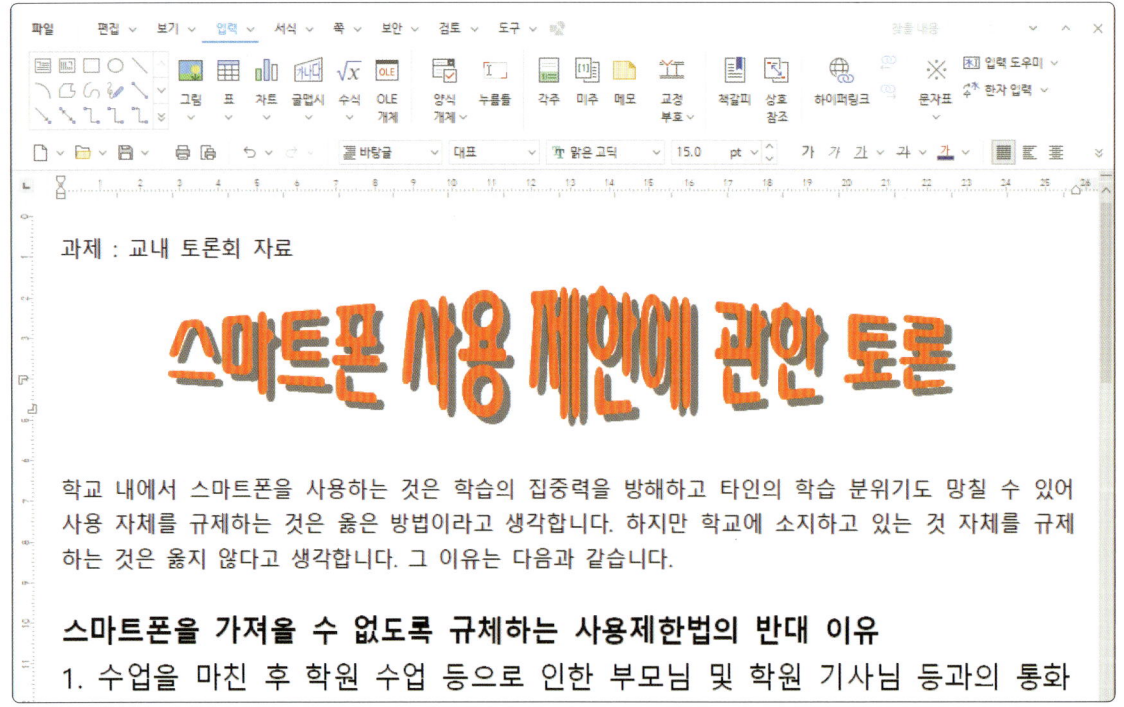

글맵시 수정하기
- **글맵시 내용 수정** : [글맵시] 탭에서 [내용 편집]을 클릭합니다.
- **글맵시 개체 수정** : 글맵시 개체를 더블클릭한 후 [개체 수정] 대화상자의 [글맵시] 탭에서 수정합니다.

THEME 02 프레젠테이션 발표하기

1 프레젠테이션 설정을 위해 [도구] 탭에서 [프레젠테이션]-[프레젠테이션 설정]을 클릭합니다.

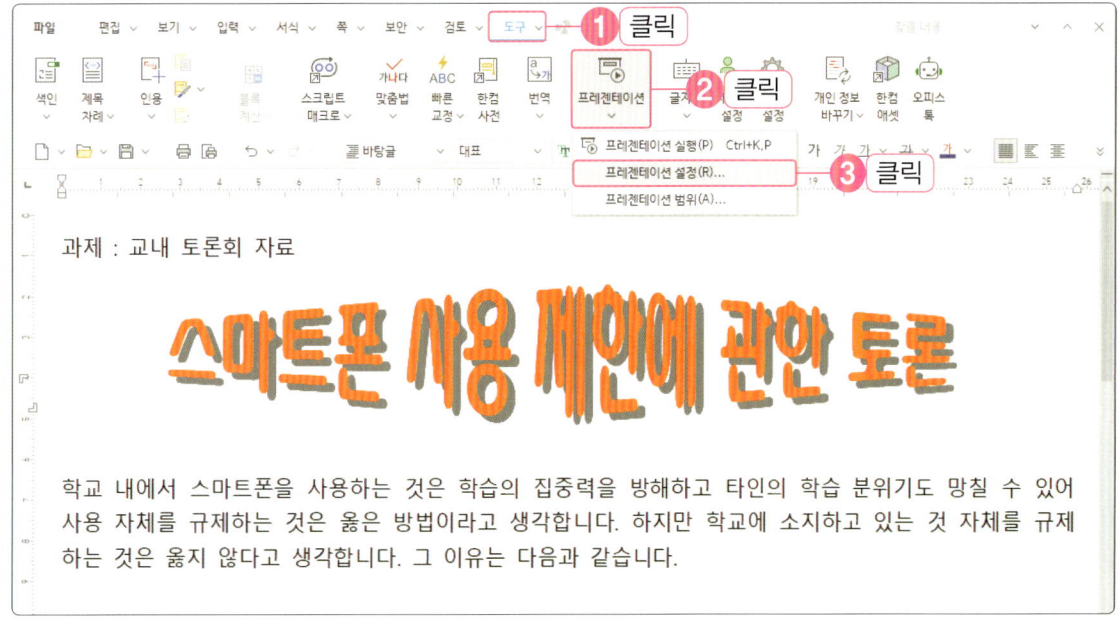

2 [프레젠테이션 설정] 대화상자가 표시되면 [배경 화면] 탭에서 그러데이션 항목의 유형(물안개)을 선택한 후 [화면 전환] 탭에서 화면 전환(상자형으로 펼치기)을 선택한 다음 [설정] 단추를 클릭합니다.

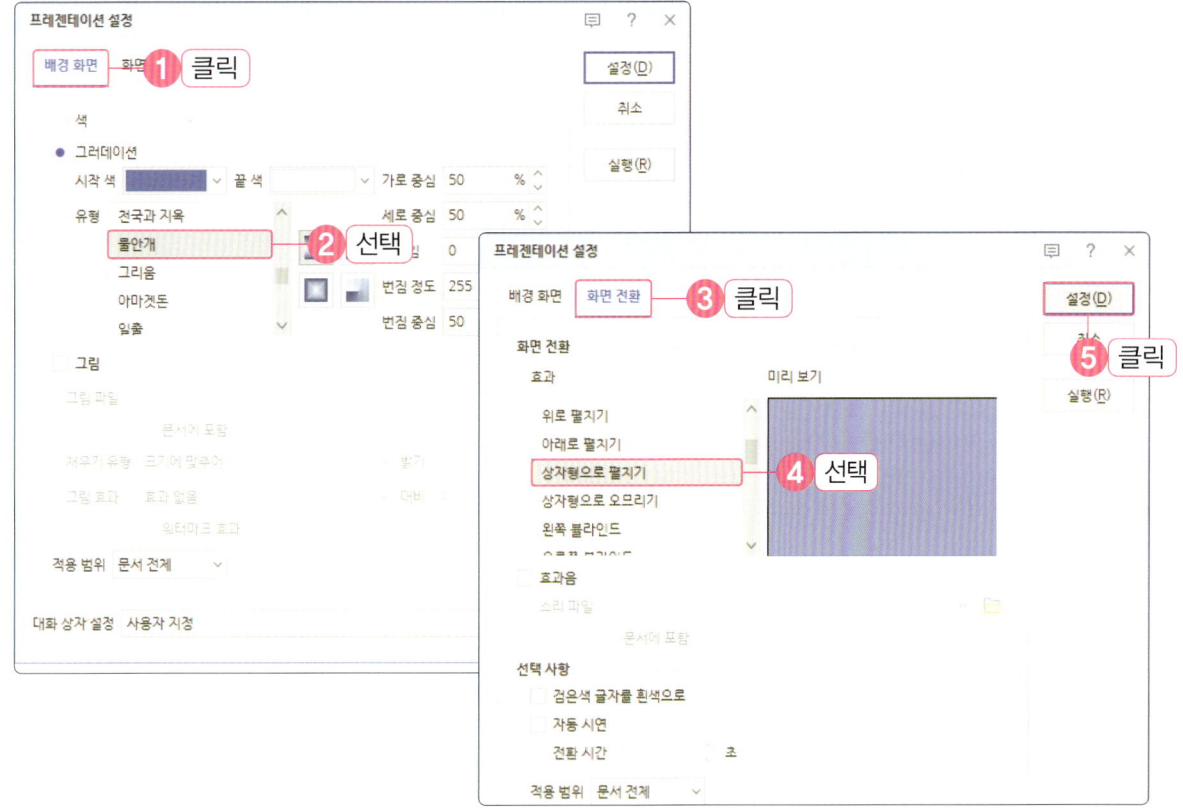

Chapter 23 - 프레젠테이션 문서 만들기

③ 프레젠테이션 실행을 위해 [도구] 탭에서 [프레젠테이션]-[프레젠테이션 실행]을 클릭합니다.

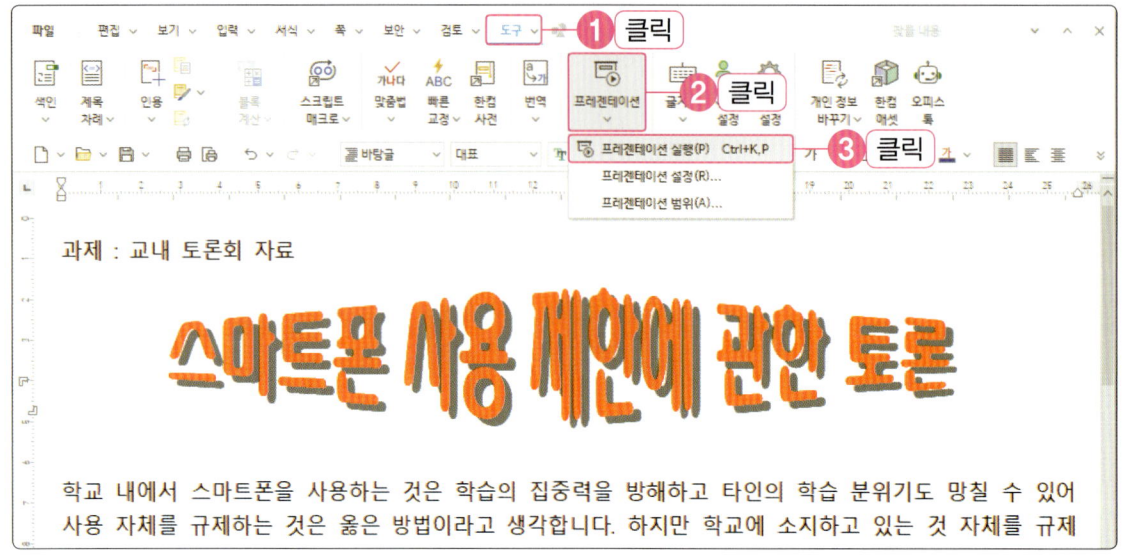

④ 프레젠테이션 실행 화면이 표시되면 마우스를 클릭하여 다음 슬라이드로 이동합니다. 키보드의 Esc를 누르면 프레젠테이션을 종료할 수 있습니다.

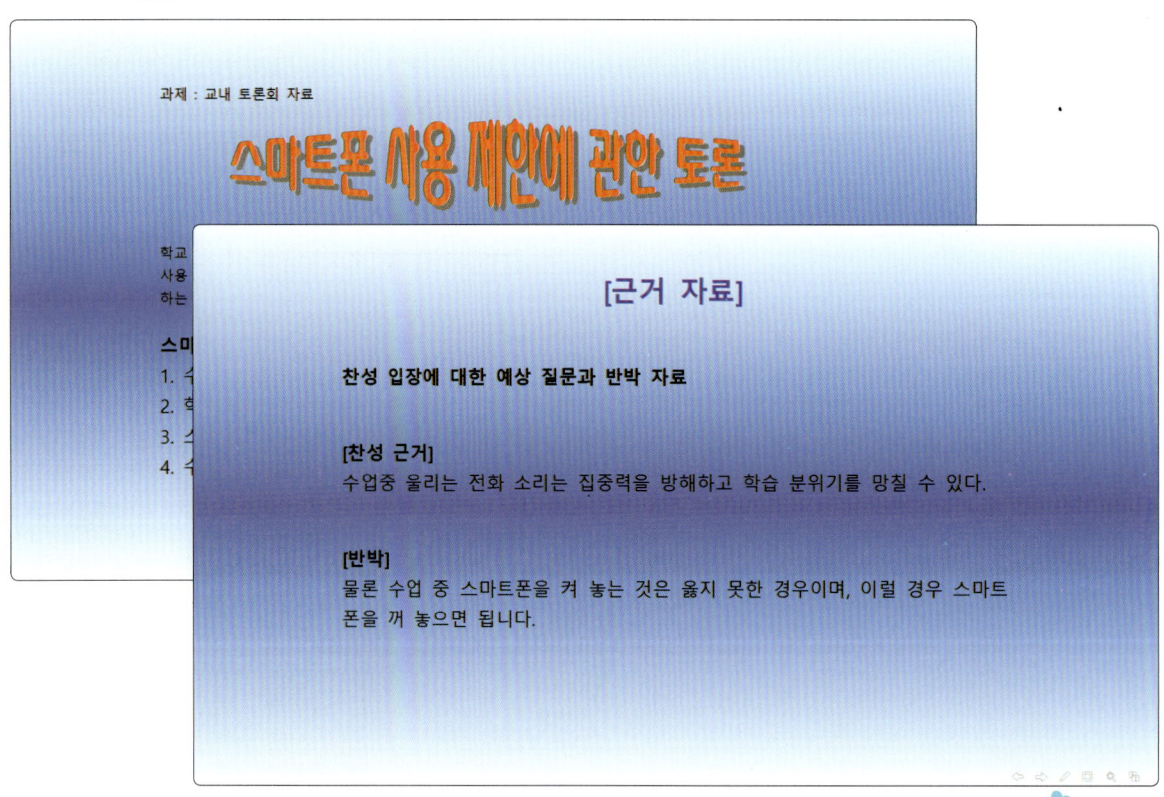

프레젠테이션 사용 도구 알아보기
- **화면 전환** : 다음 슬라이드(마우스 클릭 또는 PageDown) / 이전 슬라이드(PageUp)
- **선 그리기/지우기** : 바로 가기 메뉴의 [선 그리기]/[선 지우기]를 이용
- **선 색** : 바로 가기 메뉴의 [선 색]을 클릭한 후 색 목록에서 원하는 색을 선택
- **프레젠테이션 종료하기** : 바로 가기 메뉴의 [끝내기] 또는 Esc

Jump! Jump!

01 '견학보고서' 파일을 열고 글맵시로 제목을 만들고 프레젠테이션으로 발표해 보세요.

- **글맵시 만들기** : 결과화면을 참고하여 임의로 글맵시 모양 및 글꼴, 크기 등을 설정
- **프레젠테이션 설정**
    - 배경 화면 : 그러데이션 – 시작색(초록 60% 밝게), 끝 색(노랑 60% 밝게)
    - 화면 전환 : 화면 전환(수평 커튼 열기)
- **프레젠테이션 실행** : 프레젠테이션 실행 후 선 그리기로 설명 후 종료하기

Chapter 23 – 프레젠테이션 문서 만들기 **155**

Chapter 24 단원 종합 평가 문제

01 다음 중 특정 단어의 보충 설명을 문서의 맨 아래쪽에 모아 표시하는 기능은 무엇입니까?
① 머리말 ② 꼬리말
③ 각주 ④ 목차

02 다음 중 문서의 특정 낱말이나 그림을 통해 한글 문서나 인터넷 등과 연결하는 기능은 무엇입니까?
① 개체 삽입 ② 스타일
③ 하이퍼링크 ④ 메일 머지

03 다음 그림에서 '월'을 작성할 때 사용한 기능으로 옳은 것은 무엇입니까?

트 디즈니의 101마리 달마시안의 주역으로 나와 유명해졌다. 한 마리가 아니라 아주 떼거리로 우

① 스타일
② 문단 첫 글자 장식
③ 책갈피
④ 목차 만들기

04 다음 중 메일 머지 기능을 통해 만들어진 결과의 출력 종류로 옳지 않은 것은 무엇입니까?
① 인쇄 ② 파일
③ 공유 ④ 화면

05 다음 중 글자 모양 및 문단 모양, 문단 번호/글머리 표 등을 지정하여 특정 단어 또는 문단에 한꺼번에 표현할 수 있도록 하는 기능으로 옳은 것은 무엇입니까?
① 스타일 ② 책갈피
③ 각주 ④ 메일 머지

06 다음 보기의 그림이 의미하는 기능으로 옳은 것은 무엇입니까?

```
회원명부
이름 : {{1}}
전화 : {{2}}
주소 : {{3}}
```

① 문단 번호 ② 개요 번호
③ 메일 머지 ④ 수식 편집기

07 다음 중 맞춤법 검사 실행을 위한 단축키로 옳은 것은 무엇입니까?
① F6 ② Alt + F4
③ F8 ④ Ctrl + X

08 글자를 꾸며주는 글맵시 기능 중 [글맵시 만들기] 대화상자에서 설정할 수 있는 기능이 아닌 것은 무엇입니까?
① 글꼴의 종류 선택
② 글자 크기 선택
③ 글맵시 모양 선택
④ 글맵시 내용 입력

09 다음 중 한글 2022의 프레젠테이션 기능 설명으로 옳지 않은 것은 무엇입니까?
① 프레젠테이션 실행 시 화면 전환 효과를 줄 수 있다.
② 프레젠테이션 실행 시 배경 화면을 설정할 수 있다.
③ 프레젠테이션 실행 시 문서에 선 그리기를 통해 선을 그리며 설명할 수 있다.
④ 프레젠테이션 실행 시 내용 및 도형 등의 개체에 애니메이션을 지정할 수 있다.

■ 정답은 159 페이지에 있습니다.

10 '가정통신문' 파일을 이용하여 다음과 같이 문서를 완성해 보세요.
- 다단 설정 : 결과화면을 참고하여 임의로 설정
- 문단 첫 글자 장식 : 결과화면을 참고하여 작성하며, 글꼴 서식 및 배경색 등 임의로 설정
- 메일 머지 만들기 : 결과화면을 참고하여 메일 머지 표시 달기 및 데이터 파일(명단.hwpx)을 작성 한 후 메일 머지 만들기(출력 방향 – 파일, '전체가정통신문.hwpx')

가정통신문

{{1}}
{{2}} 어린이 어머님께

어느덧 새순이 돋아있는 나무줄기를 보며 새 생명을 싹 틔우는 봄을 느낍니다. 따사로운 햇살아래 우리 고장의 문화 유적을 답사하기 위해 현장 학습을 준비하였습니다. 우리 고장의 문화적 유산에 대한 가치를 바로 알리고자 하는 이 행사에 학생들을 참여시키고자 하오니 학부모님의 많은 지원과 관심을 부탁드립니다.

◆ 다　　음 ◆

1. **기　　간** : ○○○○년　오전 9시(당일)
2. **집합장소** : 지도초등학교 운동장
3. **목 적 지** : 고양시 서삼릉(인종의 효릉)
4. **참 가 비** : ₩20,000원

2
1학년 3반
김건일
2학년 1반
김진홍
3학년 2반
전성희
1학년 2반
이시형

단원 종합 평가 문제 정답

08 단원 종합 평가 문제 - 54 페이지

01 ① 한글을 한자로 변환할 경우 [한자] 또는 [F9]를 누르거나 [입력]–[한자 입력]–[한자로 바꾸기] 메뉴를 클릭합니다. ①은 한자로 단어 등록하는 기능입니다.

02 ④ [Alt]는 [Ctrl], [Shift]와 함께 조합키라고 하며, 다른 키와 함께 사용하는 키를 말합니다.

03 ② 장평이란 글자의 폭을 늘리거나 줄이는 기능이며, 자간은 글자 사이의 간격을 의미합니다.

04 ③ 글자의 여백은 [문단 모양] 대화상자에서 수정할 수 있습니다.

05 ② [Alt]+[L]은 [서식]–[글자 모양] 메뉴의 단축키 이며, [서식]–[문단 모양] 메뉴의 단축키는 [Alt]+[T]입니다.

06 ④ [서식] 메뉴에는 글자 모양, 문단 모양, 문단 첫 글자 장식, 문단 번호 및 글머리표, 개요 번호 등을 지정하는 메뉴 목록으로 그림 삽입 메뉴는 없습니다.

07 ③ 본문과의 배치 종류에는 어울림, 자리 차지, 글 앞으로, 글 뒤로 등이 있습니다.

08 ③ 용지의 배경은 [쪽]–[쪽 테두리/배경] 메뉴에서 지정합니다.

16 단원 종합 평가 문제 - 106 페이지

01 ④ 셀은 표를 이루는 가장 작은 단위를 말합니다.

02 ③ [쪽 테두리/배경] 메뉴는 [쪽] 메뉴에 있습니다.

03 ① [Ctrl]+[↓]를 누르면 셀의 크기가 아래쪽으로 커지면서 표 전체의 크기도 바뀝니다.

04 ② 셀을 합칠 때는 [M], 셀을 나눌 때는 [S]를 사용합니다.

05 ① IF는 조건 함수로 표 계산에 사용되지 않습니다.

06 ② [서식] 탭은 문서 서식에 관련된 기능으로 차트 삽입은 [입력] 메뉴 또는 탭에 있습니다.

07 ③ [F5]를 한 번 누르면 하나의 셀 선택, 두 번은 범위 지정, 세 번은 표 전체가 선택됩니다.

08 ① 셀의 배경은 [표 레이아웃] 메뉴의 [셀 테두리/배경]–[각 셀 마다 적용]을 이용합니다.

09 ③ 쪽 번호는 문서에 페이지 번호를 붙일 때 사용하는 기능입니다.

10 ② 수식 편집기는 [입력] 메뉴 또는 탭에 있습니다.

11 ④ 차트의 범례 위치도 변경할 수 있습니다.

단원 종합 평가 문제 정답

24 단원 종합 평가 문제 - 156 페이지

01 ③ 특정 단어의 보충 설명을 문서의 맨 아래에 모아 표시하는 기능을 각주라고 하며, 미주는 보충 설명을 문서 내용이 끝난 후 아래에 모아 표시하는 기능입니다.

02 ③ 하이퍼링크는 특정한 위치에 현재 문서나 다른 문서, 웹 페이지, 전자 우편 주소 등을 연결하여 쉽게 참조하거나 이동할 수 있도록 도와줍니다.

03 ② 문단 첫 글자 장식은 문단의 첫 글자를 크게 표시하는 기능으로 2줄 또는 3줄 크기에 맞추어 첫 글자를 돋보이도록 만듭니다.

04 ③ 메일 머지의 결과는 화면으로 표시 또는 인쇄하거나 파일로 만들 수 있습니다.

05 ① 스타일이란 글자 모양이나 문단 모양을 미리 정해 놓고 쓰는 것을 의미합니다.

06 ③ 보기 내용의 표시는 메일 [머지 표시 달기]입니다.

07 ③ 맞춤법 검사는 문서 내용의 교정에 사용되며 키보드의 F8을 눌러 실행합니다.

08 ② [글맵시 만들기] 대화상자에서는 글꼴의 종류 및 모양과 내용 등을 지정하며, 글자 크기는 글맵시를 선택 후 크기 조절점을 드래그하여 조절할 수 있습니다.

09 ④ 프레젠테이션 설정은 배경 화면 종류나 화면 전환 효과, 효과음, 적용 범위 등을 지정하여 많은 사람들에게 발표 및 설명 등에 사용합니다.